JN320049

平成衝口発

上代音韻のミステリー

宮古島方言は上代音韻の原形である

砂川惠伸［著］

新泉社

上代音韻のミステリー

はじめに

　琉球で使用されている言語が日本語の方言であることは、明治時代に英国人言語学者のチェンバレンにより証明されました。それ以来、日本語の方言は最初に本土方言と琉球方言の二つに大別されます。

　すべての琉球方言は、標準語の「き」「ぎ」を二類に発音しわけます。そして琉球方言の一つ、宮古島方言はそのほかにも「ぴ」「び」を二類に発音しわけます。東京帝大の上田万年(かずとし)氏は「P音考」によって、古代日本語の「は行子音」は、現在のような /h/ ではなく /p/ であることをあきらかにされました。そして宮古島方言は「花(はな)」を /pana/、「骨(ほね)」を /puni/ と発音していますから、宮古島方言の「は行子音」は /p/ なのです。したがって、宮古島方言が「ぴ」を二類に発音しわけるということは、《宮古島方言は標準語の「ひ」を二類に発音しわけている》ということを意味します。ロシア人言語学者のネフスキー氏や方言学の平山輝男・柴田武氏は、宮古島方言のこのような二類の音を以下のように採録されています。

　宮古島方言の二類の「き」「ぴ」「ぎ」「び」

①ネフスキー・平山輝男　　②柴田武

き	ki：kˢĭ
ぴ	pi：pˢĭ
ぎ	gi：gᶻĭ
び	bi：bᶻĭ

き	ki：kĭ
ぴ	pi：pĭ
ぎ	gi：gĭ
び	bi：bĭ

　ネフスキー・平山輝男の両氏が /kˢĭ/・/pˢĭ/ と採録されている音を、柴田武氏は /kĭ/・/pĭ/ と採録されています。したがって /kˢĭ/ と /kĭ/、/pˢĭ/ と /pĭ/ は同音です。そこで、ここでは /kˢĭ/・/pˢĭ/ を /kĭ/・/pĭ/ と簡略表記します。

宮古島方言の「き」「ぴ」「ぎ」「び」の二類の音は、いずれにおいても一方の母音は /i/ であり、他方の母音は /ï/ となっています。/i/ は普通の「い」の音です。したがって /ki/・/pi/・/gi/・/bi/ は、日本全国で普通に発音されている「き」「ぴ」「ぎ」「び」の音です。それに対して /ï/ は中舌母音といわれ、現在の標準語には存在しません。そして、平仮名では表わすことのできない厄介な音です。そのため /kï/・/pï/・/gï/・/bï/ も平仮名では表記できません。/kï/ に限っていえば、東北弁にみられる「活気」の「き」や「気持ち」の「き」と同じような音であると考えれば良いと思います。そして宮古島方言は二類の「き」を次のように使いわけています。

/ki/ の音の言葉	/kï/ の音の言葉
「木(き)」：/ki:/	「息(いき)」：/ikï/
「起きる」：/ukiz/	「肝(きも)」：/kïmu/

　日本語の一方言である宮古島方言のこのような姿は、一般の読者には不思議なことのようにみえると思います。しかし、奈良時代以前の日本語では「き」「ひ」「ぎ」「び」は二類にわかれていたのです。奈良時代以前の日本語の音韻は、現在の日本語とはかなり異なっており、上代音韻といわれます。上代音韻では、イ列音の「き・ひ・み」、エ列音の「け・へ・め」、そしてオ列音の「こ・そ・と・の・も・よ・ろ」および濁音の「ぎ・び・げ・べ・ご・ぞ・ど」が二類にわかれていたとされているのです。宮古島方言は、このうちの「き・ぴ（標準語のひ）・ぎ・び」が二類にわかれているわけです。
　上代音韻は奈良時代まで存在していたのですが、平安時代初期に消滅してしまいました。なぜ上代音韻は平安時代初期に消滅したのか、その理由は今もって不明であり、日本語音韻史上最大のミステリーとされています。平安時代初期に消滅した上代音韻はその後、長きにわたって完全に忘れ去られていました。その上代音韻が再認識されるようになるのは、江戸時代後期の本居宣長や石塚龍麿、明治の橋本進吉氏の功績によるものです。上代音韻は漢字を仮名代わりに使用する万葉仮名で表記されています。万葉仮名による表記をくわしく調べますと、上述20の音が二類に書きわけられているということが判明し、上代音韻というものが浮かび上がってきたのです。上代音韻

を再発見された橋本進吉氏は、二類にわかれる音のうちの一方を甲類、他方を乙類と称しました。たとえば甲類の「き」、乙類の「き」あるいは甲類の「ひ」、乙類の「ひ」などといいます。これは現在でも引き続いて使用されています。なお甲類の「き」を表記するためには「枳吉企棄耆岐祇祁」などの漢字（万葉仮名）が使用され、一方、乙類の「き」を表記するためには「紀基機己規奇既氣幾」などの漢字が使用されています。

すると「は行子音」を /p/ で発音し、「き」「ぴ」「ぎ」「び」に二類の音がある宮古島方言は、上代音韻を伝えているのではないでしょうか？　少なくともその一部を伝えているのではないでしょうか？

しかし、そうとするには種々の問題があります。「息」や「肝」の「き」は前出の「枳吉企棄耆岐祇祁」などの漢字で表記されており、そのために甲類の「き」とされています。また「木」や「起きる」の「き」は前出の「紀基機己規奇既氣幾」などの漢字で表記されており、そのために乙類の「き」とされています。そして学会の通説は《甲類の「き」を表記する漢字は、/ki/ の音を表しており、乙類の「き」を表記する漢字は /kī/ の音を表している》としているのです。これを表にすれば次のようになります。

		甲類の「き」	乙類の「き」
言葉		「息」「肝」	「木」「起きる」
「き」の音価	学会の通説	/ki/	/kī/
	宮古島方言	/kī/	/ki/

ところが先に示したように、宮古島方言では「息」「肝」の「き」は /kī/ と発音され、「木」「起きる」の「き」は /ki/ と発音されています。上代音韻の甲類の「き」は学会の通説では /ki/ なのですが、宮古島方言によれば /kī/ なのです。また上代音韻の乙類の「き」は学会の通説では /kī/ であるのに対して、宮古島方言では /ki/ となります。上代音韻の「き」の甲類乙類の音価は、現在の学会の通説と宮古島方言ではまったく逆になっているのです。どちらが正しいのでしょうか？　それとも宮古島方言は上代音韻とはなんの関係もないのでしょうか？

学会の通説は、ただ一つの「き」しか存在しない現在の日本語をもとにし

て、しかも、もう一つの「き」はどのような音であったのかについての記憶がまったく存在しない状況下で、種々の理論により導かれたものです。その理論のどこかに誤りがあるのではないでしょうか。学会の通説は《甲類の「き」の表記に使用される「枳吉企棄耆岐祇祁」などの漢字は/ki/の音を表しており、乙類の「き」の表記に使用される「紀基機己規奇既氣幾」などの漢字は/kï/の音を表している》としているのですが、そこに問題があるのではないでしょうか。そして宮古島方言の姿のほうが、真実の上代音韻なのではないでしょうか。本書はそれを証明することを目的として書き始めました。

　古代倭人は、どのような法則のもとに漢字（万葉仮名）を甲類乙類にわけたのでしょうか？　その件に関しても、当然のこととして学会の通説があります。「イ列音・エ列音では四等韻の漢字は甲類の表記に使用され、三等韻の漢字は乙類に使用された。そしてオ列音の表記に使用される漢字は、その漢字がどの大韻に属するかで甲類乙類にわけられた」とするものです。しかし、この通説には統一性がありません。イ列音・エ列音・オ列音のすべての漢字が等位（漢字は一等韻から四等韻までの四段階にわけられる）により甲類乙類にわけられたというのであるならば良いのですが、そうはなっていないのです。統一性の欠如は理論としては欠点になります。そのうえ、イ列音・エ列音の表記に使用される漢字（万葉仮名）の等位を実際に調べてみますと、異例となる漢字が約20％にものぼるのです。あまりにも異例が多いのではないでしょうか？　漢字（万葉仮名）を甲類乙類にわける法則としてのこれまでの通説には問題があるように思います。そこで、私は「漢字を甲類乙類にわける真実の法則はなんなのか？」その探索を本書の出発点とし、第Ⅰ部としました。分析を進めるなかで、私は通説とはかけ離れた新たなる法則をみいだすことができました。そして、意外にも日本語音韻史上最大のミステリーとされている上代音韻消滅の理由も「漢字を甲類乙類にわける法則」のなかに存在するのです。私は、前著『天武天皇と九州王朝』（新泉社、2006年）においてこの問題に触れ、「上代特殊仮名遣い消滅の理由」として述べました。それは古田武彦氏の九州王朝説を真実とし、それに状況証拠を加えて上代音韻消滅の理由を述べたものです。しかし、本書では九州王朝とは無関係に上代音韻消滅の理由を説明することになります。わずか3年が経過し

たにすぎないのですが、前著の不備を本書で訂正させていただきます。ただし、上代音韻の消滅は、九州王朝のほうが先とする点は変わりはありません。そのほかに私説では「万葉仮名は段の区別をおこなっていない」ということが新たに問題として出てきました。しかし、この問題は本書の第Ⅱ部で解決をみることになります。

　第Ⅱ部では、上代音韻と宮古島方言の関係をとりあつかいます。「宮古島方言は上代音韻を伝えている」ということを証明するにはどのようにすればよいのか、試行錯誤するなかで、まず琉球方言というものを読者に理解していただく必要があると考えました。そのために琉球方言の代表としてとりあつかわれることの多い那覇・首里方言の特徴を整理することにしました。その時、「標準語・上代語の /u/ は那覇・首里方言では、しばしば /i/ と発音される場合がある」ということに気がつきました。たとえば、那覇・首里方言は「水」を「みじ」、「砂」を「しな」、「何時(いつ)」を「いち」と発音します。那覇・首里方言には、なぜこのような変異が存在するのでしょうか？　とるにたらぬ些細なことのようにみえます。しかし、その理由こそ本書第Ⅱ部の核心部分なのです。この事象は、宮古島方言をみることで説明できます。宮古島方言では、これらの言葉の母音は /ɨ/ なのです。橋本進吉氏や伊波普猷氏は、この宮古島方言の /ɨ/ を「/i/ と /u/ の中間の音」と述べています。すなわち、宮古島方言の /ɨ/ は /i/ に分化する可能性もあれば /u/ に分化する可能性もある未分化な音なのです。これが宮古島方言の秘密、そして古代日本語の秘密なのです。この母音 /ɨ/ により宮古島方言は那覇・首里方言の原形というだけでなく、上代音韻を伝えているのであり、さらに驚くべきことに、上代音韻の一つ前の古代日本語の姿であるということが導き出されるのです。

　宮古島方言は、上代音韻の原形であることの第二の証拠もあります。「た行」「だ行」に存在する不思議な現象が、宮古島方言で説明できることです。「た行」「だ行」の不思議な現象とは、「た行」「だ行」の子音は /t/・/d/ ですが、「ち」「つ」は /tʃi/・/tsu/ と発音されていて、なぜか子音に /ʃ/・/s/ が混入していること、「ぢ」「づ」は /ʒi/・/zu/ となっていて「じ /ʒi/」「ず /zu/」と同音になっていることです。しかし、この現象も宮古島方言に

存在する /ï/ の母音により説明できるのです。それは、宮古島方言の /ï/ の母音について、橋本進吉氏や伊波普猷氏が「/i/ と /u/ の中間の音」ということのほかに「/s/ と /z/ の子音的要素を有している音」とも述べていることによるのです。「た行」「だ行」の謎が宮古島方言で説明できるということは、宮古島方言は上代音韻の原形であることの第二の証拠なのです。

　宮古島方言が上代音韻の一つ前の古代日本語の姿とすると、古代日本語についての認識が一変します。たとえば宮古島方言には /e/・/o/ の母音はありませんから、上代音韻にはエ列音やオ列音は存在しないということになります。第Ⅰ部で出てきた「万葉仮名は段の区別をおこなっていない」という問題の理由はそこにあるのです。上代音韻にはエ列音やオ列音は存在しないので、万葉仮名はエ列音やオ列音を書きわける必要がなかったのです。『古事記』や『日本書紀』あるいは『万葉集』などに、エ列音やオ列音が存在するようにみえるのは、平安時代に五母音となった日本語の感覚でみるからそのようにみえているにすぎないのです。万葉仮名と漢字の音（上古音）そして宮古島方言を組み合わせると、古代日本語の驚くべき姿がみえてくるのです。

上代音韻のミステリー　目次

はじめに　3

I　万葉仮名の秘密と上代音韻消滅の理由

第1章　上代音韻発見の経緯　17

第2章　上代音韻にとり組む前に　23
　　　　　──中国原音と万葉仮名

　1　中国語と漢字の音　23
　2　万葉仮名　33
　3　「仮名」という言葉について　36

第3章　通説の問題点　39

　1　上代音韻甲類乙類の音に対する諸説──『韻鏡』と『広韻』　39
　2　万葉仮名を甲類乙類にわける法則──「等位」と「大韻」　43
　3　『広韻』について　44
　4　『韻鏡』について　47
　5　甲類乙類の漢字の「等位」を実際に調べる　50
　6　オ列音甲類乙類の区別は「大韻」ではできない　57

第4章　万葉仮名の新法則 …………………………… 61

1　イ列音の法則　61
2　エ列音の法則　68
3　オ列音の法則　71
4　万葉仮名を甲類乙類にわける新法則　74

第5章　異例となる漢字の分析 …………………………… 77
　　　　──『説文解字』による上古音

1　私説の法則では異例となる漢字　77
2　藤堂上古音の問題点　78
3　甲類表記用の漢字で異例の漢字　83
4　乙類表記用の漢字で異例の漢字　91
5　藤堂上古音不明の漢字　95
6　甲乙両類に使用された「迷」について　97
7　諧声系列による可能性　98

第6章　上代音韻消滅の理由 …………………………… 103
　　　　──上古音から中古音への切り替え

1　上代音韻消滅の経過とそれに対する説　103
2　上代音韻消滅をもたらしたもの　107
3　九州王朝と上代音韻消滅の関係　115

第7章　万葉仮名の新たなるミステリー …………………………… 119
　　　　──段の書きわけ

1　ア列音の表記　119
2　ウ列音の表記　126
3　万葉仮名は段の区別をおこなっていない　128

II　宮古島方言の秘密

第1章　琉球方言と「は行子音」の /p/ ……………… 133

    1　琉球文化圏の言語は日本語の一方言　134
    2　古代日本語の「は行子音」は /p/　138
    3　首里方言の /f/ 音化　146
    4　奄美方言の /f/ 音化と沖縄北部および先島諸島の /p/ 音残存　157

第2章　琉球方言の二類の「き」 ……………… 161

    1　琉球各地の方言の二類の「き」　162
    2　伊波普猷氏の「琉球語の母音組織と口蓋化の法則」　174
    3　宮古島方言の /ï/ について　179
    4　首里方言が標準語の「き」を「ち」/tʃi/（/chi/）と発音する理由　181
    5　首里方言では標準語の /u/ が /i/ に変化する現象の理由　183
       ——第一の証拠
    6　「キ甲」「キ乙」の真実の音価について　188
    7　琉球方言における甲類乙類の異例の原因　190
    8　奄美方言の「キ甲」「キ乙」対応音が逆転している理由　194

第3章　宮古島方言と上代音韻の母音組織 ……………… 195
    ——エ列音・オ列音は存在しない

    1　現在の琉球方言の3母音構成は5母音から変化したものか　195
    2　初源期日本語の母音組織に関する説　198

3　宮古島方言の母音構成が上代音韻の母音構成だと仮定する　200
    4　ダニエル・ジョーンズの基本母音図・宮古島方言・
      　上代音韻の関係　202
          ——エ列音乙類はイ列音乙類が移動したもの、
            オ列音乙類はウ列音が移動したもの
    5　エ列音およびオ列音甲類の出所　207
    6　上代音韻には前期・中期・後期の３期が存在する　211

第4章　「し」「じ」および「せ」の甲乙二類の存在　…… 215

    1　「し」の甲乙二類　216
    2　「せ」の甲乙二類　222
    3　「じ」の甲乙二類　224

第5章　「四つ仮名」混同の真相　…… 227
          ——第二の証拠

    1　「た行」「だ行」の謎と「四つ仮名」　227
    2　「ち」「ぢ」の万葉仮名に甲類乙類が存在しない理由　231
    3　宮古島方言の「ち」「ぢ」　233
    4　「四つ仮名」以外にも存在する「ざ行音」と
      　「だ行音」の混同　237

第6章　「い」の甲類乙類の存在　…… 243
          ——/i/ と /z/

    1　甲類の「い」としての宮古島方言の /z/　243
    2　甲類母音 /z/ のさらなる秘密　245
          ——宮古島方言の /z/ は /rī/・/pī/・/yī/・/wī/ の
            語頭子音が被覆され同音化したもの
    3　宮古島方言における「ひ」の甲乙二類の区別　247
    4　「み」の甲類乙類は宮古島方言には存在しない　252

第7章　宮古島方言から古代日本語を考える 257

　　1　古代日本語の「か行」「は行」の子音について　257
　　2　古代日本語では二重母音はきわめて稀である　261
　　　　——万葉仮名表記のルールの可能性

第8章　宮古島方言と八重山方言 265

資料　271

おわりに　287

装幀　勝木雄二

I

万葉仮名の秘密と上代音韻消滅の理由

第1章　上代音韻発見の経緯

「はじめに」でも述べましたように、奈良時代以前の日本語音韻は現在とはかなり異なっており、以下の20の音は二類にわかれていました。これを上代音韻といいます。

	清音	濁音
イ列音	き・ひ・み	ぎ・び
エ列音	け・へ・め	げ・べ
オ列音	こ・そ・と・の・も・よ・ろ	ご・ぞ・ど

以上の20の音はそれぞれが二類の音にわかれており、二類のうちの一方を甲類、そして他方を乙類と呼びわけます。学会の通説が二類の「き」「ひ」「み」の音を以下の音としていることは「はじめに」でも述べたとおりです。

	甲類	乙類
き	/ki/	/kï/
ひ	/hi/	/hï/
み	/mi/	/mï/

上述20の音が二類にわかれていたということ自体不思議なことですが、さらに不思議なことに、これら二類にわかれていた音は平安時代初期に現在のような1音になり、上代音韻は消滅しました。そして長い間、かつて上代音韻が存在したということそのものが、完全に忘れ去られていました。その上代音韻が再び認識されるようになるのは、次のような経緯によります。

奈良時代以前には、日本語を表記するのに万葉仮名が使用されました。万葉仮名とは、漢字を表音文字として仮名のかわりに使用したもののことです。

たとえば「あ」の音の表記には「阿」や「婀」の漢字を使用し、「い」の音の表記には「伊」「以」「異」などの漢字を使用するのです。そして「秋(あき)」を「阿岐(あき)」、「君(きみ)」を「伎美(きみ)」などのように1音1漢字で表記しました。これが万葉仮名です。

このような万葉仮名による日本語の表記を調べますと、そこにある種の書きわけがあることが判明しました。この書きわけに最初に気づいたのは、江戸時代後期の本居宣長です。本居宣長は『古事記』を分析するなかでそのことに気づき、それを全44巻からなる『古事記伝』の巻一「仮字の事」のなかで以下のように述べています。

> さて又同音の中にも、其ノ言に随ひて、用フる仮字異にして各(オノオノ)定まれること多くあり。其例をいはゞ、コ(コト)の仮字には、普(アマネ)く許古(コ)ノ二字を用ひたる中に、子には古ノ字のみを書て、許ノ字を書くことなく、【彦壮士(ヒコヲトコ)などのコも同じ。】メの仮字には、普く米売ノ二字を用ひたる中に、女(メ)には売ノ字をのみ書て、米ノ字を書くことなく【姫処女(ヒメヲトメ)などのメも同じ。】……(以下略)
>
> (倉野憲司校訂『古事記伝(一)本居宣長撰』岩波書店、1940年、59ページ)

『古事記』では「コ」の音の表記には「許(こ)」「古(こ)」の漢字が使用されるのですが、なぜか「子(こ)ども」の「コ」や「彦(ひこ)」の「コ」、そして「壮士(をとこ)」の「コ」には「古」ばかりが使用されて「許」は使用されないのです。「コ」についての本居宣長の記述はそこで終わりますが、これには続きがあります。「心(こころ)」の「コ」や「腰(こし)」の「コ」の場合は「許」の漢字のみが使用され、逆に「古」の漢字はけっして使用されていないのです。同じように「メ」の音の表記には「米(め)」と「売(め)」の漢字が使用されていますが、「女(おんな)」を意味する「メ」や「姫(ひめ)」「処女(をとめ)」の場合の「メ」は「売」のみを使用して「米」はけっして使用されません。ところが「天(あめ)」「雨(あめ)」などの「メ」には「米」のみが使用され、けっして「売」は使用されないのです。本居宣長は、『古事記』にはこのような書きわけが「キ・ヒ・ミ・ヌ・ケ・メ・コ・ソ・ト・モ・

ヨ」の清音と「ギ・ビ」の濁音には存在するということを初めて指摘しました。

本居宣長の指摘
1 「き・ひ・み・ぬ・け・め・こ・そ・と・も・よ」の清音11音
2 「ぎ・び」の濁音2音

本居宣長の指摘を受けて、弟子の石塚龍麿は『古事記』のみならず『日本書紀』『万葉集』を含む奈良時代の文献にひろくあたり、「いろは四十七文字」のすべてについて二類の書きわけの有無を調べました。そして以下の20の音が二類に書きわけられているとしました。

石塚龍麿説
1 「あ行」の「え」と「や行」の「え」
2 「き・ち・ひ・み・ぬ・け・へ・め・こ・そ・と・も・よ・ろ」の清音14音
3 「ぎ・び・べ・ご・ど」の濁音5音

石塚龍麿は、以上の分析結果を『仮字遣奥山路』としてまとめたのですが、どういうわけか刊行されることなく、わずかに写本で伝えられるにとどまり、その研究はほとんど世に知られることもなく埋没していました。ただし石塚龍麿の分析は、誤写の多い写本によっていたこと、東国方言の訛の強い『万葉集』巻十四の表記を近畿大和の表記と同質のものとしてとりあつかっていることなどのために、例外あるいは異例となるケースが多く不完全なものでした。

本居宣長の『古事記伝』巻一の刊行（1790年）から119年経過した明治42年（1909）に東京帝国大学の橋本進吉氏は、『万葉集』の文字遣いの分析を進めるなかで独自にこの書きわけに気づきました。「書きわけ」というのは仮名遣いになります。たとえば、戦前までの歴史的仮名遣いでは「居る」は平仮名では「ゐる」と表記されます。また「恋い」は「こひ」と表記されます。現在は等しく「い」の仮名で表記されますが、歴史的仮名遣いでは「い」「ゐ」と「ひ」の仮名が使いわけられるのです。奈良時代以前の表記には、これに類する万葉仮名（漢字）による書きわけが存在するのです。したがって、これは万葉仮名による仮名遣いです。そこで、これを「上代特殊仮

名遣い」と名づけ、二類のうちの一方を甲類、他方を乙類と呼びました。橋本進吉氏によるこの甲類乙類の呼称は現在でも引き続いて使用されています。

　石塚龍麿は「ち」「ぬ」も二類にわかれているとしましたが、橋本進吉氏はこれを否定しました。そして、橋本進吉氏は清音の「の」、濁音の「げ」「ぞ」も甲乙二類にわかれているとしました。現在は、橋本進吉氏による清音13音、濁音7音の合計20音が甲乙二類にわかれていたというのが通説です。

橋本進吉説
　　清音13音：き・ひ・み・け・へ・め・こ・そ・と・の・も・よ・ろ
　　濁音7音：ぎ・び・げ・べ・ご・ぞ・ど

　なお、「も」の甲類乙類の書きわけは『古事記』にのみ存在し、それ以外の『風土記』『日本書紀』『万葉集』その他の文献にはありません。これは、「も」は早くに同音になったためだとされています。

　その後、永田吉太郎氏や馬淵和夫氏は「し・お・ほ」も甲乙二類にわかれているとしました。しかし、これについては現在、まだ一般には認められていません。

　このような書きわけはなぜ存在するのでしょうか？　それについては本居宣長や石塚龍麿は、単に書きわけられているという認識に留まりましたが、橋本進吉氏は「甲類と乙類では音が違っていたから書きわけられた」とされました。その根拠は、甲類乙類にわかれる漢字は中国語では音が幾分異なることによります。甲類と乙類は別音だったとする橋本進吉氏の説は、上述20音が二類にわかれるとする説とともに現在広く認められています。そして、これらの20の音が上代特殊仮名遣いによって書きわけられていて、別音だった音韻を上代音韻というわけです。

　なお、「あ行」の「え」と「や行」の「え」については、橋本進吉氏も石塚龍麿同様に書きわけの存在を認めており、別音だったとしています。しかし、「あ行」の「え」と「や行」の「え」は行の違いによるものなので、その他の音のような「同一行同一列の音が甲乙二類にわかれる」という類のものではありません。そのために「あ行」の「え」と「や行」の「え」については、上代音韻に含めないのが普通です。

万葉仮名は漢字を仮名代わりに使用しますが、使用される漢字は1音につき1漢字と決まっていたわけではありません。「あ」の表記には必ず「阿」の漢字のみを使用するというのではなく、いろいろな漢字が使用されているのです。『古事記』はある音を表すためには1漢字ないし2漢字を使用することが多く、多くても4漢字までしか使用していません。しかし、『日本書紀』では、多くの漢字が使用されています。たとえば「キ甲」と「キ乙」を例にとれば以下のようになります。

	『古事記』	『日本書紀』
キ甲	岐伎棄吉	枳吉企棄耆岐祇祁
キ乙	貴紀	紀基機己規奇既氣幾

　そして、『古事記』『日本書紀』のみならず、奈良時代以前のすべての文献を渉猟すると、甲乙二類にわかれる音の表記には表1に示す漢字が使用され

表1　上代音韻甲類乙類の表記に使用される全漢字（清音のみ）

	甲　類	乙　類
き	支岐伎吉枳只企棄（弃）耆妓技洎祇祁	帰貴紀奇关（癸）基騎幾機喜憙綺寄己記既規氣鬼
ひ	比毘臂卑譬避裨妣必賓嬪篇	非斐悲肥飛被彼秘妃費備
み	弥（彌）美瀰湄弭寐眉民敏	未味微尾密
け	祁家計鶏奚賈價啓結兼監險	居氣希該開既奇概慨愷凱戒階塏
へ	俾弊幣敝覇陛蔽鞞返辺遍弁平反伯	閇（閉）倍陪拝沛背杯珮俳
め	賣咩謎馬迷明面綿	米梅毎迷昧浼妹
こ	古故姑孤祜庫高胡固顧感紺	己許巨挙虚去居忌起莒拠渠興極近乞
そ	蘇素祖宗泝巷嗽	思曾諸叙所贈僧噌層疏則賊
と	刀斗度土妬都吐覩屠図徒塗	止等登騰苔台得徳澄縢藤鄧
の	努濃怒弩農奴	乃能廼
も	毛	母
よ	用欲容庸哯	已与（與）余豫預餘誉
ろ	路漏魯盧婁楼露六	里呂侶慮閭廬理稜勒綾

括弧内は前の漢字と同字。　　　（大野透『万葉仮名の研究』明治書院、1962年より）

ています（清音のみ）。

　この全漢字を分析することが本書の最初の作業になります。これらの漢字は、どのような法則により甲類の漢字と乙類の漢字にわけられたのでしょうか？　これら甲類乙類にわかれる漢字は、日本語の音読みではほとんど違いはありません。甲類の「き」に使用される漢字は、日本では普通に「き」と読まれており、また乙類の「き」に使用される漢字も同じように「き」と読まれていて両者間に差はありません。甲類の「ひ」と乙類の「ひ」、および甲類の「み」と乙類の「み」の場合も同じです。ただ甲類の「こ」の漢字は「こ」と読んでいる漢字ばかりであるのに対して、乙類の「こ」の漢字は「きょ」と読んでいる漢字が多いという違いはあります。甲類と乙類の漢字で目につく違いはそれくらいのものですから、これらの漢字を甲類と乙類にわける法則は日本語の音読みに基づくものではありません。そして、これらの漢字を中国語の音でみると、甲類乙類の間にはかなり明瞭な区別が存在します。すなわち万葉仮名は、中国語による漢字音（これを中国原音といいます）により甲類乙類にわけられているのです。したがって、万葉仮名を分析するためには、中国語による漢字音の認識が必要不可欠になります。

第2章　上代音韻にとり組む前に
―― 中国原音と万葉仮名

1　中国語と漢字の音

　上代音韻にとり組むためには、どうしてもクリアしておかなければならない事項があります。上代音韻は漢字（万葉仮名）で表記されているわけですが、中国語での漢字の音はどのようになっているのかという事です。

　漢字の一つ一つは、中国語の1単語に相当します。その中国語の単語、すなわち漢字が有している音（表している音）を分解しますと、基本的には声母（Initial）といわれる出だしの子音（頭子音）と、それ以下の韻母（Final）の部分にわけられます。そして、韻母には必ず母音があります。さらに中国語では単語には必ず抑揚があり、これを声調（Tone）といいます。声調には4種類があり、平声・上声・去声・入声、略して平上去入の四声です。

　　　中国語漢字音の構成 (1)：声母＋韻母／声調

　声母は一つの子音の場合もあれば複数の子音で構成されている場合もあります。

　韻母の部分はさらに介音（Medial）・主母音（Principal Vowel）・韻尾（Ending）の三つの要素にわけられます。

　　　中国語漢字音の構成 (2)：声母＋(介音＋主母音＋韻尾)／声調
　　　　　　　　　　　　　　　　　　韻母

　漢字音のなかで、その中心となるものは主母音であり、これを欠く漢字（言葉）は存在しません。この主母音は、単母音の場合と複母音の場合があります。そして出だしの子音（声母）と主母音の間に、主母音とは別にもう一つの母音が介在する場合があります。これが介音（Medial）です。また介

母音あるいは韻頭ともいいます。

　　【例1】：「竹」［tɪok］　　声母＝t、介音＝ɪ、主母音＝o（単母音）、
　　　　　　　韻尾＝k
　　【例2】：「帥」［sĭuəd］　　声母＝s、介音＝ĭ、主母音＝uとə（複母音）、
　　　　　　　韻尾＝d
　　【例3】：「弛」［thieg］　　声母＝th、介音＝i、主母音＝e（単母音）、
　　　　　　　韻尾＝g

（3例とも秦・漢代の漢字音）

　介音の種類によって漢字を四つに分類します。
　　1　開口呼：介音のないもの
　　2　斉歯呼：［i］の介音があるもの（口腔の上下の開きを狭くする。［j］で表記する時もある）
　　3　合口呼：［u］の介音があるもの（唇を丸くすぼめる。［w］で表記する時もある）
　　4　撮口呼：［ü］の介音があるもの（2と3の中間の口の形）

（高松政雄『日本漢字音概論』風間書房、1986年より）

　一方、主母音に続く部分を韻尾（末子音）といいます。そして韻尾は、子音で構成されています。この韻尾もそれがある場合とない場合があります。韻尾の子音があるものを陽類といい、ないものを陰類といいます。この表現は日本人の感覚と少し異なるように思います。日本人は「子音終わり」を閉鎖的で陰性と表現し、「母音終わり」は開放的で陽性と表現します。それはそれとして、中国語における韻尾の子音は三内韻尾といわれています。「三内」とは、「喉内・舌内・唇内」の3種類のことです。喉内韻尾には「ŋとk」、舌内韻尾には「nとt」、唇内韻尾には「mとp」があります。このうち「k、t、p」を三内入声といい、「ŋ、n、m」を三内鼻音といいます。

　以上が万葉仮名を理解するために必要な中国語漢字音の基本事項です。すべての漢字音は「声母・介音・主母音・韻尾」のすべての要素をもっているわけではありません。このなかで欠くことのできないのは主母音のみであり、「声母・介音・韻尾」のそれぞれは欠く場合があります。高松政雄氏は漢字を以下のように四つに分類しています。末尾の「平・入・上・去」は声調の

「平声・入声・上声・去声」の略です。
　1　声母・介音・主母音・韻尾のすべての要素を具備するもの
　　　　例　良［li̯aŋ］平
　　　　　　薑［ki̯aŋ］平
　　　　　　狂［gi̯waŋ］平
　　　　　　略［li̯ɑk］入
　2　介音を欠くもの
　　　　例　郎［lâŋ］平
　　　　　　岡［kâŋ］平
　　　　　　党［tâŋ］上
　　　　　　樂［lâk］入
　3　韻尾を欠くもの
　　　　例　呂［li̯wo］上
　　　　　　若［nzi̯a］平
　　　　　　帝［tiei］平
　4　介音と韻尾を欠くもの
　　　　例　羅［lâ］平
　　　　　　歌［kâ］平
　　　　　　代［dâi］去

（高松政雄『日本漢字音概論』風間書房、1986年、15～16ページ）

　中国語本来の漢字の音（中国原音）は以上のようなものなのです。古代の日本人はそのような音を表している漢字を万葉仮名として使用し、日本語を表記しました。
　もう一つ重要なことは、中国原音は時代によって異なるということです。秦・漢時代およびそれ以前の音を上古音といい、隋・唐初期の音を中古音、元・明時代の音を中原音韻といいます。現代の中国語標準音は現代北京音です。
　　中国原音の変遷とその呼称
　　　上古音：秦・漢時代の音
　　　中古音：隋・唐初期の音

中原音韻：元・明時代の音
現代北京音

　中国原音の変遷を「支」という漢字を例にとってみてみますと以下のようになります。

　　　　　上古音 ― 中古音 ― 中原音韻 ― 現代北京音
　「支」：[kieg―tʃĭĕ ― tṣï ― tṣï]

　奈良時代は、中国では隋・唐の時代に入ります。そして上代音韻は、奈良時代以前の音韻ですから上代音韻の書きわけに使用された万葉仮名は、上古音か中古音のどちらかに基因しているのです。

　そのほか、日本漢字音には呉音・漢音があり、一つの漢字には必ず呉音と漢音の二つの音があります（漢字によっては両者が同じ音の場合もあります）。「漢音」という言葉は、遣唐使や留学生・留学僧によって奈良時代にもたらされたものです。元来、中国では都の発音を「正音」と呼ぶのが普通でしたが、唐の都・長安ではそれを漢音と称しました。長安はその昔、前漢の都であり歴史のある町なのですが、後漢時代には都は洛陽に移り、文化の中心地は洛陽になりました。したがって、後漢時代には洛陽音が「正音」として尊重されたのです。後漢が衰微し短い魏晋朝のあと、中国は二百数十年におよぶ南北朝時代に突入しますが、その南北に分裂した中国を再統一したのは北朝から興った隋です。隋は最初、鄴(ぎょう)を都とし、後に旧都長安を都としました。そして隋の後を受けた唐も、長安を都としました。当初、長安音は洛陽音にくらべて田舎くさい音としてばかにされていたようです。しかし、玄宗皇帝の代に入り唐王朝が隆盛を迎えるようになると、長安音は「正音」として尊ばれるようになったのです。藤堂明保氏によりますと、長安人はその誇りから長安音を「中国（漢）を代表する音」として「漢音」と称したとのことです（『学研　漢和大字典』末尾の「中国の文字とことば」1582ページ）。しかし「漢音」という呼称については別の説もあります。大島正二著『漢字伝来』にはこれとは異なる記述があります。以下の記述です。

　　ちなみに、漢音という呼称は中国の文献には見あたらず、中国人による命名ではない。また日本でも右で引いた勅までは用いられることがなか

ったようである。漢がいつか中国という国家の代名詞となっていたことは右で述べた通りだが、そのことを、漢と密接な関係にあった朝鮮半島をとおして日本の人々も承知していたのであろう。七世紀になって遣唐使が中国に赴き、そのときに導入した中国の字音（「正音」）を漢音と呼び、その後、定着したと思われる。

(大島正二『漢字伝来』岩波書店、2006年、71ページ)

　「漢音」という呼称が中国によるものなのか、あるいは日本人の命名によるものなのかどちらなのか私にはわかりません。
　いずれにしても「漢音」という呼称とともに、長安音の中国漢字音が遣唐使・留学生らにより日本に伝わったのです。そして、それ以前に日本に伝来していた漢字音を「漢音」と区別するために「呉音」と称しました。ここで初めて呉音という呼称が、日本において生じたのです。一般にはこの呉音は、「中国南北朝時代に江南経由で伝来した漢字音」と表現されることが多いようです。しかし、この表現は誤解を招きやすいと思います。現代の中国の首都は華北に位置する北京であり、また古代の都の長安・洛陽は黄河中流域です。江南は、これら中国の主要な都からはるかに隔絶しています。このため我々の感覚からすると、江南といえば地方・田舎と思いがちです。その田舎の江南を経由して伝来したのが呉音であると言われれば、なんとなく呉音は中国の田舎方言の漢字音だと思ってしまうのではないでしょうか。しかし、そうではないと思います。呉音は、少なくとも南北朝時代の南朝式の漢字音です。そして南朝は、秦・漢・魏・晋に引き続く漢民族の正統の王朝ですから、その漢字音は上古音の伝統を引き継いでいる漢字音だったはずです。その南朝の漢字音が伝わったものが日本の呉音であるならば日本の呉音も上古音の伝統の延長線上にあると思います。
　それに対して漢音を含む中古音はどうでしょうか？　それについて少し考えてみましょう。
　上古音は秦・漢時代の中国原音です。秦・漢時代の支配者層はいわずとしれた漢民族の人々です。そして支配されている一般人民も漢民族です。したがって秦・漢時代には、方言としての地方差はあったとしても漢民族の言語

（漢語）は、秦の時代と後漢の終わり頃の間では、さほどの変化はなかったと思われます。たしかに言語、そしてそれを構成する音は、発声力学的に労力を使わなくてすむ方向に変化していくという自然な経過が存在します。例えば［p］は上下の唇をしっかりと合わせて発声しなければなりませんが、後の時代になると上下の唇を合わせる力を緩めて［f］と発声されるようになります。さらに時代が下ると上下の唇を合わせる労力を完全に省略し［h］と発声されるようになっています。言語には、このような発声力学上の自然な変化が存在することは事実ですが、そのような変化を除けば、秦の始まりから漢の終わりまでの時代には、支配する側と支配される側が同じ漢民族であり、まったく同じ言語を使用しているのですから、その変化は微々たるものであったはずです。

　秦の始皇帝は強力な異民族の匈奴（きょうど）や烏丸（うがん）・鮮卑（せんぴ）族の侵入を防ぐために万里の長城を築きました。そして長城の内側は漢民族の地、その外側は漢民族のあずかり知らぬ化外の地として境界線を定めました。

　しかし、南北朝時代初期の黄河中流域（中原）から華北にかけての領域では「五胡十六国の乱」という言葉で表されるように、漢民族ではない民族により、短期間内に16国以上の国が勃興し、揚子江肥水以北の地の人々を支配しました。支配された人々のなかには、もちろん多くの漢民族もいました。その「五胡」とは匈奴・羯（けつ）・鮮卑・氐（てい）・羌（きょう）の五つの民族です。谷川道雄著『世界帝国の形成』（講談社、1977年）、および川勝義雄著『魏晋南北朝』（講談社、2003年）の2書により、これら「五胡」が万里の長城内に移り住み、漢人と雑居するようになる経緯をみてみましょう。

　秦の始皇帝は万里の長城を築き、中国本土内と外の境界をつくりました。しかし秦を引き継いだ前漢王朝は領域の拡大を図り、長城の外側への侵攻を繰り返します。前漢武帝により朝鮮に設置された楽浪郡もその一つの表れです。北方および西北方の匈奴は、漢の攻撃に耐えかねて南北匈奴に分裂し、南匈奴は西暦48年に漢王朝に投降しました。南匈奴の日逐王（にっちくおう）（名は比）はその時、約4～5万の人々を引き連れて長城線内部の中国本土に移り住んだとのことです。日逐王・比は後に呼韓邪単于（こかんやぜんう）と称するようになります。匈奴はモンゴル族であり、したがって言語はウラル・アルタイ系言語です。漢に

投降した南匈奴とは異なり、北匈奴はその後も漢王朝への抵抗を続けました。漢王朝は依然として敵対する北匈奴との戦いに呼韓邪単于の率いる南匈奴軍を投入しました。その戦いで北匈奴は大敗北を喫し、北匈奴から新たに漢に投降する部族も出て、これらはすべて呼韓邪単于に率いられました。その総数は、30万人近くにのぼったといわれています。これらがみな長城線内部の中国本土に居住したのです。

次に烏丸・鮮卑族は、もと長城外の中国東北方に居住していたモンゴル族の一派です。したがって、言語はウラル・アルタイ系言語です。鮮卑族は北匈奴が漢に破れて西方に移動したあと、かわりにその地を支配するようになりますが、その一部は漢に投降し、南匈奴と同じように長城線内部の中国本土に移り住み、漢人と雑居するようになりました。

羯(けつ)族については、匈奴の別種とする文献があるようですが、容貌についての記述からインド・ヨーロッパ系の人種ではないかとする説もあるようです。彼らもまた南匈奴の南下にともない、山西省東南部に居住するようになります。山西省東南部といえば、北京の西南方に相当し、長安・洛陽などのある中原の東北方に位置しており、中国内部のど真ん中です。この羯族は「五胡十六国の乱」の時代に「後趙国」を建国しますが、その「後趙国」は漢人の冉閔(ぜんびん)に滅ぼされます。その際、冉閔は羯族20万人以上を虐殺したといわれています。虐殺された羯族が20万人以上もいたということは、「後趙国」においては、支配者としての一握りの羯族が大多数の一般民衆としての漢人を支配したというのではなく、一般民衆の多くも羯族であったということではないでしょうか。

羌(きょう)族は、甘粛省の西から陝西省にかけて居住していたチベット系民族です(言語はチベット・ビルマ語系)。中国から西域地方への通路である甘粛回廊をへだてて匈奴と接しており、もともとは匈奴の影響下にありました。しかし、後漢王朝がその甘粛回廊を支配下において以降、羌族は匈奴との連絡を絶たれ、しだいに漢に撃破されていきます。そして後漢王朝は、羌族の力を削ぐために彼等を渭水(いすい)流域に移住させました。渭水流域といえば、その中心にあるのが前漢王朝の都・長安です。すなわち、羌族は漢民族の真っ只中に移住させられたのです。

氐族も甘粛省・陝西省南西部から四川省にかけて居住していたチベット・ビルマ語系民族ですが、前漢武帝に討伐され、長安の西方約370kmにある武都に多数が移住させられました。さらに三国時代の魏の曹操の時には、武都から関中（渭水盆地）に移されています。
　これら五胡の中国本土内への移住の結果、関中には多くの異民族が居住するようになります。川勝義雄氏、谷川道雄氏は次のように述べています。

　　この五胡を主とする異民族の諸集団が、華北から四川省の各地にかけて漢民族と雑居し、それぞれの武力集団をまとめて、互いに競合したのであった。これら異民族の人口はよくわからないが、北から匈奴、西から羌や胡族が入りこみ、南から氐族が多数移されてきた三世紀の漢中（陝西省）では、人口の半ばはこれらの異民族であったと伝えられる。
　　　　　　　　　　　（川勝義雄『魏晋南北朝』講談社、2003年、43ページ）

　　後述する西晋の江統（？〜三一〇）の「徙戎論」に、「関中百余万の人口中、その半ばは戎狄である」と述べているが、この「戎狄」の多くは氐羌両族であったと思われる。
　　　　　　　　　　　（谷川道雄『世界帝国の形成』講談社、1977年、19ページ）

　以上、4世紀の関中では、漢民族と他民族がほぼ拮抗して雑居していたことが理解されます。これは関中のみならず、華北一帯でも似たような状況であったことでしょう。そしてこれが南北朝時代の北朝側の状況でもあったわけです。
　図1は川勝義雄氏による魏晋南北朝王朝交替を表したものです（上段は北朝、下段は南朝）。また、図2は南北朝の前期にあたる五胡十六国時代を少しくわしく図にしたものです。
　さらに図3は、各王国の位置を地図上で示したものです。五胡十六国時代とはいうものの、図2および図3には四川省によった成漢国を除外しても、北魏による華北の統一までに19カ国の名があります。すなわち、これらの国々が勃興し滅びていったのです。

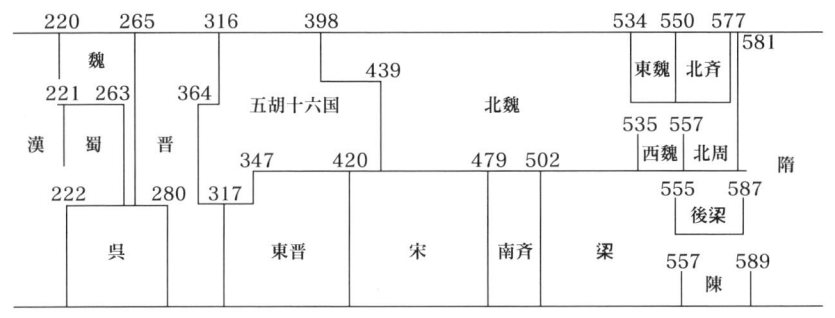

図1　魏晋南北朝王朝の交替（川勝義雄『魏晋南北朝』講談社、2003年より）

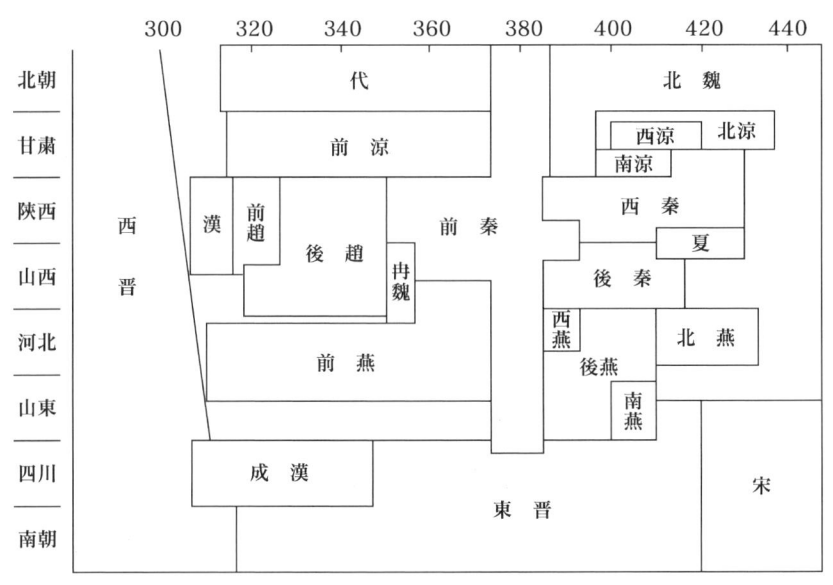

図2　五胡十六国の興亡（川勝義雄『魏晋南北朝』講談社、2003年より）

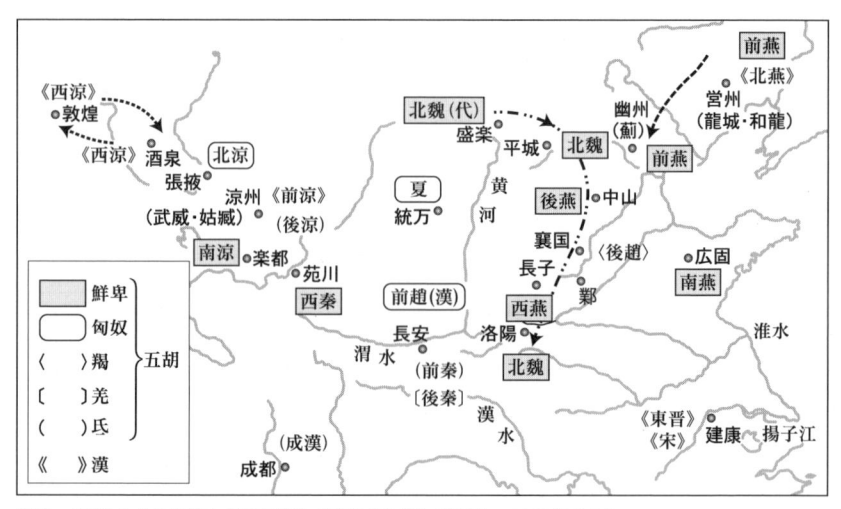

図3　五胡十六国要図（川勝義雄『魏晋南北朝』講談社、2003年より）

　このうち、漢人による王国は、冉魏・前涼・西涼・北燕の4カ国のみです。しかも、前涼・西涼・北燕は、中国辺境の地の国家です。中国本土内部の国家としては、後趙国を滅ぼしてその地を支配した冉魏のみですが、その冉魏はわずか3年で滅亡しています。残りの15の国家は、すべて匈奴・鮮卑・氐・羌族による国家です。そして、これらの国々を滅ぼして揚子江以北を統一した北魏は鮮卑族の国家です。北魏は105年にわたって揚子江以北全域を支配しました。これが北朝です。その北魏が分裂してできた東魏・西魏はもちろんのこと、北斉・北周も鮮卑族であり、再分裂した北朝側を再び統一し、さらには南朝をも滅ぼして西晋以来の南北にわたる中国全土の再統一をはたした隋、それを引き継いだ唐王朝もみな鮮卑族の人間です。さてここで、漢民族と他民族の人口があい半ばし、異質の言語を話す他民族の人々が入れ替わり立ち替わり支配者となっていた揚子江肥水以北の地において、漢民族の言葉、いわゆる上古音は、それまでの音を保ち得たでしょうか。そのようなことは、とうてい考えられません。上古音は、支配者たる匈奴・鮮卑・氐・羌族の言語に影響されて変容したはずなのです。その変容した音が隋・唐初期に成立した中古音であると思います。隋・唐初期には都の長安音は、洛陽音にくらべて田舎臭い音としてばかにされたとのことでした。これは旧都・

洛陽には漢民族が多く、そのために上古音の伝統が残っていたからではないでしょうか。そして新都・長安の支配者層は異民族の人々です。その支配者の言葉は漢語化されてはいても、どこかに異種言語の訛があるのです。その訛が田舎臭い音としてばかにされたのではないでしょうか。

中古音は唐宋音を経て、モンゴル族の元帝国の時代に中原音韻へと変化しますが、中原音韻が成立した理由も漢民族の言葉（漢語）とはまったく異質のウラル・アルタイ語に属するモンゴル族の音韻（支配者の音韻）が、それまでの唐宋音に大いに作用した結果ではないでしょうか。そのようにして形成された中原音韻は、元帝国を倒した漢民族の王朝たる明王朝では変化することなく、そのまま引き続いて（漢民族の言葉として）使用されました。ところが、その明王朝が満州族の清王朝にとって代わられると、中原音韻は現代北京音へ繋がる清代の音韻へと変容します。中国原音の変遷はこのように漢民族が他民族に支配される時代に、漢語が他民族の言語の洗礼を受けることにより形成されたものだといえると思います。

2　万葉仮名

万葉仮名については第1章で簡単に述べましたが、もう少し説明しておきましょう。

小学館『大日本百科事典』は万葉仮名について以下のように述べています。

> 万葉がな　まんようがな　漢字本来の意味とは関係なく、その字音・字訓だけを用いて、ひらがな・かたかな以前の日本語を書き表わした文字。とくに『万葉集』に種類も最も多く用いられているため、万葉がなという。真名〈漢字〉をかなとして用いるため、真仮名ともいう。たとえば伊能知（命）・於保美也（大宮）・鶴鴨（助辞、つるかも）・千羽八振（神などの枕詞）のように、「知」は「ち」の音を表すだけである。万葉がなは『万葉集』だけでなく、広く上代から中古初期の文献にみえる。　　（『大日本百科事典』小学館、1971年、中田祝夫担当）

これに少し補足を加えますと、「伊能知(いのち)」の「伊」を「い」と読むのは音読みです。また「能」を「の」と読むのも「音読み」です。漢字の「音読み」の音を昔は「字音」といいました。この漢字の音読み（字音）を漢字の意味とは無関係に仮名代わりに使用したものが万葉仮名のなかで「字音仮名（単に音仮名ともいう）」といわれるものです。この用法を「音借（または借音）」といいます。ちなみに「音読み」は純粋の中国語発音（中国原音）ではなく、それが日本語的に訛った音です。これを日本漢字音 Sino-Japanese といいます。中国で作成された文字、すなわち漢字を導入して文字として使用した国としては、日本以外にも朝鮮があり、ベトナムがあります。その漢字にはもともと中国語による発音というものがありますが、日本ではそれを日本語音韻によって訛って発音する結果、中国語による音とは少しというか、かなり異なるようになります。これが日本漢字音です。朝鮮の場合は朝鮮語音韻による変化を受けて朝鮮漢字音となり、ベトナムの場合はベトナム漢字音になるわけです。たとえば「川」という漢字の隋・唐代の中国音は[tʃʼɪuɛn]ですが、日本ではこれを日本語的に訛って「せん」と読み替え、それが現代まで残っています。これが「音読み」であり字音といわれるものです。

　一方、「千羽八振(ちはやぶる)」のなかの「千」「羽」「八」をそれぞれ「ち」「は」「や」と読むのは、その漢字の意味を日本語に置き換えた読み方、すなわち「訓読み」です。漢字の「訓読み」の音を「字訓」といいます。漢字のこの訓読み（字訓）の音を意味とは無関係に仮名代わりにして使用したものが「字訓仮名（訓仮名）」であり、この用法を「訓借（または借訓）」といいます。

　　　万葉仮名 ｛ 字音仮名（または音仮名）
　　　　　　　　 字訓仮名（または訓仮名）

　本書では字音仮名のみをとりあつかいます。

　字音仮名（音借）は図4にみるように全音仮名・略音仮名・連合仮名・二合仮名の四つにわけられます。

　全音仮名とは、漢字のすべての音を日本語の音にあてるもので、この場合は当然のこととして韻尾のない漢字が使用されます。例えば「阿」の中古音

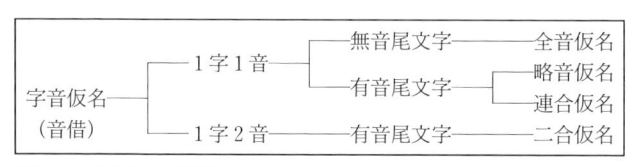

```
                         ┌─無音尾文字─────全音仮名
          ┌─1字1音─┤
字音仮名─┤          └─有音尾文字─┬─略音仮名
（音借）  │                        └─連合仮名
          └─1字2音─────有音尾文字─────二合仮名
```

図4　字音仮名の分類

は［・a］であり、「阿」は「あ」の音の表記に使用されました。このように韻尾のない漢字を使用するのが全音仮名です。

　次に略音仮名について。中国語の言葉は「韻尾の子音」のない言葉だけではなく「韻尾の子音」のある言葉もあります。そのため多くの漢字音には韻尾に子音が付いています。この韻尾の子音は日本語を表記する場合には不要なので、その韻尾の子音は無視して（切り捨てて）日本語の音を表すものを略音仮名といいます。たとえば「吉」の漢字は「き甲」の音の表記に使用されますが、その中古音は［kiĕt］です。［kiĕt］の後半の［ĕt］の音は切り捨てて、前半の［ki］の音のみをとり出して「き甲」の音の表記に使用するのです。

　三番目の連合仮名は2字で2音を表記する場合に表れる用法で、たとえば欽明天皇の妃の一人「きたし姫」は万葉仮名では「吉多斯比弥」のように表記されることがあります。「吉」の音は先にも示したように［kiĕt］です。そしてこの場合、韻尾の［t］の音は切り捨てられているのではなくて、次の「多」（中古音は［ta］）に重ねられて使用されているのです。これが連合仮名です。一種の強調と考えてもよいでしょう。ただし「吉多斯比弥」の場合は、「吉 kiĕt」の二番目の母音の［ĕ］は省略されていると考える必要があるでしょう。あるいは……　非常に大事なことですが［kiĕ］の音が「き甲」を表しているのかもしれません。

　最後の二合仮名については「難波」を例にして説明しましょう。「難」の中国原音は上古音・中古音のいずれでも［nan］です。したがって「難波」は普通に読めば「なんぱ」です。しかし日本語としては「難波」は「なには」と読みます。これは［nan］の後ろに［i］の母音をつけて「難」を［nani］と読み、「難波」を「なには」と読むようにしたものです。このように韻尾の子音に自由にある母音をつけて2音にして使用するのが二合仮名です。

万葉仮名に関する文献
　①春日政治『仮名発達史序説』岩波書店、1933 年
　②大野　晋『上代仮名遣の研究』岩波書店、1953 年
　③大野　透『万葉仮名の研究』明治書院、1962 年
　④築島　裕『仮名』『日本語の世界』シリーズ第 5 巻、中央公論社、1981 年
　⑤高松政雄『日本漢字音概論』風間書房、1986 年

3　「仮名」という言葉について

　あらためていうまでもなく、漢字は中国語を表記するための文字として中国で作成されたものです。日本語を表記するための文字として開発されたものではありません。その漢字が日本に伝来され、日本語を表記するのに使用されたにすぎないのです。その意味からすれば漢字は日本語を表記するための文字としては「仮りの文字」です。

　「かな」は漢字で「仮名」と書きます。この場合の「名」は「文字」という意味です。事実、『学研　漢和大字典』を見てみますと、「名」という漢字には「字」の意味があります。すると「仮名」という文字表記には「仮りの文字」という意味があることになります。一方、万葉仮名のことを「仮名」に対比させて「真仮名(まがな)」ともいいます。この場合の「真」は、漢字こそ「真実の文字」という意識なのでしょう。しかしこの「真仮名」という表記においてさえも、そのなかに「仮名」という表記が存在しており、日本語の表記に使用される漢字はやはり「仮りの名」、すなわち「仮りの文字」なのです。また万葉仮名のことを「仮字」とも書きます。江戸時代後期の石塚龍麿が著した『仮字遣奥山路』の表題がその好例ですし、本居宣長も 18 ページに引用した文でわかるように万葉仮名を「仮字」と表記しています。万葉仮名を「真仮名」あるいは「仮字」と表記するこの意識は、漢字は日本語を表記するための文字としては「仮りの文字」であるということだったのではないでしょうか。「仮名」という言葉に対するこのような考え方は、すでに平凡社刊『日本語の歴史』シリーズの第 2 巻『文字とのめぐりあい』に述べられています。

すなわち、〈かな〉というもの自体は、漢字を貸借することがらであり、その結果の文字をさすものであって、おそらくはじめは、字をかりて用いる、そのこと自体に重点が感じられていたもののようである。

(平凡社刊『日本語の歴史』シリーズ　第2巻『文字とのめぐりあい』1963年、367ページ)

　「仮名」が「仮りの文字」の意味であるとすると、漢字の中国原音と上代語の音は必ずしも一致するものではないという可能性があります。朝鮮では朝鮮語を表記するための文字として諺文(ハングル文字)が作成されましたが、それと同じように日本語を表記するための専用の文字——それは日本語の音韻を忠実に表し、また表記の面においても充分に機能的・能率的なものでなければならない——を作成するまでの「仮りの文字」、それが万葉仮名だったのではないでしょうか。結局、そのような文字は日本では作成されなかったのですが……。たしかに平安時代に平仮名・片仮名が案出されましたが、その平仮名・片仮名が表しているのは平安時代以降の日本語音韻であり、平仮名・片仮名では奈良時代以前に存在した上代音韻を表すことはできません。平仮名・片仮名が表している音は上代音韻からはるかに変質してしまった音韻にすぎないのです。

第3章　通説の問題点

　上代音韻と万葉仮名には、重要な二つの事項があります。一つは、上代音韻の甲類乙類はどのような音であったのかということ、そして二つ目は、「万葉仮名はどのような法則のもとに甲類表記用文字と乙類表記用文字にわけられたのか」ということです。ここではこの二つに対する現在の通説を紹介し、そのうえでその問題点を指摘します。

1　上代音韻甲類乙類の音に対する諸説——『韻鏡』と『広韻』

　上代音韻甲類乙類の音は、どのような音であったのかということについては、上代音韻の再発見者である橋本進吉氏をはじめとして多くの方が以下のような説を提出されています。

(1) 橋本進吉（橋本進吉博士著作集第4冊『国語音韻の研究』岩波書店、1950年、71ページ）

	イ列音	エ列音	オ列音
甲類	-i	-e	-o
乙類	-ï	-əi もしくは -ə	-ö

(2) 金田一京助（橋本進吉博士著作集第4冊『国語音韻の研究』岩波書店、1950年、71ページ）

	イ列音	エ列音	オ列音
甲類	i	e	o
乙類	ï	ë	ö

(3) 有坂秀世（有坂秀世『上代音韻攷』三省堂、再版、1958年、390・430ペ

—ジ）

	イ列音	エ列音	オ列音
甲類	i	e	o
乙類	ïi	ɘe	ö

(4) 大野晋（大野晋『日本語の起源』岩波新書、1957 年、151 ページ）

	イ列音	エ列音	オ列音
甲類	i	e	o
乙類	ï	ĕ	ö

(5) 服部四郎（服部四郎『日本語の系統』岩波書店、1959 年、62 ページ）

（甲類）　/ka/・/ki/・/ku/・/ke/ ・/ko/

（乙類）　　　　/kji/　　　　/kje/ ・/kö/

(6) 奥村三雄（中田祝夫ほか『講座国語史 2　音韻史・文字史』大修館書店、1972 年、94〜96 ページ）

	イ列音	エ列音	オ列音
甲類	i	e	o
乙類	ïi	əi	ö もしくは ə

　いずれも 1972 年以前の説ですが、これが現在の上代音韻の実際の音価に関する学会の見解と考えてもよいと思います。すなわち甲類の「き」「け」「こ」は現在普通に発音されている音（/ki/・/ke/・/ko/）であり、乙類の「き」「け」「こ」は拗音的な二重母音の音（イ列音/ïi/、エ列音/əi/）、あるいは中舌的な音で、現在は消滅してしまった母音（イ列音/ɪ/、エ列音/ĕ/、オ列音/ö/）とするのが現在の通説です。これらの諸説の根拠は『韻鏡』と『広韻』です。橋本進吉氏が以下のように述べています。

　　これ等の仮名が、それぞれ奈良朝の二つの違つた音に相当するのであるが、その二つの音に宛てた万葉仮名の漢字音を支那の唐末又は五代の頃に出来た音韻表である韻鏡によつて調査すると、この二つの音の違ひは、支那字音に於ては、転の違ひかさもなければ等位の違ひに相当する。

転及び等位の違ひは最初の子音の違ひではなく、最後の母音（又はその後に子音の附いたもの）の相違か、又は、初の子音と後の母音との間に入つた母音の相違に帰するのである。（例へば kopo の類と köpö の類との差、又は kiapia と kapa との差など）。奈良朝の国語に於ける二音の別は、最初の子音の相違即ち五十音ならば行の相違に相当するものではなく、母音の相違即ち五十音の段の相違か、さもなければ、直音と拗音との相違に相当するものと考へられる。

（橋本進吉博士著作集第 4 冊『国語音韻の研究』岩波書店、1950 年、71 ページ）

　橋本進吉氏は甲乙二類に使用された漢字を、支那の唐末又は五代の頃にできた音韻表である『韻鏡』によって分析しています。そして甲乙二類の違いは「韻鏡における転の違いか等位の違い」とし、「甲乙二類の書きわけは音の違いによるものであり、それは子音の違いではなく母音の違いである」としました。そして橋本進吉氏は、甲乙二類の音を上記のように推定されたのでした。なお「等位」とは漢字の韻を一等・二等・三等・四等の 4 段階にわけるものです。有坂秀世・服部四郎・奥村三雄各氏の説も、橋本進吉氏と同じように『韻鏡』をその根拠としていると思われますが、『韻鏡』の「等位」に関する見解で甲乙二類の音が少しずつ異なっていると思われます。

　以上の各氏は万葉仮名を『韻鏡』により分析しているわけですが、上述のように『韻鏡』は唐末または五代の頃の作成ですから、その漢字音は中古音の範疇に入ることになります。すなわち万葉仮名は中古音により分析されているのです。ただし、すべての万葉仮名が中古音によっているというわけではないようです。有坂秀世氏が以下のように述べています。

　　次に第十三転四等（iei）の字は十一種まで甲類の仮名として用ひられてゐるのに、閇米の二字だけが乙類の仮名として用ひられてゐるのであるが、これは恐らく同韻の、或いは同一の文字についても、時代と地方とを異にするさまざまの支那音が輸入されてゐた結果であらう。この二字の中、「米」は既に推古朝の元興寺露盤銘・同丈六光背銘、天寿国曼

茶羅等にも出てゐる字体であるし、「閇」も既に古事記に用ひられてゐる字体であるから、いづれも相当古くから用ひられてゐたものである。従って、その基礎になつた漢字音を古音に求めるのも、必ずしも不穏当な想像ではないと思はれる。

(有坂秀世『上代音韻攷』三省堂、再版、1958年、437ページ)

　万葉仮名のなかには古音（上古音？）によって使用されている漢字もあるとし、そのようにみなすことは「必ずしも不穏当な想像ではないと思はれる」と述べています。この表現は万葉仮名は古音（上古音？）によって使用されている漢字もあるが、その多くは中古音に基づいているといっていることになります。現在の学会は万葉仮名を中古音で分析しているのです。

　以上の各氏に共通していることは、現在普通に発音している「き」「け」「こ」が甲類であり、消滅してしまったのは乙類の「き」「け」「こ」としていることです。それは甲類の「き」「け」「こ」に使用されている漢字の中国原音が、/ki/・/ke/・/ko/を表していると考えられていることによるようです。そして、そのほかにももう一つの理由があります。上代語のイ列音では、甲類の音の言葉の方が圧倒的に多く、乙類の音の言葉は少ないということです。すなわち、イ列音では甲類が優勢であり、乙類は劣性です。かつては甲乙二類の音が存在しましたが、現在は1音しかないわけです。2音が1音になっている現在の音韻については3通りの可能性があります。

(1) 乙類の音は甲類の音に合流して消滅し、甲類の音のみが残った。
(2) それとは逆に甲類の音は乙類の音に合流して消滅し、乙類の音のみが残った。
(3) 甲類と乙類が合体してまったく新しい音が誕生した。それが現在の音である。

　この三つの可能性のうち、現在は(1)の考え方が主流なわけです。優勢の甲類の音のほうが変化して劣性の乙類の音と同音になり消滅したと考えることには無理があります。消滅したのは劣性の乙類のほうであり、現存しているのは、優勢であった甲類の音とする考え方は当然のことだと思われます。

　しかし、現在「き」「ひ」について、一つの音しか存在しない本土の方々

には、当然のことのようにみえるこの通説には問題があると思います。私はこれは逆ではないかと思うのです。それは沖縄の宮古島方言はなんと現在でも「き」「ぴ」を二類に発音しわけているのですが、学会が/ki/の音としている甲類の「き」の言葉を宮古島方言は/kī/と発音しているのに対し、学会が/kī/の音としている乙類の「き」の言葉を宮古島方言は/ki/と発音しているからです。

2　万葉仮名を甲類乙類にわける法則──「等位」と「大韻」

次に万葉仮名を甲類と乙類にわける法則については通説は以下のようにしています。

イ列甲類：四等　　エ列甲類：四等（一部二等）　オ列甲類：模・豪・侯・冬韻
イ列乙類：三等　　エ列乙類：三等（一部一等）　オ列乙類：魚・之・蒸・登韻

（大島正二『漢字伝来』岩波書店、2006 年、110 ページ）

これが、現在考えられている万葉仮名を甲類と乙類に区別する法則です。甲類の漢字と乙類の漢字には、このような違いがあるとされています。

しかし、これはほんとに法則といえるのでしょうか？　問題の一番目は、統一性がないことです。イ列およびエ列音では、甲類乙類の区別を漢字の「等位」で区別するのに対し、オ列音の甲類乙類の区別の場合は「等位」ではなく、『広韻』の「大韻」によるとしており、区別する方法が異なっています。統一性の欠如は理論として重大な欠点なのではないでしょうか。

問題の二番目は、これらを法則とした場合には異例となる漢字が多いことです。「イ列およびエ列音では甲類は四等（一部二等）、乙類は三等（一部一等）の漢字」としていますが、実際に漢字の「等位」を調べてみますと、約20％前後の漢字がその法則からはずれ、異例となるのです。あまりにも異例が多いのではないでしょうか。またオ列音は『広韻』の「大韻」により甲類乙類にわけられるとしているのですが、その「大韻」を調べてみますと、甲類乙類の両方に似たような韻があり、オ列音の甲類乙類の区別も明確ではないのです。現在の「万葉仮名を甲類乙類に区別する法則」には非常に問題があると思います。

上述の法則では、異例となる漢字が20%前後になるということを実際に確かめてみましょう。そのためには『広韻』と『韻鏡』についての知識が必要となります。そこで『広韻』と『韻鏡』について簡単に説明しておきましょう。

3　『広韻』について

　『広韻』は宋の景徳四年（1007）成立の韻書（漢字を韻の類別にまとめた字典）です。そしてこれは、601年に成立した『切韻』とほとんど同じものと考えてよいとされています。なお、『切韻』は序文が伝わるのみで、その内容は現存しません。『広韻』が『切韻』とほとんど同じものであるということについては、頼惟勤著『中国古典を読むために』（大修館書店、1996年）にくわしく述べられていますのでそちらをご参照ください。

　『広韻』は漢字を平・上・去・入の四声に大別し、そのうえで韻による漢字の分類をおこなっています。まったく同音の漢字（声母・介音・主母音そして韻尾のすべてが同音で声調も同じ）のグループを小韻といいます。1漢字のみで一つの小韻の場合もありますが、多くの場合、一つの小韻には複数個の漢字があります。四十数個の漢字からなる小韻もあります。そして類似の多数の小韻が一つの大韻にまとめられます。平声の上巻には28の大韻があります。さらに平声下巻には29、上声には55、去声には60、入声には34の大韻があり、『広韻』全体では大韻の数は206韻となります。平声のみが上巻と下巻の構成になっているのは、平声の漢字が上声・去声・入声の漢字よりもはるかに多いので便宜上、上巻と下巻にわけたものとされています。図5に『広韻』の目次の第1ページを示します。私の使用した『広韻』は周祖謨の『広韻校本』です。

　『広韻』平声上巻の目次は「徳紅 東第一」で始まっています。この意味は、平声上巻の第一番の大韻は「徳紅切」の反切で、「東」の漢字で代表される韻のグループ、という意味です。それぞれの大韻を代表する漢字を韻目字といいます（平声上巻の第一番の場合は「東」が韻目字）。大韻は韻目字により東韻・模韻のようにも表現されます。

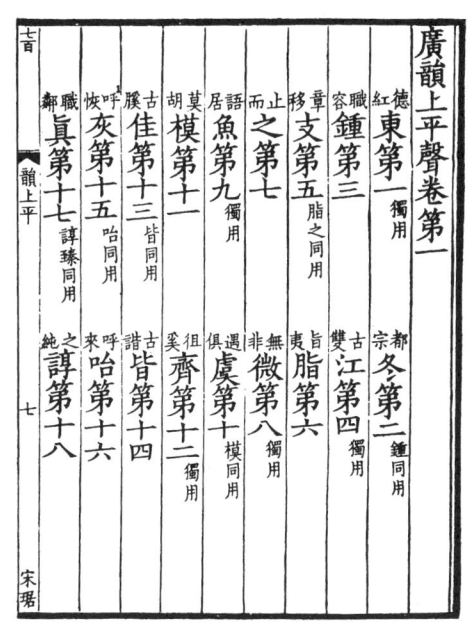

図5 『広韻』平声上巻の目次

　次に平声上巻の第九番目の大韻「語居 魚第九」、すなわち魚韻の始まりの部分を図6に示します。「魚」という漢字には丸印がついていますが、丸印は「丸印以下の漢字が小韻のグループの漢字である」ということを示します。「魚」の説明文を読んでいきますと、最後に「語居切十」と記載されています。これは「魚」の反切は「語居切」であり、この小韻に属する漢字（「魚」と同音で同じ声調、すなわち「魚」とまったく同音の漢字）は「魚」を含めて10個あるという意味です。丸印のついていない「鱻」「漁」「灙」「鮫」「敽」「齬」「鋙」「瞰」「衘」の漢字がそれにあたります。
　また「初」にも丸印がついています。そして「初」の説明文の最後は「楚居切二」となっています。したがって「初」という漢字の反切は「楚居切」であり、その小韻に属する漢字は「初」を含めて二つということを意味します。もう一つの漢字はその下に記載されている「噤」という漢字です。
　ここで「反切」という言葉が出てきましたので、それについて説明しておきましょう。「反切」とは中国式の漢字の発音表記法です。現在は発音を表

第3章　通説の問題点　45

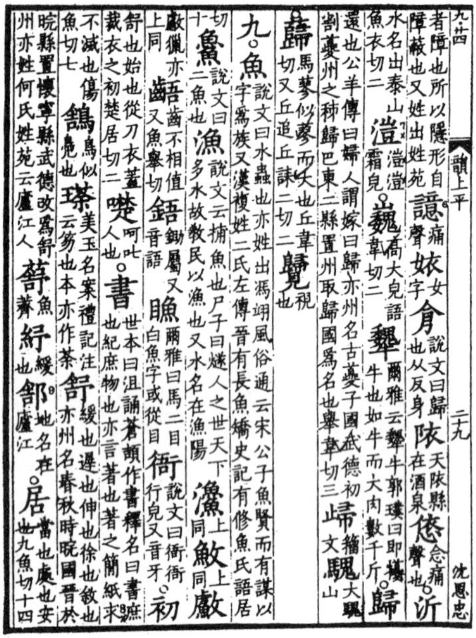

図6 『広韻』平声上巻、魚韻の部分

記するためには国際音声記号（[a] [i] [u] や [k] [t] [s]、あるいは [ʃ] [ŋ] など）を使用して表記しますが、古代の中国ではそれを二つの漢字で表しました。例えば上述のように「魚」の反切は「語居切」です。

　　魚　語居切

発音を示される漢字（この場合は「魚」）を反切帰字といいます。次に「語居切」の「語」つまり最初の漢字を反切上字、「居」つまり二番目の漢字を反切下字といいます。反切上字は反切帰字の声母を表し、反切下字は反切帰字の韻母を表します。『切韻』は601年の成立であり、中古音の時代なので、「魚」「語」「居」の中古音を藤堂明保編『学研　漢和大字典』でみてみますと次のようになっています（末尾の数字は、藤堂明保編『学研　漢和大字典』のページを示す）。

　　反切帰字　　魚：[ŋIO] 1524
　　反切上字　　語：[ŋIO] 1219
　　反切下字　　居：[kIO] 383

46　Ⅰ　万葉仮名の秘密と上代音韻消滅の理由

反切帰字「魚」の声母は [ŋ]、反切上字「語」の声母も [ŋ] で両者は同じです。また反切帰字「魚」の韻母は [ɪo]、反切下字「居」の韻母も [ɪo] でこれも同じです。このように漢字の音を声母と韻母の二つにわけ、二つの漢字で音を表すのが「反切」です。

　この「反切」は西暦 3 世紀頃に始まったとされています。当初は「反」の字が使用されたのですが、「反」は「謀叛」の「叛」に通じるので避けられるようになり、代わりに「切」が使用されるようになったとのことです。

4　『韻鏡』について

　次に『韻鏡』は 10 世紀初頭の成立と考えられており、日本の五十音図に相当するものです。五十音図は日本語の音韻を行別（子音別）、段別（母音別）に整理配列していて、日本語音韻の構成が理解しやすいようになっています。それと同じように漢字を子音別・等位別に整理配列したのが『韻鏡』なのです。日本語では、段は五母音で区別されますが、中国語では韻を一等から四等までの四段に区分する等位でおこなわれます。

　日本語の音韻の説明には五十音図 1 枚でことたりますが、中国語の場合は声母（語頭の子音）が 36 種類もあるのでそうはいきません。最初に『広韻』（『切韻』）に記載されている 206 の大韻が 43 にわけられます。43 のそれぞれを転図といいます。すなわち『韻鏡』は 43 枚の転図で構成されています。1 枚目を第一転、2 枚目を第二転などといいます。それぞれの転図のなかに、日本語の行・段に相当する枡があり、その枡目のなかに『広韻』の小韻の代表漢字が割り振られているのです。すなわち『韻鏡』には、すべての漢字が等位別に記載されているのではなく、小韻の代表漢字のみが記載されています。最初、私はこれがわからなかったので、甲類乙類の表記に使用された漢字の等位を実際にしらべていた時、「ほとんどの漢字がないではないか」と思ったものです。なお、小韻の代表漢字は『広韻』における小韻の最初の漢字（丸印がついている）のことが多いのですがそうでない場合もあるので注意が必要です。

　『広韻』（『切韻』）に記載されている大韻のそれぞれは、声母によって「舌

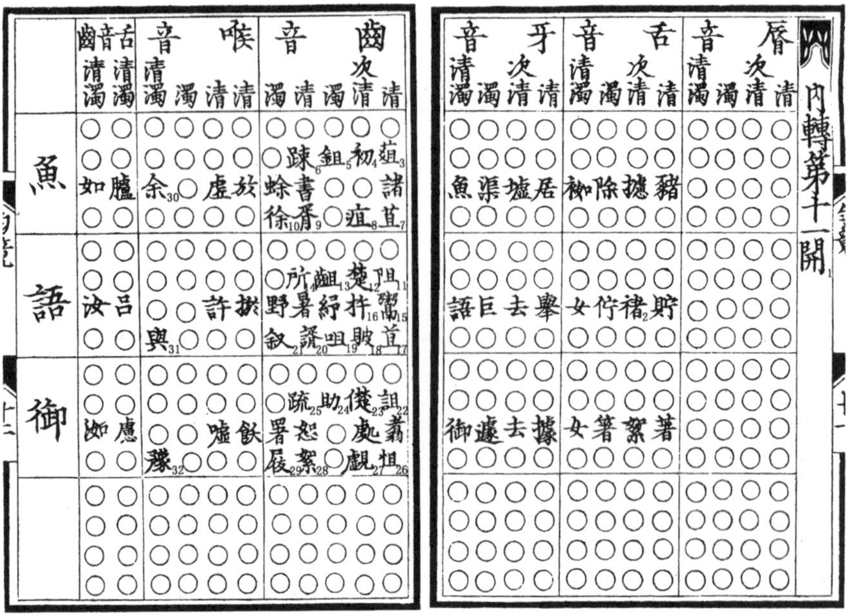

図7 『韻鏡』の「魚韻」のページ

音歯（舌歯音）・喉音・歯音・牙音・舌音・唇音」にわけられます。これが五十音図の「行」に相当するものです。これは、それぞれがさらに「全清・次清・全濁・清濁」に細分されます。そして五十音図の「段」に相当するのは「一等・二等・三等・四等」の区分です。図7に『韻鏡』の「魚韻」のページを示します。

「一等・二等・三等・四等」の区分は、24ページで述べた四呼（開口呼・斉歯呼・合口呼・撮口呼）とは異なるようです。大島正二氏は『漢字伝来』で次のように述べています。

> ごく大雑把な言いかたをすれば、口の開けかたの、より広い（韻母）は〈一等〉の欄に、より狭い（韻母）は〈四等〉の欄に、〈二等〉〈三等〉にはその程度に応じて、また主母音の前に中舌的なiがある韻は〈三等〉に、口蓋的なiのある韻は〈四等〉におかれている、といえよう。
> （大島正二『漢字伝来』岩波書店、2006年、179ページ）

一つ一つの漢字の等位は何等なのかを知るには、まず最初にその漢字が平・上・去・入の四声のうちのどちらなのかを知り、次に『広韻』によりその漢字の属する大韻および小韻を求め、その小韻の代表漢字が『韻鏡』ではどの転図のどの等位にあるのかによって求められます。なお藤堂明保編『学研　漢和大字典』には、それぞれの漢字の四声の別、およびその漢字の属する大韻が記載されています。
　漢字音をこのように四つの等位によって分析する分野を等韻学といいますが、この等韻学が発生したのは六朝ないし唐宋の頃とされています。高松政雄氏は以下のように述べています。

　　ところで、この等韻学は簡明には「音表」の学であるが故に、何を措いてもまず、その「音表」―等韻図―がなくては始らぬ訳である。その「音表」―等韻図は、韻書に基きて作られるものである。即ち、それは韻書の綱要を一覧表化するものであり、その簡化物である。具体的には、声母を経とし、韻母を緯として、漢字音の体系を縦横に配列する図表の形を採る。この制作は、切韻編集期に既に始まったとの説（7世紀説）もあるけれども、それには相当不備な面があることを指摘して、小川環樹（「中国語学研究」）は、その次の世紀―8世紀説を提唱する。唐代中期である。これに、悉曇学が大きく作用していることは疑うべくもない。
　　　　　（高松政雄『日本漢字音概論』風間書房、1986年、65ページ）

　漢字音を一等から四等までの四段階にわける等韻学は、これを古くみる説では『切韻』編集期に始まったとしています。『切韻』編集期とは6世紀末から7世紀初頭なので、中古音の時代です。ただし『韻鏡』の成立は10世紀頃とされています。したがって『韻鏡』で表されている漢字音および等位は、『韻鏡』の成立時期の9世紀ないし10世紀頃の漢字音であり等位であると考えるのが妥当ではないでしょうか。『切韻』と『韻鏡』とではその成立時期に少なくとも300年の差がありますから、両者の音はいくらか違うのではないでしょうか。もしも、音が違うのであれば、当然のこととして等位は違うことになります。奈良時代（8世紀）以前に存在した上代音韻の表記に

使用された万葉仮名を上代音韻消滅後となる10世紀成立の『韻鏡』の等位で考えることには問題があるのではないでしょうか。

5　甲類乙類の漢字の「等位」を実際に調べる

　さて、『広韻』と『韻鏡』により甲類乙類の音の表記に使用された漢字の等位を実際に調べてみましょう。なお、漢字によっては2音を有する漢字があり、そのうちの一つは三等韻、もう一つは四等韻という場合があります。たとえば「き甲」に使用される「伎」は上声の「紙韻」においては「技」の小韻に属しており三等韻ですが、平声の「支韻」においては「衹」の小韻のグループに属して四等韻です。万葉仮名はイ列音乙類には主に三等韻の漢字を使用し、イ列音甲類には主に四等韻の漢字を使用しています。「伎」は「き甲」に使用されているので「伎」の等位は四等韻としました。また「ひ甲」に使用された「神」は平声の「支韻」では「陴」の小韻のグループに属し四等韻ですが、去声の「卦韻」では「粺」の小韻のグループに属し二等韻です。万葉仮名ではイ列音甲類の主韻は四等韻なので、「神」は四等韻としました。そのような調整をおこなって「き」「ひ」「み」の音に使用された漢字の等位をみてみると、以下のようになります。

　イ列音万葉仮名の等位
　　「キ甲」(14漢字)：支岐伎吉枳只企棄*耆妓技洎衹祁　*棄＝弃
　　　　　三等：8漢字（支枳只耆妓技洎衹）、四等：6漢字（岐伎吉企棄祁）
　　「ヒ甲」(12漢字)：比毘臂卑譬避神妣必賓嬪篇
　　　　　三等：なし、四等：9漢字（比毘卑神妣必賓嬪篇）、等位不明：3漢字（臂譬避）
　　「ミ甲」(9漢字)：彌*美瀰湄弭寐眉民敏　*彌＝弥
　　　　　三等：4漢字（美湄眉敏）、四等：5漢字（彌瀰弭寐民）
　　「キ乙」(19漢字)：帰貴紀奇癸基騎幾機喜憙綺寄己記既規氣鬼
　　　　　三等：17漢字（帰貴紀奇基騎幾機喜憙綺寄己記既氣鬼）、四

等：2漢字（葵規）
「ヒ乙」(11漢字)：非斐悲肥飛被彼秘妃費備　すべて三等
「ミ乙」(5漢字)：未味微尾密　すべて三等

　イ列音に使用された漢字の等位を整理すると表2のようになります。
　表2を一見してわかることは以下の3項目です。
　　①イ列音は三等韻と四等韻の漢字で表記されている。
　　②イ列音甲類の表記には主に四等韻の漢字が使用されるが、三等韻の漢字も使用される。
　　③イ列音乙類の表記には三等韻の漢字が使用される。
　イ列音甲類に使用された35漢字のうちの20漢字（20/35≒0.571、57.1％）は四等韻の漢字であり、イ列音乙類に使用された35漢字のうちの33漢字（33/35≒0.943、94.3％）は三等韻の漢字です。したがって、イ列音甲類には四等韻の漢字を使用し、イ列音乙類には三等韻の漢字を使用するということがきまりであったようにみえます。
　しかし、もしもそうすると、イ列音甲類に使用された三等韻の12漢字と、イ列音乙類に使用された四等韻の2漢字、合計14漢字は異例となります。すると、イ列音の表記に使用された70漢字のうち、等位の明確な67漢字中の14漢字が異例となり、その異例率は14/67≒0.209、すなわち20.9％とな

表2　イ列音万葉仮名の等位別分布

イ列音	一等	二等	三等	四等	等位不明
「キ甲」(14漢字)			8漢字	6漢字	
「ヒ甲」(12漢字)			0漢字	9漢字	3漢字
「ミ甲」(9漢字)			4漢字	5漢字	
甲類計（35漢字）			12漢字	20漢字	3漢字
「キ乙」(19漢字)			17漢字	2漢字	
「ヒ乙」(11漢字)			11漢字		
「ミ乙」(5漢字)			5漢字		
乙類計（35漢字）			33漢字	2漢字	

ります。

　一つの法則があれば、ほとんどの場合、そこには法則をはずれたもの（異例）が存在するものです。しかしその場合、異例は少数でなければならない。異例となるものが多数存在するのであるならば、最初、法則と思われたものは法則ではなく、単なる傾向にすぎないのではないでしょうか。イ列音甲類の表記には四等韻の漢字を使用し、イ列音乙類には三等韻の漢字を使用するということが法則であったとした場合の異例率20.9％は少し高すぎる比率なのではないでしょうか。

　次は「け」「へ」「め」の音に使用された漢字の等位をしらべてみましょう。ここでも一つの漢字が2音あるいは3音を有するものがあります。

「計（ケ甲）」：去声「霽韻」では「計」のグループの代表―四等　｝→四等とした
　　　　　　　去声「遇韻」では「赴」のグループ　　　　　―三等

「賈（ケ甲）」：上声「姥韻」では「古」のグループ　　　　　―一等
　　　　　　　去声「禡韻」では「駕」のグループ　　　　　―二等　｝→二等とした
　　　　　　　上声「馬韻」では「檟」のグループ　　　　　―二等

「敝（ヘ甲）」：上声「養韻」では「敝」のグループの代表―三等　｝→四等とした
　　　　　　　去声「霽韻」では「獘」のグループ　　　　　―四等

「弁（ヘ甲）」：上声「獼韻」*では「弁」のグループの代表―四等　｝→四等とした
　　　　　　　去声「線韻」では「卞」のグループ　　　　　―三等
　　　　　　　　＊上声「獼韻」では「弁＝辯」とする

　以上の調整をおこなうと「け」「へ」「め」の音に使用された漢字の等位は次のようになります。

　エ列音万葉仮名の等位
　　「ケ甲」（15漢字）：祁家計鶏稽奚谿賈價啓係結兼監険
　　　　　　二等：4漢字（家賈價監）、三等：2漢字（祁険）、四等：8漢字（計鶏稽奚谿啓係結）、等位不明：1漢字（兼）
　　「ヘ甲」（15漢字）：俾弊幣敝覇蔽鞞返辺遍弁平反伯

　　　　二等：2漢字（覇伯）、三等：2漢字（返反）、四等：10漢字
　　　　（俾幣敝陛蔽鞞辺遍弁平）、不明：1漢字（弊）
　　　　ただし「ヘ甲」の音の表記に使用された弁は去襇では二等、去
　　　　線では三等、上獮では四等。ここでは四等に入れた。
「メ甲」（8漢字）：賣咩謎馬迷明面綿
　　　　二等：2漢字（賣馬）、三等：1漢字（明）、四等：4漢字（謎
　　　　迷面綿）、不明：1漢字（咩）
「ケ乙」（15漢字）：居氣希該開既挙奇概慨愷凱戒階墢
　　　　一等：7漢字（該開概慨愷凱墢）、二等：2漢字（戒階）、三
　　　　等：6漢字（居氣希既挙奇）
「ヘ乙」（9漢字）：閇*倍陪拝沛背杯珮俳　　*閇＝閉
　　　　一等：6漢字（倍陪沛背杯珮）、二等：2漢字（拝俳）、四等：
　　　　1漢字（閉）
「メ乙」（7漢字）：米梅毎迷*昧浼妹　　*迷は「め」の甲類にも使用されて
　　　　いる。
　　　　一等：5漢字（梅毎昧浼妹）、四等：2漢字（米迷）

エ列音に使用された漢字の等位を整理すると表3のようになります。
表3をみますとエ列音の表記には、イ列音の場合とは異なり一等から四等

　　表3　エ列音万葉仮名の等位別分布

エ列音	一等	二等	三等	四等	等位不明・備考
「ケ甲」（15漢字）		4漢字	2漢字	8漢字	1漢字
「ヘ甲」（15漢字）		2漢字	2漢字	10漢字	1漢字
「メ甲」（8漢字）		2漢字	1漢字	4漢字	1漢字
甲類計（38漢字）		8漢字	5漢字	22漢字	3漢字
「ケ乙」（15漢字）	7漢字	2漢字	6漢字		
「ヘ乙」（9漢字）	6漢字	2漢字		1漢字	
「メ乙」（7漢字）	5漢字			2漢字	
乙類計（31漢字）	18漢字	4漢字	6漢字	3漢字	

までのすべての等位の漢字が使用されています。しかし、それでもエ列音甲類に使用された 38 漢字のうちの 22 漢字が四等韻の漢字であり、またエ列音乙類に使用された 31 漢字のうちの 18 漢字が一等韻の漢字なので、これがエ列音の甲類乙類を表記するための法則であるようにみえます。すなわちエ列音甲類には四等韻を使用し、エ列音乙類には一等韻を使用するということが法則のようにみえます。しかし、そのようにきめてしまうと、異例となる漢字が多くなりすぎます。そこで通説で言われているように、一等韻と三等韻の漢字はエ列音乙類に使用され、二等韻と四等韻はエ列音甲類に使用されたと仮定してみます。するとエ列音甲類に使用された漢字では 5 漢字が異例となり、またエ列音乙類に使用された漢字では 7 漢字が異例となります。このように仮定すると、エ列音全体では異例となるのは等位の明確な 66 漢字のうちの 12 漢字（12/66≒0.182）、すなわち異例率 18.2% となります。やはり異例率が高すぎるのではないでしょうか。

最後にオ列音、すなわち「こ」「そ」「と」「の」「も」「よ」「ろ」の音に使用された漢字。オ列音の甲類乙類の区別は等位ではなく『広韻』の大韻で区別されると考えられているのですが、これらの漢字の等位はどうなっているのかをみてみると次のようになっています。

オ列音万葉仮名の等位
　「コ甲」（12 漢字）：古故姑孤祜庫高胡固顧感紺
　　　　すべて一等
　「ソ甲」（7 漢字）：蘇素祖宗泝巷噍
　　　　一等：6 漢字（蘇素祖宗泝噍）、二等：1 漢字（巷）
　「ト甲」（13 漢字）：刀斗度土妬都吐覩屠杜図徒塗
　　　　すべて一等
　「ノ甲」（6 漢字）：努濃怒弩農奴
　　　　一等：5 漢字（努怒弩農奴）、三等：1 漢字（濃）
　「モ甲」（1 漢字）：毛
　　　　一等：1 漢字
　「ヨ甲」（5 漢字）：用欲容庸咽

　　　　三等：3漢字（欲容庸）、四等：1漢字（用）、不明：1漢字
　　　　（哃）
「ロ甲」(8漢字)：路漏魯盧婁樓露六
　　　　一等：7漢字（路漏魯盧婁樓露）、三等：1漢字（六）
「コ乙」(16漢字)：己許巨挙虚去居忌起莒拠渠興極近乞
　　　　すべて三等
「ソ乙」(13漢字)：思曾諸叙所贈僧増噲層疏則賊
　　　　一等：7漢字（曾贈僧増層則賊）、二等：3漢字（所噲疏）、三
　　　　等：1漢字（諸）、四等：2漢字（思叙）
「ト乙」(12漢字)：止等登騰苔台得徳澄滕藤鄧
　　　　一等：10漢字（等登騰苔台得徳滕藤鄧）、三等：2漢字（止
　　　　澄）
「ノ乙」(3漢字)：乃能廼
　　　　すべて一等
「モ乙」(1漢字)：母
　　　　一等：1漢字
「ヨ乙」(6漢字)：已与余豫*預誉　＊与＝與、余＝餘、予＝豫
　　　　三等：4漢字（已余豫誉**）、四等：2漢字（与預）
　　　　　＊＊豫と誉の2漢字は三等と四等があるが両者とも三等とし
　　　　　た。
「ロ乙」(10漢字)：里呂侶慮閭廬理稜勒綾
　　　　一等：2漢字（稜勒）、三等：8漢字（里呂侶慮閭廬理綾）

　オ列音に使用された漢字の等位を整理すると表4のようになります。
　オ列甲類　オ列音甲類の音の表記に使用された52漢字のうちの44漢字
(84.6%)が一等韻です。したがって、オ列音甲類の音の表記には、一等韻の
漢字が使用されることが原則であったようにみえます。ただしエ列音では一
等韻はエ列音乙類の表記に使用されているので、エ列とオ列では一等韻が甲
乙逆転して使用されていることになります。
　オ列乙類　オ列音乙類の表記には61の漢字が使用されており、そのうち

表4 オ列音万葉仮名の等位別分布

オ列音	一等	二等	三等	四等	等位不明・備考
「コ甲」(12漢字)	12漢字				
「ソ甲」(7漢字)	6漢字	1漢字			
「ト甲」(13漢字)	13漢字				
「ノ甲」(6漢字)	5漢字		1漢字		
「モ甲」(1漢字)	1漢字				
「ヨ甲」(5漢字)			3漢字	1漢字	1漢字
「ロ甲」(8漢字)	7漢字		1漢字		
甲類計(52漢字)	44漢字	1漢字	5漢字	1漢字	1漢字
「コ乙」(16漢字)			16漢字		
「ソ乙」(13漢字)	7漢字	3漢字	1漢字	2漢字	
「ト乙」(12漢字)	10漢字		2漢字		
「ノ乙」(3漢字)	3漢字				
「モ乙」(1漢字)	1漢字				
「ヨ乙」(6漢字)			4漢字	2漢字	
「ロ乙」(10漢字)	2漢字		8漢字		
乙類計(61漢字)	23漢字	3漢字	31漢字	4漢字	

 31漢字は三等韻の漢字です。そしてまた23漢字が一等韻の漢字です。この一等韻はオ列音甲類を表記するための韻のようでしたから、ここには、はなはだしい混乱が存在することになります。もしも、オ列音甲類を表記するための韻が一等韻だとすれば、オ列音乙類の表記に使用された23個の一等韻の漢字は異例ということになり、その異例率は23/61≒0.377、すなわち37.7％です。これでは異例率があまりにも高すぎます。したがって、オ列音の表記に使用された漢字は、『韻鏡』の等位ではこれを甲類乙類に区分することはできません。このためにオ列音については、一等・二等・三等・四等による区別ではなく、平声の漢字に限ればオ列音甲類は『広韻』の模・豪・侯・冬韻の漢字、オ列音乙類は魚・之・蒸・登韻の漢字が使用されると考えられているわけです。オ列音の甲乙二類の漢字は、それが属する『広韻』の大韻でみると重なることはありません。

6　オ列音甲類乙類の区別は「大韻」ではできない

しかし、甲乙二類のあるオ列音の表記使用された漢字の属する「大韻」では、かならずしもその区別は明確ではないのです。表5にそれぞれに使用された「大韻」を示します（括弧内の数字は使用された漢字数）。

表5　オ列音万葉仮名の「大韻」と漢字数

	平声	上声	去声	入声	不明
オ列音甲類	模韻（11） 豪韻（3） 冬韻（3） 鐘韻（2） 侯韻（2）	姥韻（10） 感韻（1） 厚韻（1）	暮韻（12） 候韻（2） 勘韻（1） 絳韻（1） 用韻（1）	屋韻（2） 燭韻（1）	（1）
オ列音乙類	魚韻（9） 登韻（9） 哈韻（3） 蒸韻（3） 之韻（1） 耕韻（1）	語韻（11） 止韻（6） 海韻（2） 隠韻（1） 等韻（1）	御韻（7） 嶝韻（3） 志韻（2） 證韻（1） 燄韻（1） 代韻（1）	徳韻（5） 職韻（1） 迄韻（1）	（1）

これらの「大韻」のうち、平声・上声・去声・入声のそれぞれにおいて使用頻度の高い上位二韻の中古音を藤堂明保編『学研　漢和大字典』でみてみると以下のようになります。

　　甲類の大韻：模韻　　豪韻　　姥韻　　感韻　　暮韻　　候韻
　　　　　　　［mo］　［ɦau］　［mo］　［kəm］　［mo］　［ɦug］
　　　　　　　屋韻　　燭韻
　　　　　　　［•uk］　［tʃɪok］
　　乙類の大韻：魚韻　　登韻　　語韻　　止韻　　御韻　　嶝韻
　　　　　　　［ŋɪo］　［təŋ］　［ŋɪo］　［tʃɪei］　［ŋɪo］　［təŋ］
　　　　　　　徳韻　　職韻
　　　　　　　［tək］　［tʃɪək］

オ列音甲類は［mo］・［ɦau］・［kəm］・［ɦug］・［•uk］・［tʃɪok］の韻の漢

字で表記され、乙類は［ŋio］・［təŋ］・［tək］・［tʃɪei］・［tʃɪək］の韻の漢字で表記されていることになります。なおオ列音甲類に使用される「大韻」のうち、去声の勘韻の中古音は［kʻəm］とされていますから、韻としては感韻の［kəm］と同じになります。しかし、オ列音甲類に使用されているこの［kəm］の韻と乙類に使用されている登韻［təŋ］・嶝韻［təŋ］・徳韻［tək］の韻は、韻としては同韻になるのではないでしょうか。また甲類の表記に使用されている燭韻の［tʃɪok］と乙類の表記に使用されている魚韻・語韻・御韻の［ŋio］も韻としては同韻になると思います。万葉仮名は韻尾の子音を無視して使用しているからです。すなわち同韻の漢字が甲類乙類の両方に使用されているのです。したがって《オ列音表記用の漢字はその漢字の属する「大韻」によって甲類乙類にわけられた》とすることには問題があるのです。

　万葉仮名を甲類乙類にわける法則については、現在、《イ列音・エ列音の場合は漢字の等位で区別し、オ列音の場合は「大韻」により区別した》とされているのですが、この法則には統一性がありません。これは理論としては重大な欠点です。そしてイ列音・エ列音を漢字の等位で区別しても異例となる漢字が多く、またオ列音表記用漢字を「大韻」によって甲類乙類に区別することもできないのです。以上より、現在の万葉仮名を甲類乙類にわける法則には問題があるといわざるをえません。万葉仮名の甲乙二類の区別について、もう少し確固とした法則性・規則性をみいだすためには別の方策を採らねばならないように思われます。そして『韻鏡』の等位は、それが表しているのはどのような音なのかということに関して抽象的すぎて具体性に欠け、分析しづらい点があります。

　そこで、これから万葉仮名の甲乙二類の漢字を藤堂明保編『学研　漢和大字典』の発音記号により分析し、漢字を甲乙二類にわける法則をあらたに探ることにします。それにより異例率が10％を切るのであれば、その法則には蓋然性があることになるのではないでしょうか。なお藤堂明保編『学研　漢和大字典』の中国原音の復元について、氏は同書巻頭の「編者のことば」において次のように述べています。

この字典では、音韻論によって復元できる発音の姿を「上古（周・秦・漢）―中古（隋・唐）―中世（宋・元・明）―現代（北京式ローマ字綴りもそえた）」の四段式にわけて、おもに親字につけた。

　後に述べるように藤堂明保氏の復元された上古音にも問題がありますが、とりあえずこれにより分析を開始したいと思います。
　なお「きひみけへめこそとのもよろ」の甲乙二類に使用された漢字の合計は、252漢字です。このうち以下の8漢字は、二つの音の表記に使用されています。
　①祁：キ甲とケ甲
　②奇：キ乙とケ乙、③氣：キ乙とケ乙、④既：キ乙とケ乙、⑤己：キ乙とコ乙
　⑥居：ケ乙とコ乙、⑦挙：ケ乙とコ乙
　⑧迷：メ甲とメ乙

　①から⑦までの漢字は甲類乙類の区別は同じで、同じ行の異なる段の音に使用されています。その違いは段であり甲類乙類の違いではないので、甲類乙類がどのような法則のもとに書きわけられたかの分析には支障とはならないと思います。段をどのように区別したのかということはまた別の問題です。そこで、これらの7漢字は以降の分析に使用します。ただし漢字の実数としては252漢字から7漢字を差し引いた245漢字となります。
　⑧番の「迷」のみは「メ甲」と「メ乙」の甲乙両類に使用されています。一つの漢字が甲乙両類に使用されているのはこの「迷」1字のみですから、これは非常に特殊なケースです。漢字がどのような法則のもとに甲乙両類にわけられたのかの分析をおこなうためには、この非常に特殊なケースを抱えたままでは困難となります。なぜ「迷」という漢字が甲乙両類にまたがって使用されたのかということについては、漢字を甲乙にわける法則が解ってから検討すればよいのではないかと思われます。そこで「迷」ついては別に検討することにし、第一段階の検討からは省くことにします。したがって第一段階の分析の対象となる漢字は244漢字となります。

第4章　万葉仮名の新法則

1　イ列音の法則

(1)「き」の万葉仮名の分析

　まず最初に「き」の甲類乙類の区別について分析します。「き」の甲類乙類の表記に使用されたすべての漢字の中国原音を表6に示します。なお中国原音は時代によって異なるということはすでに述べました。ここでは、奈良時代以前の万葉仮名を検討するのですから、元・明時代の中国原音（中原音韻）と現代の中国原音（現代北京音）は不要なので、上古音・中古音のみを示します。これらの中国原音は、すべて藤堂明保編『学研　漢和大字典』によりました。

　「き」の表記に使用された漢字のうち、「キ甲」に使用された「洎」と「祁」については藤堂明保編『学研　漢和大字典』ではそれぞれ「耆の去声」「耆またはその上声」となっています。同書の凡例には「‥と同音」というのは中古音で同音という意味であって、上古音も同音とは限らないと説明されています。すなわち同書において「‥と同音」の場合は上古音は不明なのです。これは「‥の去声」「‥の上声」などの場合も同じということが考えられます。したがって「洎」「祁」についても、その上古音は不明としておいたほうが無難です。そこで「洎」「祁」は上古音不明として第一段階の検討からは除外します。以降の各音の検討に際しても「‥と同音」となっていたり、「‥の去声」「‥の上声」となっている漢字は、上古音不明として第一段階の検討からは除外します。

　従来の説では「キ甲」の母音は［i］であり、「キ乙」の母音は中舌的な［ï］もしくは拗音の［ii］、とされていますが、その理由が表6からはまった

表6 「キ甲」「キ乙」の万葉仮名の上古音と中古音

「キ甲」に使用される漢字	「キ乙」に使用される漢字
上古音―中古音	上古音―中古音
1「支」：[kieg―tʃiě] 562	1「帰」：[kɪuər―kɪuəi] 148
2「伎」：[gieg―giě] 54	2「貴」：[kɪuəd―kɪuəi] 1255
3「吉」：[kiet―kiět] 208	3「紀」：[kɪəg―kɪei] 982
4「枳」：[kieg―kiě] 639	4「奇」：[gɪar―gɪě][kɪar―kɪě] 314
5「只」：[tieg―tʃiě] 205	5「基」：[kɪəg―kɪei] 276
6「企」：[k'ieg―k'iě] 54	6「騎」：[gɪar―gɪě] 1505
7「棄」：[k'ied―k'ii] 658	7「幾」：[kɪər―kɪəi] 416
8「耆」：[gier―gii][dhier―ʒɪi] 1040	8「機」：[kɪər―kɪəi] 671
9「技」：[gieg―giě] 513	9「喜」：[hɪəg―hɪei] 240
10「祇」：[gieg―giě][tieg―tʃiě] 919	10「意」：[hɪəg―hɪei] 493
11「岐」：[gieg―giě] 389	11「綺」：[k'ɪar―k'ɪě] 1003
12「妓」：[gɪeg―gɪě] 323	12「寄」：[kɪar―kɪě] 361
＊「洎」：「耆」の去声	13「己」：[kɪəg―kɪei] 401
＊「祁」：「耆」またはその上声	14「記」：[kɪəg―kɪei] 1204
	15「既」：[kɪər―kɪəi] 587
	16「氣」：[k'ɪəd―k'ɪəi] 702
	17「鬼」：[kɪuər―kɪuəi] 1521
	18「癸」：[kiuer―kiui] 874
	19「規」：[kiueg―kiuě] 1194

末尾の数字は藤堂明保編『学研　漢和大字典』のページ。

く窺えません。たしかに乙類の音の表記に使用された漢字は［ɪa］［ɪu］の韻の漢字が多いのは事実です。そこから「キ乙」の母音が拗音的な［ɪa］［ɪu］であるとするならば、甲類の音の表記に使用された漢字には［ie］の韻の漢字が多いのですから、甲類の母音は同じように拗音の［ie］としなければならないのではないでしょうか。乙類のみを「拗音であろう」とする従来の説は片手落ちではないでしょうか。また乙類の母音を中舌的な［ï］とする説については、表6からはそれがまったく出てきません。［ï］の母音をもつ漢字が一つもないからです。

　表6をみていて、最初に気づくことは以下の3点です。
　　①甲類乙類のいずれの場合にも二つ以上の母音をもつ漢字が使用されている。
　　②「キ甲」に使用されている漢字の最初の母音は、上古音・中古音のど

ちらでも大部分が［i］である。
　③一方、「キ乙」に使用されている漢字の最初の母音は大部分が［ɪ］である。

　すなわち「き」の甲類乙類の区別は、漢字のもつ最初の母音によって区別されているようにみえます。私は表6から「これこそがイ列音の甲乙二類の区別の根本に違いない」と小躍りして喜んだのですが、しかし、そのことはすでに藤堂明保氏が指摘しておられました。藤堂明保氏は『学研　漢和大字典』の巻末の「中国の文字とことば」において以下のように述べています。

　　さて『韻鏡』では、一等欄と二等欄に配置された諸韻は直音であって、介音イを含まない。だが支韻や脂韻のように、三等四等欄に配置されたのは拗音韻であって、イ型の介音を含むことは、その反切上字が拗音字を使うことからも明白である。陂（ｐの支韻三等）〜卑（ｐの支韻四等）、奇（ｇの支韻三等）〜祇（ｇの支韻四等）は、声母も同じ、韻目も同じである以上、もし差があるとすれば、介音のイに弱ɪ（中舌的）と強ｉ（前舌的）の違いがあると考えざるをえない。同様に郿（ｍの脂韻の去声、すなわち至韻三等）〜寐（ｍの脂韻の去声、すなわち至韻四等）の場合においても、声母が同じ／ｍ／、韻目も同じであるから、両者の差は介音ɪとｉの違いに求めざるをえない。……（中略）。支・脂・之・微の各韻は、大まかに言えばイ型の韻であるから、日本人の耳には介音ɪとｉの違いが、字音全体に中舌的イ対前舌的イという響きの差として聞こえたのであろう。平安時代以前の日本語のキヒミ乙類はkɪ・gɪ・pɪ・bɪ・mɪであり、甲類はki・gi・pi・bi・miであったと考えるのが妥当であろう。　　　　　　　　　（同書1579ページ下段）

　イ列音の甲類乙類の違いは、介音［ɪ］と［i］の違いではないかとする説がすでにありました。そして、この説明により［ɪ］が中舌的な／イ／の音であることがわかり、多くの論者が乙類のイの母音を中舌母音の［ï］としていることにも納得がいきました。学会の通説は、この［ɪ］を、同じ中舌母音の［ï］に置き換えて、「キ乙」を［kï］としているわけです。

第4章　万葉仮名の新法則　63

しかし、「き」の甲類乙類の違いが介音［ɪ］と［i］の違いであるとすると、「キ甲」の表記用文字としては 12 番の「妓」が異例となります。「妓」という漢字の最初の母音は［ɪ］だからです。同じように「キ乙」の表記用文字としては 18 番の「癸」と 19 番の「規」の二つの漢字が異例となります。「癸」と「規」の二つの漢字の最初の母音は［i］なので、これらの漢字は「キ甲」の表記用文字でなければならないはずです。

万葉仮名が依拠しているのは、上古音・中古音のどちらのほうなのかということでは、この問題は解決しません。上古音に基づいているとしても、あるいは中古音に基づいているとしても、これらの 3 文字は異例の使用法になり、結果は同じだからです。はたしてこれらの三文字は異例の使用法、あるいは漢字使用の誤りなのでしょうか？

さて、ここで万葉仮名の漢字の音は上古音・中古音のどちらに基づいているのかということを考えてみましょう。

国内での銘文をもつ出土遺物としては、埼玉県行田市の稲荷山古墳出土の鉄剣が有名です。この鉄剣には「辛亥年」や「獲加多支鹵大王」などの 115 文字が刻み込まれています。この鉄剣が制作された年については「辛亥年」という干支から、471 年の辛亥年のことであろうとする説が有力です。「獲加多支鹵大王」を「ワカタケル大王」と読み、それは 470〜480 年頃の在位と推測されている「幼武天皇(わかたけ)」、すなわち雄略天皇のことだとするのです。

また熊本県の江田船山古墳は、古墳時代中期（5 世紀）の古墳とされていますが、そこからも 75 文字からなる銘文が刻み込まれた大刀が出土しています。

さらに和歌山県橋本町の隅田八幡宮には、「癸未年」という漢字を含む 48 文字（49 文字とする説もある）の銘帯をもつ古鏡が神鏡として伝えられています。この神鏡に鋳込まれた「癸未年」は、383 年か 443 年のどちらかだろうとされています。

これらの遺物は、中古音が成立するよりも前の時代のものですから、それに刻み込まれたり鋳込まれたりしている漢字の音は中古音ではありえません。すると、中国南北朝時代の頃の漢字音か、あるいは上古音による表記の可能性があることになります。

そのことは、「キ甲」に使用されている「支」という漢字の中国原音をみてもうなずけることです。「支」という漢字の中古音は表6に記してあるように [tʃɪě] であり、これはどうみても「ち」です。ところが上古音は [kieg] です。これならば日本語として「き」と読める漢字です。したがって「支」という漢字を「キ甲」に使用したのは、漢字の上古音に基づいていると考えなければならないのです。
　以上のことは、上代音韻を書きわけているその他の万葉仮名の漢字音も、上古音に依拠しているものがあることを示しています。
　そこで、「き」の表記用漢字としては異例となる「妓」「癸」「規」の上古音をみてみると、中古音の場合と同じであり、違いはみられません。
　次に、漢字のもつ母音のうち、最初の母音のみに注目するのではなくて最初の母音と二番目の母音の組み合わせでこれをみてみましょう。甲類乙類という微妙な違い（？）を、あるいはこの二つの母音の組み合わせで区別したかもしれないからです。
　しかし、そのようにしても、中古音でみる限りにおいては違いはみられません。かえって混乱が多くなるだけです。たとえば「キ甲」に使用された漢字の二番目の母音は、これを中古音でみた場合には [ě] 10例に [i] が 2 例です。また「キ乙」の場合の二番目の母音は、[ě] 4例、[e] 6例、[u] 5例、[ə] 4例です。かえって乱れがひどくなります。
　しかし、これを上古音でみると、きれいに二類にわかれるのです。
　「キ甲」に使用された漢字の上古音はすべて [ie]、もしくは [ɪe] という母音の組み合わせであり、二番目の母音はかならず [e] です。ところが「キ乙」に使用された漢字の二番目の母音は [u] [ə] [a] であり、そこには [e] の母音がみられません。すなわち、万葉仮名は上古音に基づいて漢字音を使用しており、しかも「き」の甲類乙類の区別は、その漢字のもつ二番目の母音が [e] であるのかそうでないかで区別しているようにみえます。そのようにみなすと、「き」の甲類乙類の表記に使用された漢字は、すべて異例をみることなく二類にわけられるのです。つまり、漢字は上古音が [kie] もしくは [kɪe] であるのかそうでないのかで「キ甲」と「キ乙」にわけられているようです。以後、[kie]・[kɪe] をまとめて《[kie] 系統》と

呼ぶことにします。

　以上のことを中国語の音の構成（声母・介音・主母音・韻尾のこと。23ページ参照）でみれば、介音（最初の母音）は［i］・［ɪ］のいずれでもよく、主母音（二番目の母音）が［e］である場合には「キ甲」に使用し、［e］以外の母音、すなわち［u］［ə］［a］の場合には「キ乙」に使用したということになります。

　このことは万葉仮名は上古音に依拠しているが、上古音全体、あるいはその一部が上代音韻そのものではないということを意味しているのではないでしょうか。ただ単に中国語の［kie］もしくは［kɪe］という音を「キ甲」を表すための音として使用したのであり、［kie］［kɪe］という音そのものが「キ甲」の音ではなかった。同じように中国語の［kɪa］［kɪə］［kɪu］という音は「キ乙」を表すための音として使用されたのであって、なにもこれらの音が「キ乙」の音そのものだったわけではない。これらの音が上代音韻そのものであるならば、「キ乙」の音は［kɪa］［kɪə］という音と（この両者は同じ音とみなす）、［kɪu］という音があることになります。すると「キ乙」はさらに2音にわかれていたとせねばならないでしょう。そのようなことはちょっと考えられませんから、［kɪa］［kɪə］［kɪu］という音、すなわち《［kie］系統以外の音》で「キ乙」が表記されたと考えなければならないと思います。中国語の音が上代音韻そのものではないのです。［kɪa］［kɪə］［kɪu］のどれかが「キ乙」の音であったということもないでしょう。すなわち、漢字は上代音韻を文字表記するための代用の文字であり、「仮りの文字」にすぎなかったのです。

　なお、万葉仮名が上古音に基づいて使用されているのであれば、「キ甲」「キ乙」に使用されている漢字の上古音にはすべてに韻尾の子音がありますから、この韻尾の子音は切り捨てられて使用されたということになります。したがって、これらは略音仮名ということになります。略音仮名は上古音の時代からすでに存在していたということであり、全音仮名よりもむしろ略音仮名のほうが万葉仮名の基本であったということではないでしょうか。

(2) イ列音の暫定法則

　以上より、上代人はイ列音の甲乙二類の区別を次のようにおこなったと考えられます。

　　①イ列音の表記に使用された万葉仮名は、すべて上古音に基づいて区別された。

　　②イ列音の甲類乙類の区別

　　　最初の母音と二番目の母音の組み合わせが［ie］系統の漢字は甲類、それ以外の場合は乙類に使用された。なお［ie］系統とは［ie］［iĕ］［ɪe］［ɪĕ］である。

　この2項目をイ列音の暫定法則として設定し、これを「ひ」「み」の表記に使用された漢字（万葉仮名）に適用して異例となる漢字がどれくらいあるのかをみてみましょう。「き」の表記に使用された漢字には、イ列音の暫定法則で異例となる漢字はありませんでした（上古音不明の2漢字を除く）。しかし、この暫定法則を「ひ」「み」に適用しますと、異例となる漢字が出てきます。

　「ひ」「み」の音の表記に使用された漢字の中国原音（上古音と中古音）をここに掲載するのは、読み進むのに煩雑ですので、巻末の資料1および2に掲載しました。問題となるのは上古音であり、中古音は不要なのですが、「上代音韻はなぜ消滅したのか」ということについては中古音が関係してきますので、煩雑ではありますが中古音もあわせて記載しておきました。

　「ひ」「み」の万葉仮名を前項で設定したイ列音の暫定法則に照らしますと、適合しない漢字、すなわち異例となる漢字は以下の9漢字です。また上古音不明の漢字は以下の4漢字です。巻末の資料1および2で確認してください。

　イ列音の万葉仮名で異例の漢字―9漢字

	甲類	乙類
「き」	（―）	（―）
「ひ」	2漢字（譬篇）	1漢字（秘）
「み」	5漢字（美寐眉民敏）	1漢字（密）

イ列音の万葉仮名で上古音不明の漢字―4漢字

	甲類	乙類
「き」	2漢字（洎祁）	（―）
「ひ」	1漢字（裨）	（―）
「み」	1漢字（湄）	（―）

　「き」「ひ」「み」の表記に使用された漢字は全部で70漢字、そのうち上古音不明の漢字は4漢字。したがって、上古音の明らかな66漢字中の9漢字が異例となり、暫定法則の異例率は9/66≒0.136、すなわち13.6％となります。これは、「等位」で区別した場合の異例率よりもはるかに良い値です。私説の暫定法則には蓋然性があるように思われます。

　私説のイ列音暫定法則でも、異例となる漢字が13.6％存在します。しかし、これら異例となる漢字のなかには、後漢時代（すなわち上古音の時代）に作成された字典の『説文解字』の諧声系列を使用しますと、暫定法則に合致する漢字があります。すなわち、藤堂明保編『学研　漢和大字典』の上古音に『説文解字』の諧声系列を組み合わせると、暫定法則の異例率はさらに低下します。その件については、異例となる漢字をまとめて次章で述べます。

2　エ列音の法則

(1)「け」の万葉仮名の分析

　イ列音の暫定法則は、「か行」の「き」の表記に使用された漢字を分析することで求めることができました。そこで、エ列音甲乙二類の区別の法則についても、同じように「か行」の「け」の表記に使用された漢字を分析することで求めようと思います。表7に「ケ甲」・「ケ乙」に使用されたすべての万葉仮名の上古音と中古音を示します。　末尾の数字は藤堂明保編『学研漢和大字典』のページです。

　「ケ甲」に使用された漢字　「ケ甲」に使用された漢字は、全部で15漢字。そのなかで上古音の明らかな漢字は14漢字であり、上古音不明の漢字は「祁」の1漢字のみです。この「祁」は「キ甲」にも使用されていた漢字でした。

表7 「ケ甲」「ケ乙」の万葉仮名の上古音と中古音

「ケ甲」に使用される漢字	「ケ乙」に使用される漢字
上古音―中古音	上古音―中古音
1「家」：[kăg―kă] 358	1「居」：[kɪag―kɪo] 383
2「計」：[ker―kei] 1204	2「氣」：[kʻɪəd―kʻɪəi] 702
3「鷄」：[ker―kei] 1538	3「希」：[hɪər―hɪəi] 404
4「稽」：[ker―kei] 940	4「該」：[kəg―kəi] 1214
5「奚」：[ɦer―ɦei] 317	5「開」：[kʻər―kʻəi] 1400
6「谿」：[kʻer―kʻei] 1244	6「旣」：[kɪər―kɪəi] 587
7「賈」：[kag―ko] [kăg―kă] 1258	7「擧」：[kɪag―kɪo] 525
8「價」：[kăg―kă]（価の旧字体） 68	8「奇」：[kɪar―kɪĕ] [gɪar―gɪĕ] 314
9「啓」：[kʻer―kʻei] 235	9「槪」：[kəd―kəi] 663
10「係」：[ɦer―ɦei] 73	10「慨」：[kʻəd―kʻəi] 486
11「結」：[ket―ket] 997	11「愷」：[kʻər―kʻəi] 486
12「兼」：[klām―kem] 118	12「凱」：[kʻər―kʻəi] 131
13「監」：[klăm―kăm] 887	13「戒」：[kɔ̆g―kʌi] 503
14「險」：[hlɪam―hɪɛm] 1422	14「階」：[kĕr―kʌi] 1428
*「祁」：耆またはその上声	*「塏」：愷と同音

　上古音の明らかな14漢字中の13漢字（92.9％）は、母音が一つのみの漢字です。したがって、これが「ケ甲」を表記するための漢字の条件と考えられます。すなわち、エ列音甲類の表記には母音一つのみの漢字を使用することが法則であったと思われます。また、1番や7番の漢字からすると、唯一の母音は［e］でなければならないというわけではなく、［a］［ă］の母音でもよいということのようです。

　この13漢字の上古音には韻尾としての［g］［r］［t］［m］などの子音があります。これらがみな「ケ甲」に使用されたのですから、韻尾の子音を切り捨てて（無視して）万葉仮名として使用されたもので略音仮名ということになります。「ケ甲」に使用された漢字のなかでは、14番の「險」のみは介音があり、母音が二つある漢字の上に《［ie］系統以外の韻》ですから異例となります。

「ケ乙」に使用された漢字　「ケ乙」に使用された漢字群を一瞥して、「ケ甲」とは異なる、もっとも顕著な対立項目として目につくのは、「母音が複数ある漢字も使用されている」ということです。その数は14漢字中の6漢字（1、2、3、6、7、8）と数は少ないのですが、これが「ケ乙」の表記用漢字の

第4章　万葉仮名の新法則　69

第一の条件ではないでしょうか。そしてこれらの漢字は、最初の母音と二番目の母音の組み合わせが［ɪa］［ɪə］です。この［ɪa］［ɪə］の韻は《［ie］系統以外の韻》であり、イ列音乙類の表記用漢字と同じです。したがって《［ie］系統以外の韻》は、「ケ乙」の表記にも使用されたと思われます。そしてこれが「ケ乙」の表記用漢字の第二の条件と思われます。

　4、5、9、10、11、12、13、14番の8漢字は母音は一つのみの漢字であり、これは「ケ甲」の表記用漢字のもつ特徴でしたので、乙類表記用の漢字としては異例となります。

(2) エ列音の暫定法則

　以上よりエ列音甲類乙類の区別に関して、次の二項目を暫定法則として設定します。
　①エ列音甲類には、母音一つのみの漢字を使用する。
　　その際の母音は、［e］［a］［ă］のいずれでも良い。
　②エ列音乙類には、母音が二つ以上ある漢字を使用する。
　　その際、最初の母音と二番目の母音の組み合わせが《［ie］系統以外の漢字》を使用する。

　次はこの暫定法則を「へ」「め」に適用し、異例となる漢字および上古音不明の漢字を摘出します。なお「へ」「め」の万葉仮名の上古音・中古音は巻末の資料3および4に掲載します。すると「け」「へ」「め」の万葉仮名で異例となるのは24漢字、上古音不明の漢字は4漢字です。

　エ列音の万葉仮名で異例の漢字―24漢字

	甲類	乙類
「け」	1漢字（険）	8漢字（該開概慨愷凱戒階）
「へ」	8漢字（弊幣敝蔽返遍平反）	3漢字（閇沛俳）
「め」	3漢字（明面綿）	1漢字（米）

エ列音の万葉仮名で上古音不明の漢字—4漢字

	甲類	乙類
「け」	1漢字（祁）	1漢字（墱）
「へ」	（—）	（—）
「め」	1漢字（咩）	1漢字（浼）

　甲乙二類の別のあるエ列音に使用された漢字は全部で68漢字、そのうち上古音不明の漢字は4漢字。したがって、上古音の明らかな64漢字中の24漢字が異例となり、エ列音の暫定法則の異例率は24/64＝0.375、すなわち37.5％であり、エ列音については従来説よりも異例率が大幅に高くなります。しかし、これら異例となる漢字の中には『説文解字』の諧声系列で補正すると、暫定法則に適合する漢字がかなりの数でてきます。

3　オ列音の法則

(1)「こ」の万葉仮名の分析

　オ列音の甲類乙類の区別についても、これまでと同じように「か行」の「こ」の表記に使用された漢字の上古音によりその法則を探ります。表8に「コ甲」・「コ乙」に使用されたすべての万葉仮名の上古音と中古音を示します。

　「コ甲」に使用された漢字　「コ甲」に使用された11漢字中の10漢字は、母音は一つのみの漢字です。これはエ列音甲類の表記用漢字のもつ特徴でした。同じ法則がオ列音の甲類にも適用されていると思われます。エ列音甲類の場合と異なるのは母韻［ɔ］の漢字も使用されていることです。

　「コ甲」の表記用漢字としては4番の「孤」のみが異例です。「孤」という漢字は母音を二つ有している上に最初の母音（介音）が［u］、そして二番目の母音（主母音）は［a］であり、この組み合わせは《［ie］系統以外》ですので、これは乙類の音の表記用漢字のもつ特徴です。なお、「祜」は上古音不明。

　「コ乙」に使用された漢字　「コ乙」に使用された16漢字中の15漢字は、すべて複数の母音を持つ漢字です。そして最初の母音たる介音は［ɪ］であり、

表8 「コ甲」「コ乙」の万葉仮名の上古音と中古音

「コ甲」に使用される漢字	「コ乙」に使用される漢字
上古音－中古音	上古音－中古音
1「古」：[kag－ko] 202	1「己」：[kɪəg－kɪei] 401
2「故」：[kag－ko] 565	2「許」：[hɪag－hɪo] 1207
3「姑」：[kag－ko] 325	3「巨」：[gɪag－gɪo] 38
4「孤」：[kuag－ko] 344	4「挙」：[kɪag－kɪo] 525
5「庫」：[k'ag－k'o] 420	5「虚」：[hɪag－hɪo] 1145
6「高」：[kɔg－kau] 1513	6「去」：[k'ɪag－k'ɪo] 191
7「胡」：[ɦag－ɦo] 1056	7「居」：[kɪag－kɪo] 383
8「固」：[kag－ko] 262	8「忌」：[gɪəg－gɪei] 457
9「顧」：[kag－ko] 1479	9「起」：[k'ɪəg－k'ɪei] 1270
10「感」：[kəm－kəm] 481	10「據」：[kɪag－kɪo]（拠の旧字体）519
11「紺」：[kəm－kəm] 992	11「渠」：[gɪag－gɪo] 755
＊「祜」：戸と同音	12「興」：[hɪəŋ－hɪəŋ] 1080
	13「極」：[gɪək－gɪək] 659
	14「近」：[gɪən－gɪən] 1308
	15「乞」：[k'ɪət－k'ɪət] 30
	＊「莒」：挙と同音

二番目の母音となる主母音は［ə］［a］（すなわち［e］以外の母音）の漢字です。この最初の母音と二番目の母音が［ɪə］［ɪa］の組み合わせは、イ列音・エ列音では乙類の音の表記用漢字がもっていた特徴でした。同じ法則が「コ乙」にも適用されていると思われます。「コ乙」に使用された漢字には「①母音は複数、②最初の母音と二番目の母音の組み合わせは［ie］系統以外」という二つの法則で異例となる漢字はありません。なお「莒」の上古音は不明です。

(2) オ列音の暫定法則

以上からオ列音甲類乙類の区別の法則を暫定的に次のように設定します。
①オ列音甲類には、母音一つのみの漢字を使用する。
　その際の母音は［a］［ə］［ɔ］。
②オ列音乙類には、複数の母音をもつ漢字を使用する。
　そして、最初の母音と二番目の母音の組み合わせが《［ie］系統以外の漢字》を使用する。

次はこのオ列音の暫定法則を「そ」「と」「の」「も」「よ」「ろ」の万葉仮名に適用し、異例となるもの、および上古音不明の漢字を摘出します。なお「そ」「と」「の」「も」「よ」「ろ」の万葉仮名の上古音・中古音は、巻末の資料 5・6・7・8・9・10 に掲載してあります。すると、オ列音の万葉仮名では異例となるのは 25 漢字、また上古音不明の漢字は 9 漢字です。

オ列音の万葉仮名で異例となる漢字―25 漢字

	甲類	乙類
「こ」	1 漢字（孤）	（―）
「そ」	（―）	7 漢字（曾贈増噌層則賊）
「と」	（―）	7 漢字（等登騰得徳藤鄧）
「の」	1 漢字（濃）	2 漢字（乃能）
「も」	（―）	（―）
「よ」	4 漢字（用欲容庸）	（―）
「ろ」	1 漢字（六）	2 漢字（稜勒）

オ列音の万葉仮名で上古音不明の漢字― 9 漢字

	甲類	乙類
「こ」	1 漢字（祜）	1 漢字（苢）
「そ」	（―）	2 漢字（僧疏）
「と」	（―）	2 漢字（苔滕）
「の」	（―）	1 漢字（廼）
「も」	（―）	（―）
「よ」	1 漢字（呦）	（―）
「ろ」	1 漢字（漏）	（―）

　甲乙二類のあるオ列音の表記に使用された漢字は全部で 125 漢字、そのうち上古音不明の漢字は 9 漢字です。したがって上古音の明らかな 116 漢字中の 25 漢字が異例となり、オ列音甲乙二類の区別に関する私説の異例率は 25/116≒0.216、すなわち 21.6% となります。

4　万葉仮名を甲類乙類にわける新法則

　上代音韻甲類乙類の書きわけの法則についてこれまでの分析をまとめますと、以下のようになります。
1　上代音韻の表記に使用された万葉仮名は、すべて上古音に基づいている。
2　甲類乙類の区別は以下のようにおこなう。
　　1)　イ列音：甲乙いずれの場合も母音が二つ以上存在する漢字を使用する。最初の母音（介音）は［i］と［ɪ］のどちらでもよい。
　　　　イ列甲類：［ie］系統の音の漢字を使用する。《［ie］系統の音》とは［ie］［iě］［ɪe］［ɪě］。
　　　　イ列乙類：［ie］系統以外の音の漢字を使用する。
　　2)　エ列音
　　　　エ列甲類：①母音は一つのみの漢字を使用する。
　　　　　　　　　②この場合の主母音は［e］［ě］でなくてもよい。しかし［o］系統の母音の漢字は使用されない。
　　　　エ列乙類：①母音はかならず二つ以上ある漢字を使用する。
　　　　　　　　　②［ie］系統以外の音の漢字を使用する。これはイ列乙類と同じ。
　　3)　オ列音
　　　　オ列甲類：①エ列甲類と同じように、母音は一つのみの漢字を使用する。
　　　　　　　　　②この場合の主母音は［e］以外であればなんでも良い。
　　　　オ列乙類：①エ列乙類と同じように、母音は必ず二つ以上ある漢字を使用する。
　　　　　　　　　②［ie］系統以外の音の漢字を使用する。これはイ列・エ列の乙類と同じ。
　　4)　韻尾の子音は無視（切り捨て）

これをみていて気が付くことは乙類の場合は、イ列・エ列・オ列音のすべてが《［ie］系統以外の音の漢字を使用する》ということで統一されていますが、甲類の場合は《イ列音は［ie］系統の漢字を使用し、エ列・オ列音は母音一つのみの漢字を使用する》というように違いがあることです。
　イ列音とエ列・オ列音では区別の方法に違いがあるようにみえます。しかし、既述のように「祁」という漢字は上古音不明ではありますが「キ甲」と「ケ甲」の両方に使用されていました。これは「イ列音甲類の音」イコール「エ列音甲類の音」ということを示唆しています。それからしますと、エ列音甲類の表記用の条件である《母音一つのみの漢字》という事項は、イ列音甲類にも適用されるのではないかということです。また、逆にイ列音甲類の表記用である《［ie］系統の漢字》という事項は、エ列・オ列音甲類にも適用されうる可能性があるということになります。そこで、私説の「万葉仮名を甲類乙類にわける法則」を次のように改めたいと思います。

漢字を甲類乙類にわける法則

1　上代音韻の表記に使用された万葉仮名は、すべて上古音に基づいている。
2　甲類乙類の区別は以下のようにおこなう（イ列・エ列・オ列共通）。
　　甲類
　　　①母音は一つのみの漢字を使用する。
　　　②母音が二つ以上ある漢字の場合は［ie］系統の漢字を使用する。
　　　　《［ie］系統の音》とは、最初の母音と二番目の母音の組み合わせが［ie］［iĕ］［ɪe］［ɪĕ］など。
　　乙類
　　　①母音はかならず二つ以上ある漢字を使用する。
　　　②［ie］系統以外の漢字を使用する。
　　　　《［ie］系統以外の音》とは、最初の母音と二番目の母音の組み合わせが［ia］［iə］［ɪu］［ua］など。
　　補足
　　　母音一つのみの漢字を使用する場合

エ列音甲類：［o］系統の母音の漢字は使用しない。
　　　オ列音甲類：［e］系統の母音の漢字は使用しない。
　3　韻尾の子音は無視（切り捨て）

　これを私説の「漢字を甲類乙類にわける法則」とします。
　しかし、この法則でも異例となる漢字がかなりの数存在しました。甲類に使用された漢字の 26 漢字、乙類に使用された漢字の 32 漢字、合計では 58 漢字です。そのほかに藤堂明保編『学研　漢和大字典』では上古音不明の漢字が 16 漢字ありました。そこで、これらの漢字を『説文解字』により分析します。

第5章　異例となる漢字の分析
——『説文解字』による上古音

1　私説の法則では異例となる漢字

　前章の終わりに私説の「漢字を甲乙二類にわける法則」を設定しました。しかし、この法則でも以下に示すように異例となる漢字、そして上古音不明の漢字がかなりの数存在しました。異例となる漢字は、表9に示す58漢字、また上古音不明の漢字は表10に示す16漢字です。

　大野透氏の『万葉仮名の研究』に収録されている万葉仮名のうち、甲乙二類にわかれている清音の表記に使用された漢字は252漢字ですが、段を違えて重複して使用されている漢字が7漢字存在しました。したがって、漢字の

表9　異例となる漢字 (58漢字)

	甲類 (26漢字)	乙類 (32漢字)
「き」	(—)	(—)
「ひ」	2漢字 (譬篇)	1漢字 (秘)
「み」	5漢字 (美寐眉民敏)	1漢字 (密)
「け」	1漢字 (険)	8漢字 (該開概慨愷凱戒階)
「へ」	8漢字 (弊幣敝蔽返遍平反)	3漢字 (閇沛俳)
「め」	3漢字 (明面綿)	1漢字 (米)
「こ」	1漢字 (孤)	(—)
「そ」	(—)	7漢字 (曾贈増噌層則賊)
「と」	(—)	7漢字 (等登騰得徳藤鄧)
「の」	1漢字 (濃)	2漢字 (乃能)
「よ」	4漢字 (用欲容庸)	(—)
「ろ」	1漢字 (六)	2漢字 (稜勒)

表10　上古音不明の漢字（16漢字）

	甲類（8漢字）	乙類（8漢字）
「き」	2漢字（洎祁）	（－）
「ひ」	1漢字（裨）	（－）
「み」	1漢字（湄）	（－）
「け」	1漢字（祁）*	1漢字（墾）
「へ」	（－）	（－）
「め」	1漢字（咩）	1漢字（浼）
「こ」	1漢字（祜）	1漢字（莒）
「そ」	（－）	2漢字（僧疏）
「と」	（－）	2漢字（苔縢）
「の」	（－）	1漢字（廼）
「よ」	1漢字（哊）	（－）
「ろ」	1漢字（漏）	（－）

＊「祁」は「キ甲」と「ケ甲」に重複して使用されている。

　実数は245漢字となります。そのなかから甲乙両類に使用された「迷」を省きますと244漢字となります。その244漢字のうち、藤堂明保編『学研　漢和大字典』で上古音不明の漢字は16漢字なので、244漢字から16漢字を引いた228漢字を対象とすると、私説による異例率は58/228≒0.254、すなわち25.4％となります。これは等位で区別した場合の異例率よりも少し悪い価です。

2　藤堂上古音の問題点

　ここまで、私論は藤堂明保氏の復元された上古音に基づいて構築してきました。その結果、58漢字、25.4％にのぼる異例が存在することになりました。しかし、これら異例となる漢字は藤堂明保氏の復元された上古音に問題があるために、異例のようにみえているのではないかと思います。
　というのは、藤堂明保氏の復元された上古音には、後漢時代の西暦100年

に編纂された許慎の『説文解字』に記載されている内容に合致しないものが存在するからです。

『説文解字』には、しばしば「A、読むことBの如し」とか「A、読むことBと同じ」などのような説明があります。「A、読むことBの如し」はAとBは同じ韻であることを意味し、「A、読むことBと同じ」のほうは、AとBは語頭子音（声母）も韻もまったく同じということだと思われます。藤堂明保氏の復元された上古音をみてみますと、たしかにAとBが同音もしくは同韻になっている漢字もありますが、なかにはそうなっていない漢字もあるのです。たとえば「跛」という漢字について『説文解字』は「跛、読若彼」としています。したがって『説文解字』によれば「跛」と「彼」は少なくとも同韻です。ところが藤堂明保編『学研　漢和大字典』では「跛」の上古音については［puar］と［pıuar］の二音があるとしていますが、「彼」の上古音は［pıar］としており、両者は同韻にはなっていないのです。

「跛」：藤堂上古音［puar］・［pıuar］

「彼」：藤堂上古音［pıar］

藤堂明保氏の復元された上古音には、問題があることになります。なお、ここ以降、藤堂明保編『学研　漢和大字典』による上古音を藤堂上古音と略すことにします。

ここで仮に『説文解字』の記述により「跛」の上古音には第三番目の音として、さらに「彼」の上古音である［pıar］の韻も存在したと仮定しても、上代音韻を書きわける際にはそれはなにも問題にはなりません。これら三つの音は、私説ではいずれも《［ie］系統以外の韻》であり、上代音韻の乙類を表記するための韻だからです。しかし次の例はどうでしょうか。

「喦」：藤堂上古音［ŋăm］、「喦、読與聶同」

「聶」：藤堂上古音［nıap］

『説文解字』は「喦」と「聶」を同音としています。とすると藤堂明保編『学研　漢和大字典』に示されている両漢字の上古音のうちのどちらかは誤りということになります。「聶」の藤堂上古音が正しいのであるならば「喦」の藤堂上古音は［nıap］に訂正しなければならないし、逆に「喦」の藤堂上古音の方が正しいのであるならば「聶」の藤堂上古音は［ŋăm］に改めなけ

第5章　異例となる漢字の分析　79

ればならないのです。そして「邑」の藤堂上古音とされている［ŋăm］の韻は私説では甲類表記用の韻ですが、「聶」の藤堂上古音とされている［nɪap］の韻は私説では乙類表記用の韻なのです。『説文解字』のこのような記述を参考にすると、上代音韻表記のための韻としては、甲類乙類の関係が逆転する漢字がそのほかに少なくとも 9 漢字存在します。

豊：読與禮同	「豊」[pʻɪoŋ] 1245	「禮」[ler] 918
皿：読若猛	「皿」[miăŋ] 884	「猛」[măŋ] 823
賣：読若育	「賣」[meg] 293	「育」[ḍiok] 1053
褆：読若池	「褆」[dɪeg] 1187	「池」[dɪar] 710
彖：読若弛	「彖」[tʻuan] 437	「弛」[thieg] 432
豸：読若伺候之伺	「豸」[dɪeg] [děg] 1248	「伺」[sɪəg] 62
㥮：読若疊	「㥮」[tiap] 490	「疊」[dāp] 861
沖：読若動	「沖」[dɪoŋ] 713	「動」[duŋ] 162
夏：読若棘	「夏」[kɔt] 504	「棘」[kɪək] 653

例数が少ないのは藤堂明保編『学研　漢和大字典』において「‥と同音」あるいは「‥の上声」などとされていて、上古音不明の漢字がかなりの数存在することによります。藤堂上古音にこのような問題があるために、上述の 58 漢字は異例のようにみえているのではないでしょうか。

　なお、これはあるいはどちらかが誤りというのではなく、たとえば「邑」について言えば「邑」の上古音には［ŋăm］の音のほかに、「聶」の音である［nɪap］の音も存在したということなのかもしれません。これは立場を変えれば「聶」には［nɪap］の音のほかに「邑」の音である［ŋăm］の音も存在した可能性があるということでもあります。

　『説文解字』は漢字の部首別字典としては中国最古の字典であり、上古音の時代の西暦 100 年に許慎によって編纂されました。漢字は象形文字として始まりますが、すべてがすべて象形文字というわけではありません。そのほかに指示・会意・形声・仮借・転注によって作成された漢字もあり、これを漢字の六書といいます。象形・指示・転注・仮借の説明は省くとして、会意文字とは二つの漢字の意味を合体させて新たな漢字を作成する方法です。これを「明」という漢字で説明しますと、日と月は明るいものの代表です。そ

こで日と月の漢字を合体させて bright の意味を表す「明」という漢字を新たに作成したのです。これが会意文字です。会意文字の場合は、その漢字の構成成分と音の間には、なんの関係もありません。そのことは「日」と「月」の漢字の音は、「明」の漢字の音とはなんの関係もないことでも明らかでしょう。次に形声文字については、以下の論述に必須の事項なので頼惟勤氏の文を引用しておきます。

> たとえば、ワラビが艸（草）の部に入れば、「艸」は象形でできているから、まず「艸」（草冠）を書く。また、ワラビを「厥」といっているから、別のところに「厥」という発音の漢字を書く。これらを合成して「蕨」という字を作る。これで「蕨」という草の名前が表される。それから、杉の木のことを「彡」というから「杉」という文字を作っていく。　（頼惟勤『中国古典を読むために』大修館書店、1996年、35ページ）

このように、それが何に属する漢字であるかを示す部分（扁）と、その漢字の音を示す部分（音符）を結合させて作成された漢字を形声文字といいます。形声文字のなかには、音を受けもっている部分があるのです。『説文解字』ではこの形声文字を、たとえば「江」を例にとって示しますと「江、从水工声（江、水に従い、工の声）」のように表しています。「从」は「従う」の意味です。そして「声」によりその漢字の音を示しており、「从AB声」、すなわち「Aに従いBの声」と表記されている漢字が形声文字になります。

　二つの形声文字において音を担当する部分（音符）が同じである場合は、両者は同韻かあるいはきわめて類似の韻になります。たとえば「扛」という漢字は「扛、手に従い、工の声」とされていて、「江」と同じように「工の声」です。これらの三つの漢字の上古音は、以下にみるように藤堂上古音ではほとんど同音になっています。

　　工：　　　　　　　［kuŋ］399
　　江：从水工声　　　［kǔŋ］709
　　扛：从手工声　　　［kǔŋ］512

そのほかの例として「可」を音符とする漢字をみてみましょう。「可」を

音符とする漢字には「柯」「河」「苛」などがありますがこれらの漢字の上古音は次のようになっています。

可：　　　　　　　　[k'ar] 201
柯：从木可声　　　　[kar] 638
河：从水可声　　　　[ɦar] 718
苛：从艸可声　　　　[ɦar] 1095

語頭子音は若干異なるものもありますが、韻はすべて同じです。

このように、同じ音符をもつ漢字群を諧声系列といい、同一諧声系列に属する漢字は、ほとんど同韻になります。『説文解字』のこのような諧声系列から上古音を復元することについて、高松政雄氏は以下のように述べています。

　　上古音研究は、彼土（砂川注：中国のこと）で、時代もかなり下ったところで本格的に行われるようになり、特に、明末清初より系統的に推進せしめられた。その清代には見るべき業績も多い。その礎を据えたのは、顧炎武（1613-1682年）である。その後は、彼を発展的に継承するものである。

　　上古には無論、韻書等とて存在するはずがない。因って、その研究の拠り所を求むれば、それは一に詩の押韻、二に諧声系列となる外はないのである。具体的には、前者は、まず「詩経」の押韻を見ることであり、次いで、「楚辞」「易」「老子」等の有韻の文や、経典の異文を考究することになる。後者は、「説文解字」の形声字の諧声符への注視である。その諧声符が同一であることは、それを有する文字の音の一致か、乃至は極めたる近似を意味するはずである。つまり、それは上古音の枠組みに従って構成されているものである。と言うことは、逆にそこから、上古音の区画が可能である訳なのである。

　　　　　　（高松政雄『日本漢字音概論』風間書房、1986年、76ページ）

そこで異例となる58漢字について藤堂上古音を参考にしつつ、『説文解字』の諧声系列に基づいて検討を加えることにしたいと思います。既述せる

ように「可」を音符とする形声文字のなかには、「可」の語頭子音とは異なる漢字もありましたが韻はすべて同じでした。そこで本書では、『説文解字』の形声文字、すなわち「A：从BC声（A：Bに従い、Cの声）」を、AとCは少なくとも同韻であるとして論をすすめます。なお、私の使用した『説文解字』は中国で出版された臧克和・王平等編『説文解字全文検索』（広州、南方日報出版社、2004年）です。

3 甲類表記用の漢字で異例の漢字

まず甲類表記用の漢字について、イ列音・エ列音・オ列音の順に述べます。前述するように、甲類表記用の漢字であるためには、甲類は上古音で母音一つのみの漢字であること、あるいは母音が二つ以上ある場合は、[ie] 系統の韻の漢字であることが必要です。甲類に使用された漢字で私説の法則に適合しない26漢字のうち、以下の○印のついている20漢字は『説文解字』の注音では私説の法則に適合します。発音記号のあとの数字は藤堂明保編『学研　漢和大字典』のページです。

　　○○○○○○○○○○○○○○○○○○○○
　　譬篇美寐眉民敏険弊幣敝蔽返遍平反明面綿孤濃用欲容庸六

① 譬（ヒ甲）：从言辟声　　　　　　辟：[piek] 1304
　　注1、僻：人に従い辟の声　　　僻：[pʻiek] 99
　　注2、臂：肉に従い辟の声　　　臂：[pieg] 1071
　　注3、避：辵に従い辟の声　　　避：[bieg] 1340

「譬」は「辟の声」となっています。そして「辟」の藤堂上古音は [piek] です。また注1にみるように「僻」も「辟の声」となっています。その「僻」の上古音も [pʻiek] となっています。さらに、注2・3にみるように、「臂」「避」の両漢字も「辟の声」とされていますが、両漢字は「ヒ甲」の表記に使用されており、そしてその上古音は [pieg] [bieg] と復元されています。『説文解字』が編纂された西暦100年頃に「辟の声」とされる「僻」「臂」「避」の上古音が [piek] であるならば、同じ「辟の声」である「譬」にも [piek] の韻が存在しなければなりません。なぜならば、頼惟勤氏の文を引用して示した形声文字の成立事情、すなわち《中国語では cedar（杉の

木）をサンという。そこで「木」にサンの音である「彡」を結合させて「杉」という漢字を作成し、cedar を表す漢字とした》ということからすれば「辟の声」とされるすべての漢字は、最初の頃は皆同じような音だったはずだからです。その「辟」の上古音に［piek］という韻があるというのですから、「譬」の上古音にも同じように［piek］という韻があったとしなければならないのです。これは最初の母音と二番目の母音の組み合わせが［ie］系統の韻ですから「ヒ甲」の表記用漢字として適合することになるのです。

②篇（ヒ甲）：从竹扁声　　扁：［pān］［p'ian］509

『説文解字』では「篇、竹に従い扁の声」となっています。そして「扁」の藤堂上古音は［pān］となっています。これは母音一つのみの音ですから、甲類表記用の漢字としての資格があることになります。

③民（ミ甲）

　注1、蟁：从䖵民声…俗蟁从虫从文
　注2、蟁：蚊の異体字（藤堂明保編『学研　漢和大字典』による）
　注3、昏：日に従い氏の省。一に曰く民の声
　注4、輾：車に従い䯖の声。䯖、古は昏の字。読むこと閔の如し
　注5、閔：門に従い文の声
　注6、吝：口に従い文の声　　吝：［lıen］222

「民」が「ミ甲」に使用された理由を説明するためには、少し屈曲した経緯が必要です。まず注1から「蟁」という漢字は「民の声」であることは明らかです。そして注2をみると「蟁」は「蚊」の異体字とされています。したがって「蟁の音」イコール「民の音」であり、「蟁の音」イコール「蚊の音」ですから「民」と「文」は同音らしいということが窺えます。これは注3以下により確実になります。

注3をみますと「昏」という漢字には「民」の音があることがわかります。注4ではその「昏」という漢字を「昏の声、読むこと閔の如し」と説明しています。したがってここまでで「民の音」イコール「昏の音」であり、「昏の音」イコール「閔の音」が導かれました。そして注5により「閔は文の声」ですから「民の音」イコール「文の音」となります。藤堂上古音では「文」を音符とする漢字のほとんどは［mıuən］の韻になっており、これは

《[ie] 系統以外の韻》なので甲類表記用の韻としては不適格です。しかし、『説文解字』は注6で「吝：从口文声」としており、「吝」は「文の声」です。藤堂上古音はその「吝」を [lıen] としています。したがって「文」には [lıen] の韻があるのです。そして、これは「民」の韻でもあります。これは、最初の母音と二番目の母音の組み合わせが [ie] 系統です。そこから「民」は「ミ甲」に使用されたのです。

④ 敏（ミ甲）：从攴毎声

　　注1、海：从水毎声　　海：[məg] 727

『説文解字』では「敏、攴に従い毎の声」となっています。そして注1でみるように「海」も「毎の声」となっています。その「海」の藤堂上古音は [məg] なので、「毎」を音符とする漢字には [məg] の韻があったことになります。この韻は「敏」にもあったのです。これは母音一つのみですから「敏」は甲類表記用の漢字に適合するのです。

⑤ 寐（ミ甲）：从㝱省、未声

　　注1、昧：从日未声

　　注2、䫡：从頁㬎声。読若昧

　　注3、㬎：从川曰声

　　注4、曰：从口乙声　　乙：[•ıĕt] 28

『説文解字』は「寐」を「未の声」としています。また注1により「昧」も「未の声」です。さらに注2により「䫡」は「読むこと昧のごとし」とされているので「未」と同韻です。そして注3によるとこれらの漢字は「曰の声」です。そして、注4よりその「曰」は「乙の声」です。その「乙」の藤堂上古音は [•ıĕt] なのです。この [•ıĕt] の韻は「未」そして「寐」の韻でもあるのです。そこから「寐」は「ミ甲」に使用されたと思われます。

ただし、「未」そのものは「ミ乙」の代表的な表記用漢字ですから、「未」の古音には2種類の音があったと思われます。

⑥ 険（ケ甲）：从阜僉声

　　注1、齡：从歯省、僉声　　齡：[klăm] 1545

　　注2、厱：从厂僉声。読若藍

　　注3、藍：从艸監声

第5章　異例となる漢字の分析　**85**

注4、槛：从木監声、一曰圏

注5、獫：从犬兼声、読若槛

『説文解字』で「険」をみてみると「从阜僉声」となっており、その韻は「僉の声」です。しかし「僉の声」となっている漢字のほとんどは「険」と同じ様な [hlıam] の韻、すなわち《[ie] 以外の韻》となっています。ところが注1でわかるように「鹼」も「僉の声」となっています。その「鹼」を藤堂上古音は [klăm] としているのです。したがってこの韻は「険」にも存在したのです。これは母音一つのみの韻ですから甲類表記用の条件に適合しています。そこから「険」は「ケ甲」の表記に使用されたのです。

また注2にみるように「厰」は「僉の声」であり、「読むこと藍の如し」とされています。注3・4より、「藍」「監」「槛」は同韻です。そして注5によれば「槛」と「兼」は同韻です。従って「険」の韻である「僉」と「兼」は同韻です。そして「兼」の上古音は [klām] 118 となっています。やはり「険」の上古音には母音一つのみの韻も存在したのです。

⑦ 敝 (ヘ甲)：从攴从㡀、㡀又声

⑧ 幣 (ヘ甲)：从巾敝声

⑨ 蔽 (ヘ甲)：从艸敝声

注1、撆（撇の異体字）：从手敝声　　　撇：[p'āt] 554

注2、蹩：从足敝声　　　　　　　　　 蹩：[bāt] 1284

⑦～⑨の三つの漢字はいずれも「敝の声」です。そして注1で示すように「撇」の漢字も「从手敝声」となっているので⑦～⑨の漢字と同韻です。そして藤堂上古音は「撇」を [p'āt] としています。また注2でみるように「蹩」も「从足敝声」となっており、その上古音も [bāt] です。したがって「敝」の上古音には [p'āt] [bāt] の韻があったのであり、これは母音は一つのみの韻です。

⑩ 遍 (ヘ甲)

注1、「遍」は「徧」と同字（藤堂明保編『学研　漢和大字典』より）

注2、徧：从彳扁声

注1でわかるように、藤堂明保編『学研　漢和大字典』では「遍」と「徧」は同字となっています。そして注2にみるように『説文解字』は「徧

は丁に従い扁の声」としています。②番の「篇」でみたように、「扁」には[pān]の音がありました。これは母音は一つのみですから甲類表記用の条件に適合します。

⑪ 平 (ヘ甲)：从丁从八。八、分也

　　注1、抨：从手平声　　抨：[p'ǎŋ] 523

注1で示すように「抨」は「平の声」となっています。そして藤堂上古音は「抨」を[p'ǎŋ]としています。したがって、この音は「平」にも存在したのです。これは母音は一つのみの韻なので甲類表記用の条件に適合します。

⑫ 反 (ヘ甲)

⑬ 返 (ヘ甲)：从辵反声

　　注1、阪：从阜反声　　阪：[bǎn] 1413

⑬番の「返」は「反の声」となっているので⑫と⑬は同韻です。そして注1でわかるように「阪」もまた「反の声」なので同韻です。そして藤堂上古音は「阪」を[bǎn]としています。したがってこれは「反」「返」の韻でもあります。これは母音は一つのみの韻ですので、甲類表記用の条件に適合します。

⑭ 明 (メ甲)

　　注1、萌：从艸明声　　萌：[mǎŋ] 1115

注1から「明」と「萌」は同韻です。そして「萌」の上古音は[mǎŋ]です。したがって、これは「明」の韻でもあります。これは母音は一つのみの韻です。

⑮ 孤 (コ甲)：从子瓜声

　　注1、窊：穴に従い瓜の声

　　注2、窪：一曰窊也。水に従い窐の声

　　注3、窐：穴に従い圭の声

　　注4、佳：人に従い圭の声　　佳：[kěg] 68

　　注5、瓞：瓜に従い失の声。詩に曰く、綿綿瓜瓞

　　注6、玤： 王に従い丰の声。読むこと詩に曰く、瓜瓞蓁蓁

「孤」が「コ甲」に使用された理由の説明も複雑です。まず『説文解字』では「孤は瓜の声」とされています。「瓜の声」の漢字を探していきますと

第5章　異例となる漢字の分析　**87**

注1にみるように「窊」という漢字があるのがわかります。そして注2では「窐、一に曰く窊なり」といっています。「窐」の藤堂上古音は［・uěg］、そして「窊」は［・uǎg］ですから、ほとんど同音です。「窐」の意味は「くぼ地」であり、そして「窊」の意味もまた「くぼ地」です。この二つの漢字は最初「くぼ地」を意味する漢字として「窐」が作成されたのではないでしょうか。その「窐」と同音となる「窊」も後に「くぼ地」を意味するようになったということではないでしょうか。

　注2ではさらに、「窐は窒の声」としています。そして「窒」という漢字については、注3にみるように「圭の声」としています。したがって「瓜の声」イコール「圭の声」となります。そして、注4にみるように「佳は圭の声」とされていますが、その「佳」の上古音は［kěg］なのです。これは母音は一つのみの韻です。

　しかし注2の「窐、一に曰く窊なり」から「窐と窊は同音」とするのは、少し躊躇するところもあります。そこで、さらに調べていきますと、注5・6にみるように「読むこと（詩に）曰く」として「綿綿瓜瓞」及び「瓜瓞菶菶」という記載があります。これは同音反復あるいは同韻反復で音を示したものと思われます。すなわち「瓜」と「瓞」は同音もしくは同韻と思われます。その「瓞」は注5において「失の声」とされています。そして藤堂上古音は「失」を［thiet］312 としています。したがって「瓜」の上古音には、この韻も存在したと思われます。これは［ie］系統ですから「コ甲」の表記に使用できるのです。

　参考としてあげますと、『易経』では「孤」と「塗」が押韻されています。その「塗」の上古音も［dag］284 であり、「佳」と同じように母音は一つのみの漢字です。

⑯濃（ノ甲）：从水農声　　農：［noŋ］1305

　「濃」は「農の声」となっています。そして「農」の上古音は［noŋ］です。したがってこの韻は「濃」の韻でもあります。これは母音は一つのみの音です。

⑰欲（ヨ甲）：从欠谷声　　谷：［kuk］1243

　「欲」は「谷の声」となっています。そして「谷」の上古音は［kuk］で

す。したがってこの韻は「欲」の韻でもあります。これは母音は一つのみの韻です。

⑱ 容（ヨ甲）：盛也。从宀、谷。古文容从公。
　注１、松：木に従い公の声。松、或いは容に従う
　注２、俗：人に従い容の声。一に曰く華
　注３、樗：木に従い雩の声。読むこと華、或いは蔞
　注４、雩：雨に従い于の声
　注５、亐：大に従い于の声（亐は于の異体字 35）
　注６、匏：包に従い夸の声　匏：[bŏg] 168

『説文解字』では「容」という漢字は「宀に従い、谷」となっていて、「容の声」が示されていません。ただしこの文が「宀に従い、谷（の声）」の意味であるとすると、「谷」の上古音は[kuk] 1243 ですから、「容」は「ヨ甲」の表記用漢字として適合することになります。しかしこの文には「声」の漢字がないので「容」の音は不明とせざるをえないでしょう。けれども「容」には補注があり、「古文では容は公に従う」としています。「容」には「公」の成分（漢字）はありませんから、この文における「従う」の意味は、「宀冠に属する」などの意味ではなく、「声」を示しており、「古文では容は公の声に従う」の意味と思われます。すなわち古文では「容」は「公の声」だったようです。そのことは注１でも補強されます。すなわち「公の声」である「松」を「或いは容に从う」としているのです。「松」のなかには「容」の成分（漢字）はありませんから、これも「松、或いは容の声に従う」の意味だと思われるのです。そして「松の声」である「公」の上古音は[kuŋ]なのです。「容」の上古音、そのなかでもさらに古い時代の上古音には[kuŋ]の韻が存在した可能性が高いと思います。

しかし、以上のことは私の希望的推測である可能性があります。そこで説明を追加しておきます。注２でわかるように「俗」「容」「華」は同韻です。次に注３から「華」「樗」「雩」も同韻です。注４から「雩」「于」も同韻です。注５でわかるように「亐」は「于」の異体字であり、さらに「夸」と「于」は同韻です。そして注６より「匏」と「夸」も同韻であり、この「匏」の上古音は[bŏg] 168 なのです。以上から「容」の上古音には[bŏg]の韻

が存在したことがわかります。これは母音一つのみですから「ヨ甲」の表記用漢字として適合しているのです。

⑲ 用（ヨ甲）：从卜从中

　注1、甬：从㠯用声

　注2、痛：从疒甬声　　痛：[tʻuŋ] 868

注1より「甬は用の声」です。また注2より「痛」も「用の声」です。そして「痛」の上古音は [tʻuŋ] です。したがってこの韻は「用」の音でもあります。これは母音は一つのみの韻です。

⑳ 六（ロ甲）：岦、从屮六声

　注1、奔：从廾岦声

　注2、坴：从土先声。読若逐

　注3、陸：从阜从坴。坴亦声

　注4、茜：从艸囟声。読若陸

　注5、囟：从谷省。読若三年導服之導

『説文解字』は「岦」の字を「六の声」としていますから、「六」の音についてはこの漢字が突破口になります。注1にみるように「奔」の漢字を《廾に従い岦の声》としています。すると「先」イコール「岦」ということが導かれます。「岦」は「六の声」ですから「先の音」イコール「六の声」となります。

次に注2をみると《坴は先の声》とされています。そして注3にみるように「陸」は「坴の声」の漢字です。ここで注4には「茜は囟の声。読むこと陸の如し」とあります。すなわち「陸」「坴」を介して「先」と「囟」が同韻であることが導かれました。そして、最後の注5によれば「囟は読むこと、三年導服の導の如し」となっています。その「導」は藤堂上古音では[dog] 374 となっていますので母音は一つのみです。これが「六」の上古音の韻なのです。

以上の20漢字は『説文解字』の諧声系列によれば私説の甲類の法則に適合します。したがって、異例となる漢字は58から20減って38となり、異例率は 38/228≒0.167、すなわち 16.7％ となります。なお甲類表記用の漢字

のうち異例として残るのは以下の6漢字になります。
　美眉弊面綿庸

4　乙類表記用の漢字で異例の漢字

　次に乙類表記用の漢字で私説の法則では異例となる漢字について検討します。乙類表記用の漢字は母音が必ず二つ以上ある漢字であり、そして最初の母音と二番目の母音の組み合わせは《[ie] 系統以外》でなければなりませんが、以下の32漢字は藤堂上古音では異例となりました。
　秘密該開概慨愾凱戒階閖（閉）沛俳米曾贈増噌層則賊等登騰藤得徳鄧乃能稜勒

　しかしこれらの漢字のうち、○印のついている24漢字は『説文解字』の諧声系列に基づけば、異例ではなくなります。理解しやすくするために上記の順番ではなく、グループ別に説明します。

①密（ミ乙）：从宀宓声
　注1、宓：从宀必声　　必［piet］456
　注2、必：从八、弋、弋亦声　　弋：[diək] 429

『説文解字』は「密」を「宓の声」としています。そして注1でみるように「宓」は「宀に从い必の声」となっています。さらに、注2では「必」は「八に从い、弋。弋、また声」となっています。そして「弋」の藤堂上古音は[diək]です。したがって「密」には[diək]の韻が存在したと思われます。これは《[ie] 系統以外》であり、私説の乙類表記用漢字に適合します。

②秘（ヒ乙）祕：从示必声

　「秘」の旧字体の「祕」は「从示必声」とされています。前項により、「必」の上古音には[diək]の韻が存在しました。したがって、この韻は「秘」にも存在したのです。

③該（ケ乙）：从言亥声
　注1、亥：从二、二、古文上字。古文亥為豕。與豕同
　注2、豕：読若豨声
　注3、豨：从豕希声

注4、踤：从足卒声。一曰駭声

注5、駭：从馬亥声

『説文解字』は「該は亥の声」としています。そこで「亥の声」とされている漢字を片っ端から調べてみましたが、すべて「母音は一つのみの音」となっていました。「母音一つのみの漢字」は甲類表記用ですから「ケ乙」の表記用漢字としては不適当です。ところが、注1でみるように「亥」という漢字そのものについて『説文解字』は「亥は古文では豕と同じ」としています。しかし「豕」の上古音は［thiěr］1246となっていて、やはり甲類表記用の韻です。ところが注2・3でみるように『説文解字』は「豕は豨の声であり、豨は希の声」としています。そして「希」の上古音は［hɪər］404なのです。以上から、「亥」には上古音のなかでも、より古い時代には［hɪər］の韻が存在したと思われます。

そのほかに、次の例もあります。注4・5では「踤：足に従い卒の声。一に曰く、駭の声」、「駭、馬に従い亥の声」となっています。したがって「卒の声」イコール「亥の声」となります。そして「卒」の上古音は［tsuət］179なのです。「亥」には、この韻もあったことになります。この韻は《［ie］系統以外》であり、乙類の法則に適合しています。

④ 概（ケ乙）：从木既声　　既：［kɪər］587

⑤ 慨（ケ乙）：从心既声　　既：［kɪər］587

④と⑤の二つの漢字は「既の声」です。そして「既」の上古音は［kɪər］です。したがって「概」「慨」の韻も［kɪər］です。これは《［ie］系統以外》です。

⑥ 戒（ケ乙）：从廾持戈

注1、誡：从言革声、読若戒

注2、革：臼声　　臼：［gɪog］1079

「戒」という漢字は会意文字であり、『説文解字』には「戒は廾に従い戈を持つ」と記述されているのみなので、これからは「戒」の音はわかりません。しかし注1でわかるように「誡は言に従い革の声、読むこと戒の若し」とあります。「誡は革の声であり、戒と読む」ということですから「革の声」が「戒」の韻となります。そして注2でわかるように「革」については「臼の

声」としています。藤堂上古音はその「臼」を［gɪog］としています。これが「革」および「戒」の上古音となります。これは《［ie］系統以外》です。

⑦ 階（ケ乙）：从阜皆声

　注1、偕：从人皆声、一曰俱也

「階」は「皆の声」とされています。そして注1でみるように「偕は皆の声」であり、「一に曰く、俱なり」としています。すなわち「皆の声」イコール「俱」が導き出されます。そして「俱」の藤堂上古音は［kɪug］80なのです。「皆の声」の上古音には最初の母音と二番目の母音の組み合わせが《［ie］系統以外》となる韻が存在したのです。そこから「階」は「ケ乙」に使用されたのです。

⑧ 愷（ケ乙）：从心豈声　　豈：［kʻɪər］1244

「愷」は「豈の声」であり、「豈」の上古音は［kʻɪər］です。これは《［ie］系統以外》です。

⑨ 沛（ヘ乙）：从水巿声　　巿：［dhiəg］403

「沛」は「巿の声」であり、「巿」の上古音は［dhiəg］です。これは《［ie］系統以外》です。

⑩ 俳（ヘ乙）：从人非声　　非：［pɪuər］1457

「俳」は「非の声」であり、「非」の上古音は［pɪuər］です。これは《［ie］系統以外》です。

⑪ 米（メ乙）

　注1、䉾：从䰜米声　　䉾：［tiok］1521

　注2、麋：从鹿米声

　注3、疢：从人、从厂…大夫射麋。麋、惑也　　惑：［ɦuək］479

注1でわかるように『説文解字』によれば「䉾」は「米の声」となっています。したがって「米」と同韻です。そして「䉾」の上古音は［tiok］なのです。これは《［ie］系統以外》です。またそのほかにも注2でみるように「麋」も「米の声」です。そして注3では「麋は惑なり」としています。その「惑」の上古音は［ɦuək］です。これも《［ie］系統以外》です。

⑫ 曽（ソ乙）：从八从曰

⑬ 贈（ソ乙）：从貝曽声

⑭増（ソ乙）：从土曽声

⑮層（ソ乙）：从尸曽声

注 1、繒：从糸曽声　　繒：［dziəŋ］1019

注 2、䰝（甑の異体字）：从鬲曽声　　甑：［tsiəŋ］849

⑫〜⑮の 4 漢字はひとしく「曽の声」です。そして注 1 より、「繒」という漢字も「曽の声」であることはあきらかです。この「繒」という漢字の藤堂上古音は［dziəŋ］なのです。したがって「曽」の上古音には［dziəŋ］の韻が存在したと思われます。これは《[ie] 系統以外》であり、私説では乙類表記用の音です。そこからこれらの 4 漢字は「ソ乙」の表記に使用されたと思われます。そのほかにも注 2 の例があります。「甑」の異体字の「䰝」は「从鬲曽声」となっています。その「甑」の上古音は［tsiəŋ］となっており「繒」と同韻です。

⑯則（ソ乙）：从刀从貝

⑰賊（ソ乙）：从戈則声

注 1、側：从人則声　　側：［tsïək］88

⑰番の「賊」は「則の声」となっていますから、⑯番の「則」と同韻です。一方、「則」は「刀に从(したが)い、貝に从(したが)う」であり、「声」が示されていませんから、「則」の音は不明です。しかし、注 1 にみるように「側」も「則の声」です。そして藤堂上古音は「側」を［tsïək］としています。すなわち「則」「賊」の上古音にはこの韻があったのです。これは《[ie] 系統以外》です。

⑱登（ト乙）：从癶、豆、籒文登从収

⑲鄧（ト乙）：从邑登声

⑱番と⑲番について。⑲番の「鄧」は「登の声」となっているので⑱番の「登」と同韻です。

『説文解字』は「登、籒文では登は収に従う」としています。籒文とは周時代の文字のことです。「ヨ甲」に使用された「容」のところで述べたように、これが「周時代には登は収の声に従う」の意味とすれば「収の声」イコール「登の声」となります。そして「収」の上古音は［thiog］196 なのです。これは《[ie] 系統以外》です。

⑳騰（ト乙）：从馬朕声　　朕：［dıəm］619

「騰」は「朕の声」であり、「朕」の上古音は [dɪəm] です。これは《[ie] 系統以外》です。

㉑ 乃（ノ⁵）：仍、从人乃声　　仍：[nɪəŋ] 46

『説文解字』によれば「仍」は「乃の声」ですから「乃」と同韻です。そして「仍」の上古音は [nɪəŋ] なのです。これは《[ie] 系統以外》です。

㉒ 能（ノ⁵）：从肉呂声　　呂：[glɪag] 222

「能」は「呂の声」であり、「呂」の上古音は [glɪag] です。これは《[ie] 系統以外》です。

㉓ 稜（ロ⁵）：『説文解字』に記載なし

注1、「稜」と「棱」は同字（藤堂明保編『学研　漢和大字典』）

注2、棱：从木夌声

注3、綾：从糸夌声　　綾：[lɪəŋ] 1007

『説文解字』には「稜」の漢字は掲載されていません。しかし注1でみるように「稜」と「棱」は同字となっています。そして注2をみると『説文解字』は「棱」を「夌の声」としています。そして注3から「綾」も「夌の声」です。その「綾」の上古音は [lɪəŋ] となっています。これは《[ie] 系統以外》です。

㉔ 勒（ロ⁵）：从革力声　　力：[lɪək] 156

「勒」は「力の声」であり、「力」の上古音は [lɪək] です。これは《[ie] 系統以外》です。

　以上の24漢字には乙類表記用の韻が存在しました。すると異例の漢字は38から24減って一気に14漢字のみとなり、異例率は $14/228 ≒ 0.0614$ すなわち6.14%となり、ついに10%を切るのです！　異例として残るのは甲類表記用の漢字で6漢字、乙類表記用の漢字では8漢字のみとなります。

　異例の漢字：（甲類）美眉弊面綿庸／（乙類）開凱閉（閉）噌等藤得徳

5　藤堂上古音不明の漢字

　藤堂明保編『学研　漢和大字典』では、上古音不明の漢字が16漢字存在

しました。この上古音不明の漢字をこれまでと同じように『説文解字』の諧声系列でみてみますと、私説の法則に合致する漢字が出てきます。

　　上古音不明の漢字：（甲類）洎祁裨湄哞祜哃漏／（乙類）堫浼莒僧疏菭朦莏

甲類に使用された漢字

　①洎（キ甲）：从水自声　　　自：[dzied] 1074

　②祁（キ甲・ケ甲）：从邑示声　示：[gier] 917

　③裨（ヒ甲）：从衣卑声　　　卑：[pieg] 182

　④祜（コ甲）：當从示古声　　古：[kag] 202

乙類に使用された漢字

　⑤堫（ケ乙）：从土豈声　　　豈：[k'ıər] 1244

　⑥浼（メ乙）：从水免声　　　免：[mıǎn] 107

　⑦莒（コ乙）：从艸呂声　　　呂：[glıag] 222

　⑧僧（ソ乙）：从人曽声

　　「曽」が乙類の韻を有していたことについてはすでに述べました。ただし「僧」という漢字は許慎の『説文解字』には収録されておらず、これは後代になって『説文解字』に追加された漢字のようです。

　⑨疏（ソ乙）：从㐬从疋、疋亦声　疋：[sïag] 863

　　＊蔬：从艸疏声　　蔬：[sïag] 1130

　⑩朦（ト乙）：从糸朕声　　　朕：[dıəm] 619

　⑪菭（落の異体字）（ト乙）　落：从艸治声　治：[dıəŋ] 721

以上の11漢字は『説文解字』の諧声系列によれば、それぞれ甲類乙類の法則に適合しています。従って新たにこの11漢字を加えると対象となる漢字は239漢字に増え、異例の漢字は14漢字のままです。

　なお、上古音不明として残っている5漢字のうち、「湄」と「漏」については『説文解字』に注音があります。

　　湄（ミ甲）：从水眉声

　　漏（ロ甲）：从水屚声

　　　＊屚：从雨在尸下。尸者、屋也

「湄」は「眉の声」となっています。「眉」は、藤堂上古音では甲類表記用

96　Ⅰ　万葉仮名の秘密と上代音韻消滅の理由

としては異例の漢字ですので、「湄」も異例となります。したがって、総漢字数はさらに1漢字増えて240漢字となり、また異例の漢字も一つ増えて15漢字となります。すると私説の異例率は15/240＝0.0625、すなわち6.25％となり、異例率はごくわずかですが高くなります。

次に「漏」は「屚の声」となっています。そして「屚」については「从雨在尸下。尸者、屋也」と記述しているのみです。もしも「屋」が「屚」の音とすると「屋」の上古音は［•uk］383 なので母音は一つのみの韻であり甲類表記用の漢字として適合することになります。しかし、この文のみから《「屚」の音は「屋」である》とするのは問題があると思います。なお藤堂明保編『学研　漢和大字典』では「屚は漏の異体字」としており、その「漏」については「楼と同音」としているので「漏」の上古音は依然として不明です。

　　上古音不明の漢字：哞呬漏廼

　　異例の漢字：美眉湄弊面綿庸開凱閇（閉）噌等藤徳得

6　甲乙両類に使用された「迷」について

上代音韻を書きわけた万葉仮名のなかで、一つの漢字が甲乙両類に使用されたのは既述のごとく「迷」の1漢字のみでした。これまで述べてきた上代音韻甲乙二類の弁別の法則により、ここで「迷」という漢字について分析を加えようと思います。

「迷」は「メ甲」と「メ乙」に使用されています。その「迷」の藤堂上古音は［mer］であり、これは母音一つのみなので甲類表記用の音になります。そして『説文解字』の諧声系列も以下のようになっており、やはり甲類表記用の漢字です。

　　　迷：从辵米声　　　米：［mer］975

ところが「米」の上古音については、すでに「乙類表記用の漢字で異例の漢字」の項で述べたように［tiok］の韻が存在しました。これは《［ie］系統以外》であり、乙類表記用の韻です。そして「迷は米の声」ですので「迷」の上古音にはこの韻も存在したということになります。そこから「迷」は

「メ⁵」の表記にも使用されたと思われます。

「迷」の上古音は［mer］の韻か［tiok］の韻のどちらか一つであったというのではなく、万葉仮名として「メ甲」と「メ⁵」の両方に使用されていることからすると、この両方の韻が存在したのではないかと考えられます。

もしも、然りとするならば上古音の明らかな漢字は1漢字増えて241漢字、異例の漢字は15漢字のままですから異例率は15/241≒0.0622、すなわち6.22％となります。これが私説による最終的な異例率です。

7　諧声系列による可能性

ここでは参考として『説文解字』に収録されていない漢字、したがって『説文解字』でも上古音不明となる漢字を諧声系列でみてみましょう。

①弊（ヘ甲）

藤堂明保編『学研　漢和大字典』では「弊」という漢字は「両手＋音符敝」の会意兼形声文字としています。そして「敝」は甲類表記用漢字として適合していました。

②面（メ甲）

注1、麫：麺の異体字（藤堂明保編『学研　漢和大字典』）

注2、麫：麦に従い丏の声

注3、眄：目に従い丏の声

藤堂明保編『学研　漢和大字典』には「麫」は「麺」の異体字とされています。最初に「麫」の字があり、のちにそれを「麺」と書くようになったとしています。『説文解字』には「麺」は掲載されておらず「麫」のみがあります。その「麫」については注2にみるように《丏の声》とされています。また注3にみるように「眄」も《丏の声》です。そして、藤堂上古音は「眄」を［men］893としています。したがって、この韻は「麫」および「麺」にも存在したと思われます。「麺」の音符が「面」であるとすると「面」にもこの韻が存在したことになります。これは母音一つのみですから「メ甲」の表記に適合することになります。

③庸（ヨ甲）

注1、《「庸」は「用」を音符とする会意兼形声文字》(藤堂明保編『学研漢和大字典』)

注2、鏞：从金庸声

注3、銿：鏞の異体字（藤堂明保編『学研　漢和大字典』）

　注1より「庸」は「用」を音符とする会意兼形声文字としていますから、その韻は「用」ということになります。「用」は甲類表記用漢字として適合していましたので、「庸」もまた「ヨ甲」の表記用漢字として適合することになります。また、注2でみるように『説文解字』は「鏞は庸の声」としていますが、藤堂明保編『学研　漢和大字典』には「銿は鏞の異体字」と記載されています。すると「庸の音」イコール「甬の音」ということが考えられます。「甬」の上古音は「用」と同音でしたので、ここからも「庸の音」イコール「用の音」が導かれます。

④ 凱（ケ乙）

　藤堂明保編『学研　漢和大字典』では「凱」という漢字は「几＋音符 豈」の会意兼形声文字としています。そして「豈」は乙類表記用漢字として適合していました。

⑤ 噌（ソ乙）

　「噌」の旁は「曾（曽）」。そして「曽」は乙類表記用漢字として適合していました。

⑥ 等（ト乙）：从竹从寺

　注1、等：「竹＋音符寺」の形声文字（藤堂明保編『学研　漢和大字典』）

　注1から「等」の音は「寺」ということになります。そして「寺」の上古音は［diəg］370 であり、《［ie］系統以外》の音です。

⑦ 藤（ト乙）

注1、藤：《「艸＋音符滕」の会意兼形声文字》(藤堂明保編『学研　漢和大字典』)

注2、滕：从水朕声　　朕：［dɪəm］619

注3、藤は「籐」の異体字（藤堂明保編『学研　漢和大字典』）

注4、縢：从糸朕声　　朕：［dɪəm］

　藤堂明保編『学研　漢和大字典』によれば「藤」は「滕」を音符としてい

るとのことです。その「朕」は「朕の声」であり、「朕」の藤堂上古音は[dıəm]なので乙類表記用の韻です。したがって「䯄」も「トこ」の表記用漢字に適合することになります。また、藤堂明保編『学研　漢和大字典』は「䯄は藤の異体字」としています。そして『説文解字』は「䯄、朕の声」としています。これも「藤イコール朕の声」を導きます。しかし『説文解字』には「藤」「䯄」ともに記述がないので参考に留めることにしました。

⑧ 徳（トこ）：升也。从彳悳声

　　注1、聽：从耳、悳、壬声
　　注2、壬：聴の上声（藤堂明保編『学研　漢和大字典』267）、「壬」は別字
　　注3、廷：从廴_壬声
　　注4、侹：一曰箸地。一曰代也。从人廷声

『説文解字』は「徳」の音を「悳の声」としています。なお、藤堂明保編『学研　漢和大字典』では《悳は徳の異体字》としており、悳の音そのものは示されていません。『説文解字』は「徳は升なり」と最初に述べています。これが「徳」の音を示しているものとすると、「升」の上古音は[thiəŋ] 177ですから《[ie]系統以外》の韻であり、乙類の表記用漢字として適当であることになります。しかし「徳は升なり」からだけでは「徳」の音イコール「升」の音という保証はありません。

そこで次に『説文解字』のなかから「徳」の音符である「悳の声」の漢字を探してみますと注1にみるように「聽」の字がありました。そして《聽、耳に从い、悳、壬の声》としています。したがって「悳の声」イコール壬であり「徳」の音と思われます。しかし藤堂明保編『学研　漢和大字典』は「壬」については「聴の上声」としているのみなので、上古音は不明ということになります。なお「壬」と「壬」は非常に紛らわしい漢字です。「聽」の音符の「壬」は二本の横棒のうち、下の方が長いのですが、「壬」の方は逆に下の横棒は短いのです。

そこで「壬」を音符とする漢字をみていきますと、注2・3にみるように「侹」という漢字があります。そして「侹」には「一に曰く箸地」とあります。そこで「箸」の上古音をみてみますと[dıag] 967となっています。これが「壬」の上古音だとすると、これは《[ie]系統以外》ですから「トこ」

の表記用漢字として適合することになります。

　「徳」の音符である「悳」の上古音も「聽」と同じであった可能性は高いと思うのですが、素人の私には《聽、耳に従い、悳、壬の声》の意味が《悳は壬の声である》と断定できないので「？」のままにしました。なお参考として『詩経』の押韻をみてみますと、「氓」の第四段において「徳」は「極」と押韻しています。その「極」の上古音は［gɪək］[659]であり、乙類表記用の韻です。

　以上の8漢字は、上古音では私説の甲乙の区別の法則に適合している可能性が非常に高いと思います。これらの8漢字が異例ではないとすると、異例の漢字は7漢字のみとなり、私説の異例率は2.9％になりますがこの値は参考です。

第6章　上代音韻消滅の理由
——上古音から中古音への切り替え

1　上代音韻消滅の経過とそれに対する説

　上代音韻甲乙二類の区別は、奈良時代初期に成立した『古事記』（712年）では完璧に書きわけられています。ところが、この書きわけは720年成立の『日本書紀』において、まず「も」の甲乙二類の区別が失われ、そして奈良時代の中頃からそのほかの音にも混乱がみられるようになり、平安時代に入るとすべての音の書きわけが急速に崩壊しました。甲乙二類の書きわけが崩壊したということは、甲乙二類の音の区別がなくなり、同音になったということを意味しており、上代音韻は奈良時代から平安時代初期にかけての約80年の間に消滅したのです。橋本進吉・中田祝夫両氏はその経過を以下のように述べています。

　橋本進吉
　　この十二の仮名に當る音節の二類の区別は既に奈良朝に於ていくらか乱れかけてゐた。殊に「お」段の仮名に属する二類の区別は奈良朝に於ても例外が多少多く存し、半ば以後は余程乱れてゐた様である。これに対し、「い」段、「え」段の仮名の区別は、絶対に例外なしとはせぬが余程少ない。奈良朝末まで多くは区別が保たれてゐ、大体音としての区別があつたと考へられる。所が平安朝に入ると「お」段は勿論、その外のものも乱れてしまつた。
　　（橋本進吉博士著作集第6冊『国語音韻史（講義集1）』岩波書店、1966年、249ページ）

中田祝夫

　奈良時代末期にはト・ノ・ロなど、次第にその区別が失われ、平安初期の頃まであったコの甲・乙の区別が消えるのを最後として、この上代特殊仮名づかいは消滅することになる。

　　（中田祝夫ほか『講座国語史2　音韻史・文字史』大修館書店、1972年、25ページ）

　このように奈良時代初期には完璧な形で存在した上代音韻は、平安時代初期には消滅しました。しかし、上代音韻はなぜ消滅したのか、しかも奈良時代から平安時代にかけての約80年間という短い期間の間に、なぜ急速に消滅したのかということに対して、国語学会は未だ満足な説明をおこなうことができずにいます。上代音韻の消滅は日本語音韻史上、最大級の謎のままなのです。

　上代音韻消滅の理由は現在のところまったく不明であり、唯一、奈良方言と京都方言の差ではないかとする考えがあるのみです。以下に二つの論を紹介します。

(1) 『改訂版・日本語の歴史』

　　音韻と語法とは、語彙に比して容易に変化しない部分であるが、奈良時代と平安時代との間にかような大量の音韻類が減少することは、国語史上の一大劃期で、今まで言い分け、聞き分けて来た基本の音韻がどしどし消滅したわけであるが、これで意義の区別に支障のなかったものか、不思議な感じがする。

　　上代仮名遣消滅の理由は、ちょっと、考えると、平安遷都によって起こったところの、奈良方言と京都方言との差によるものかと思われる。しかしこれはにわかには賛成できない。平安時代に入ってからの文献は、みな京都で書かれたわけではなく、南都でも書かれているのである。霊異記（810〜813）は、南都薬師寺の僧によって記されたものであるが、すでに大方混乱してしまって、わずかにヘ・コの両類を残しているのみである。

（大野晋・中田祝夫・土井忠生・吉田澄夫・松村明共著、至文堂、1959年、106ページ）

(2)『講座・国語史2　音韻史・文字史』
　　上代と中古との間に、かなり急速に十数音が消滅したということは、だれにも不審かつ不可解の事実と目されるのではないか思う。つまり、同一の言語で、わずかの間にかくも多くの音韻数を減じて行って、それで社会的コミュニケーションが可能であったのだろうかという点が疑問点とされよう。そこでそのように音韻数が急に減じたのでは、社会的にコミュニケーションが不可能となるから、上代と中古との音韻変化の大差は、一言語内において、時代の推移の間に起こされたのではなく、やはり方言の差違であったはずだというふうに考える人も出るのである。
　　（中田祝夫・奥村三雄・外山映次・上村幸雄・築島裕・山田俊雄・山内育男共著、大修館書店、1972年、43ページ）

　以上のように上代音韻の消滅は、奈良方言と京都方言の差によるものではないかとしているのですが、しかし、上述の文章からは、それに疑問を抱いているような様子も窺えます。それも、もっともなことなのであって、この説にはまったく根拠がないのです。奈良方言と京都方言がそのように違っていたということを立証する証拠はなにもないからです。
　もう一人、方言の差によるのではないかとする説に中本正智氏がおられました。中本正智氏は弥生時代の日本の先進地である北九州、その北九州方言のほうに甲乙二類の別があり、近畿方言にはそれがなかったのではないかとされ、奈良時代になって日本の中心地となった奈良方言が上代音韻を有する北九州方言を駆逐したのではないかとされました。以下の論述です。

　　従来の研究で、奈良朝期の言語と平安朝期の言語の間に大きな落差のあることが知られている。たとえば、奈良朝期の音韻体系における甲類、乙類の別や母音調和の存在などが、平安朝期に入ったところで崩壊したことなどである。奈良と京都という近接地域で言語差の少なかったであろうことを思うと、いかにも尋常でない。この落差が大きいことは奈良

朝期の言語に第一中央圏（砂川注・北九州圏域のこと）の支配者層の言語の影響が色濃く残っていたからだと思われる。これら支配者層の言語の影響が畿内の言語に埋没して失われてしまったすがたが、平安朝期の言語ということではなかったか。

　　　　　　　（中本正智『琉球語彙史の研究』三一書房、1983 年、18 ページ）

　しかし、上代音韻の消滅を北九州方言と近畿方言の差ではないかとするこの説にも根拠はまったくありません。北九州方言に甲乙二類の区別があり、近畿方言にはそれがなかったとする証拠が皆無だからです。私もまた、この問題に関して前著『天武天皇と九州王朝』において「上代特殊仮名遣い消滅の理由」の章を設けて述べました。書名でもわかるように前著は天武天皇前後の日本古代史がテーマです。したがって、上代音韻消滅についても言語学的な分析に基づいているというのではなく、日本古代史の観点からとりあつかったものでした。私説は古田武彦氏の九州王朝説に基づいており、中本正智氏の正反対の説になります。すなわち、九州の言葉のほうが先に上代音韻を失い、その九州の音韻が近畿大和に移動したために日本語から上代音韻が消滅したというものです。私説の概要は以下のとおりです。

　　七世紀末葉までの倭国を代表する権力は九州王朝である。その九州王朝は紀元前の古代から三世紀の卑弥呼の時代を経て倭の五王の時代たる五世紀までの時代に中国に臣従していた。中国語に濃厚に接触した九州王朝では中国語音韻の影響を受けてはやくに上代音韻が消滅した。その九州王朝は六六三年の朝鮮白村江の戦いで唐・新羅の連合軍に壊滅的な大敗北を喫する。その時、九州王朝の皇子である大海人皇子は唐・新羅の連合軍が筑紫に攻めてくるのを恐れ、残存部隊をひきつれて近畿大和に逃げ込んだ。それにより上代音韻の消滅した北九州訛が近畿大和に持ち込まれ、やがて日本全国にひろまり上代音韻は消滅した。

　しかし、この私説にも根拠といえるものはありません。中国語音韻のどのような影響で上代音韻は消滅したのかということが説明できていません。そ

のうえ、663年頃の北九州では、上代音韻はすでに消滅していたという証拠もありません。私説も根拠のない状況証拠に基づくものにすぎず、上代音韻消滅の理由は今もって不明であり、謎のままなのです。

2　上代音韻消滅をもたらしたもの

　しかし「万葉仮名の漢字音はすべて上古音に基づいている」とする本書の新しい私説では、それに対して根拠を示して説明することができます。上代音韻消滅に関する私説はこうです。上代音韻消滅の理由は日本語のなかにあるのではなく、漢字音が上古音から中古音へ変化したことに起因しているのです。

　漢字の中国原音は奈良時代の直前、すなわち飛鳥時代に上古音から中古音へ変化しました。近畿天皇家は飛鳥時代の中頃（推古天皇の時代）から盛んに遣隋使を派遣し、その文物をとり入れました。隋の都は長安であり、その漢字音は中古音です。この時、倭人は初めて中古音に接するのです。そして推古時代の末頃に隋を引き継いだ大唐帝国に対しても、近畿天皇家は遣唐使の派遣を繰り返しおこない、積極的に唐の文物を導入しました。この遣唐使達が唐の都・長安の漢字音（中古音）を「漢音」の名のもとに日本にもたらしたということは、第2章で述べたところです。そして平安朝廷はしばしば漢字音を呉音から漢音に改めるようにとの勅（みことのり）を発しています。その最古の通達は、『日本紀略』に記載されている延暦11年の以下の勅です。

　　延暦11年（792）の勅（『日本紀略』巻九上）
　　　明経の徒（『論語』『孝経』などの経書を専攻する学生）は呉音に習うべからず。発声誦読すでに化謬を致す。漢音を熟習せよ。
　　延暦12年（793）の勅（『類聚国史』仏道部）
　　　今より以後、年分の度者は、漢音を習うに非ざれば、得度（仏門に入ること）せしむるなかれ。
　　　　（大島正二『漢字伝来』岩波書店、2006年、71ページ、藤堂明保論文より引用）

これらの勅は資料の上からは延暦11年のものがもっとも古いのですが、実際にはこれは平安朝廷のみならず奈良朝廷の方針でもあったのではないでしょうか。漢字音を呉音から漢音（中古音）へ切り替える作業は、すでに奈良時代から始まっていたのではないでしょうか。藤堂明保編『学研　漢和大字典』の末尾の「中国の文字とことば」には次のような記述があります。

　漢とは、中国を代表する呼び名であるから、長安人は中国の標準語を「漢音」と称したのである。遣唐使たちは、長安でこの通念に接して帰国し、五、六世紀いらい日本に流布していた南朝式の発音を「呉音」と呼んでけなし、長安ことば、すなわち「漢音」を採用することを主張したのであった。こうして奈良朝の末には、はや呉音・漢音の対立する風潮が、わが国の記録の上に登場する。
　（藤堂明保編『学研　漢和大字典』末尾の「中国の文字とことば」1583ページ）

　なにしろ漢音は奈良時代のその前、推古天皇時代（飛鳥時代）には伝わっているのですから、漢字音を漢音（中古音）に切り替える作業はその頃に始まったとするほうが自然でしょう。
　しかし、朝廷から「漢字音を呉音から漢音にあらためるように」との勅がしばしば発せられたにもかかわらず、それはなかなか徹底しなかったようです。それが徹底されなかったために呉音が残存し、現在の私たち日本人は呉音と漢音という二つの漢字音を有しているのです。
　下層階級の識字層は、なかなか呉音を漢音にあらためることはなかったのかもしれませんが、しかしその命令を発した平安朝廷の支配者層は漢音を使用していたはずです。そして上古音では、甲類表記用の音であった漢字のなかのあるものは、漢音（中古音）では乙類表記用の音に逆転するのです。同じように上古音では乙類表記用の音であった漢字のなかのあるものは、漢音（中古音）では甲類表記用の音に逆転するのです。漢字音を漢音（中古音）で使用するように強制された当時の人々の間にはどのようなことがおこったのでしょうか？　私はそれが上代音韻甲乙二類の区別の崩壊ではないかと思い

ます。
　第4章で述べたように、私説では万葉仮名の漢字音はすべて上古音に基づいています。第4章にもどって上古音と中古音を見くらべてみてください。「キ甲」に使用される漢字の場合は、上古音と中古音ではほとんど変化はありません。上古音で「キ甲」の表記用の漢字は、中古音になっていくらか変化はしていても音としてはやはり「キ甲」表記用の音です。しかし「キ乙」に使用される漢字をみてみますと、19漢字のうちの10漢字が《[ie] 系統以外》の音から《[ie] 系統》の音に変化しています。私説では《[ie] 系統以外》の音は乙類表記用の音であり、一方、《[ie] 系統》の音は甲類表記用の音なのです。すなわち上古音では「キ乙」の表記用の音であった19漢字のうちの10漢字は中古音では「キ甲」の表記用の音に逆転しているのです。以下に上古音と中古音では甲乙が逆転する漢字を数例示します。

　上古音では甲類表記用の音だが、中古音では乙類表記用の音に変化している漢字

上古音―中古音

①「キ甲」の「棄」[k'ied－k'ii]：上古音は [ie] で甲類、中古音は [ii] で乙類
②「ヒ甲」の「比」[pier－pii]：同上
③「メ甲」の「賣」[mĕg－măi]：上古音は [ĕ] で甲類、中古音は [ăi] で乙類
④「コ甲」の「高」[kɔg－kau]：上古音は [ɔ] で甲類、中古音は [au] で乙類

　上古音では乙類表記用の音だが中古音では甲類表記用の音に変化している漢字

上古音―中古音

①「キ乙」の「奇」[gɪar－gɪĕ]：上古音は [ɪa] で乙類、中古音は [ɪĕ] で甲類
②「ヒ乙」の「被」[bɪar－bɪĕ]：同上

第6章　上代音韻消滅の理由

③「コ⁷」の「己」[kɪəg−kɪei]：上古音は[ɪə]で乙類、中古音は[ɪe]で甲類

　「棄」を例にして少しくわしく述べてみましょう。「棄」という漢字は上古音では[k'ied]なので「キ甲」と認識されていました。しかし、中古音の時代になってこの漢字を漢音で発音しますと[k'ii]となります。[ii]の母音の組み合わせは《[ie]系統以外の韻》ですから、「棄」という漢字は中古音では乙類表記用の漢字になるのです。すると漢字を勅のとおりに漢音で読み、そして発音すると、それまでの甲類乙類の区別が破壊されるのです。このようなことが多くの漢字でおこったのです。これでは漢字の甲類乙類の区別は困難になり、ついには崩壊してしまうのではないでしょうか。
　万葉仮名の一つ一つについて、上古音と中古音で甲類乙類の関係が逆転するか否かを調べ、それを甲乙逆転率として音別にまとめると、112ページの表11のようになります。ただし、ここで条件を設定します。甲類となっている漢字の上古音は藤堂上古音を使用せずに、〔母音一つのみの音、もしくは最初の母音と二番目の母音の組み合わせが《[ie]系統》の音である〕とします。また乙類となっている漢字の上古音は〔母音は二つ以上あり、最初の母音と二番目の母音の組み合わせが《[ie]系統以外》の音である〕とします。第4章で示したように私説では甲類乙類の区別の法則がそうなので、変化を明瞭にするためにそうします。そして中古音については藤堂明保編『学研　漢和大字典』の中古音を使用します。そのうえで、漢字の中古音の状態を判定するのです。すなわち中古音が《[ie]系統》の音ならばその漢字は中古音では甲類であり、中古音が《[ie]系統以外》の音ならば中古音では乙類とするのです。たとえばこれを「ヒ甲」の「譬」、「ミ甲」の「寐」、「ケ⁷」の「階」、「ソ⁷」の「増」に適用すると次のようになります。

　　　　　　　　　上古音－中古音
　「譬」：[p'iəg−p'iě]　1241

　　　「譬」の上古音は藤堂明保編『学研　漢和大字典』では[p'iəg]ですが、「ヒ甲」の表記に使用されているので、その上古音は[p'ieg]のような音であったと訂正します。そして「譬」の中古音

は藤堂明保編『学研　漢和大字典』をそのまま使用します。その中古音は［pʻiě］なので、「譬」は中古音でも上古音の時と同じように甲類表記用の漢字です。

　　　　上古音―中古音
「寐」：［miuəd－miui（mbiui）］ 365

「寐」の上古音は、藤堂明保編『学研　漢和大字典』では、［miuəd］ですが、「ミ甲」の表記に使用されているので、その上古音は［mied］のような音であったと訂正します。そして「寐」の中古音は藤堂明保編『学研　漢和大字典』の中古音を使用します。その中古音は［miui（mbiui）］なので、「寐」は中古音では乙類表記用の漢字に変化したことになります。

　　　　上古音―中古音
「階」：［kĕr－kʌi］ 1428

「階」の上古音は藤堂明保編『学研　漢和大字典』では［kĕr］ですが、「ケ乙」の表記に使用されているのでその上古音は［kiər］のような音であったと訂正します。そして「階」の中古音は藤堂明保編『学研　漢和大字典』をそのまま使用します。その中古音は［kʌi］なので、「階」は中古音でも上古音の時と同じように乙類表記用の漢字です。

　　　　上古音―中古音
「増」：［tsəŋ－tsəŋ］ 286

「増」の上古音は藤堂明保編『学研　漢和大字典』では［tsəŋ］ですが、「ソ乙」の表記に使用されているのでその上古音は［tsiəŋ］のような音であったと訂正します。そして「増」の中古音は藤堂明保編『学研　漢和大字典』を使用します。その中古音は［tsəŋ］なので、「増」は中古音では甲類表記用の漢字に変化したことになります。

　以上のような補正をおこなって上古音と中古音で甲乙が逆転している漢字を数え、甲乙逆転率をみてみます（表11）。
　表11をイ列音・エ列音・オ列音にまとめると、以下にみるように甲乙逆

表11　上古音→中古音による甲乙逆転率

上古音	中古音	甲乙逆転率
「き」	「キ甲」の漢字→14漢字中の4漢字は「キ乙」に変化 「キ乙」の漢字→19漢字中の10漢字は「キ甲」に変化	33漢字中の14漢字 42.4%
「ひ」	「ヒ甲」の漢字→12漢字中の3漢字は「ヒ乙」に変化 「ヒ乙」の漢字→11漢字中の2漢字は「ヒ甲」に変化	23漢字中の5漢字 21.7%
「み」	「ミ甲」の漢字→9漢字中の4漢字は「ミ乙」に変化 「ミ乙」の漢字→5漢字中の1漢字は「ミ甲」に変化	14漢字中の5漢字 35.7%
「け」	「ケ甲」の漢字→15漢字中の8漢字は「ケ乙」に変化 「ケ乙」の漢字→15漢字中の1漢字は「ケ甲」に変化	30漢字中の9漢字 30%
「へ」	「ヘ甲」の漢字→15漢字中の3漢字は「ヘ乙」に変化 「ヘ乙」の漢字→9漢字すべて「ヘ乙」のまま	24漢字中の3漢字 12.5%
「め」	「メ甲」の漢字→7漢字中の4漢字は「メ乙」に変化 「メ乙」の漢字→7漢字すべて「メ乙」のまま	14漢字中の4漢字 28.6%
「こ」	「コ甲」の漢字→12漢字中の3漢字は「コ乙」に変化 「コ乙」の漢字→16漢字中の3漢字は「コ甲」に変化	28漢字中の6漢字 21.4%
「そ」	「ソ甲」の漢字→7漢字すべて「ソ甲」のまま 「ソ乙」の漢字→13漢字中の9漢字は「ソ甲」に変化	20漢字中の9漢字 45%
「と」	「ト甲」の漢字→13漢字中の2漢字は「ト乙」に変化 「ト乙」の漢字→12漢字中の9漢字は「ト甲」に変化	25漢字中の11漢字 44%
「の」	「ノ甲」の漢字→6漢字中の1漢字は「ノ乙」に変化 「ノ乙」の漢字→2漢字とも「ノ乙」のまま	8漢字中の1漢字 12.5%
「も」	「モ甲」の漢字→1漢字中の1漢字は「モ乙」に変化 「モ乙」の漢字→1漢字は「モ乙」のまま	2漢字中の1漢字 50%
「よ」	「ヨ甲」の漢字→4漢字すべて「ヨ乙」に変化 「ヨ乙」の漢字→6漢字中の1漢字は「ヨ甲」に変化	10漢字中の5漢字 50%
「ろ」	「ロ甲」の漢字→8漢字中の4漢字は「ロ乙」に変化 「ロ乙」の漢字→10漢字中の4漢字は「ロ甲」に変化	18漢字中の8漢字 44.4%

転率がもっとも低いのはエ列音だということがわかります。ついでイ列音、そしてオ列音はもっとも甲乙逆転率が高くなっています。

　　　イ列音表記用漢字：70漢字中の24漢字が上古音と中古音では甲類乙類
　　　　　　　　　　が逆転（逆転率34.3%）

　　　エ列音表記用漢字：68漢字中の16漢字が上古音と中古音では甲類乙類

が逆転（逆転率 23.5％）

オ列音表記用漢字：111 漢字中の 41 漢字が上古音と中古音では甲類乙類が逆転（逆転率 36.9％）

　この甲乙逆転率は橋本進吉氏や中田祝夫氏が指摘されたこと、すなわちオ列音においてもっとも早く甲類乙類の区別が消滅しているということに対応しているのではないでしょうか。

　イ列音とエ列音を比較しますと、エ列音よりもイ列音の甲乙逆転率のほうがはるかに高いので、イ列音の甲乙二類の区別のほうが先に消滅したのではないかと思われます。その件については、以下の記述があります。

> 表記面だけについて言えば、歌経標式（772 年）や霊異記（823 年）の如く、イ列の甲乙類混同は著しいのに、エ列はおおむね区別されている文献も、ある程度存するのである。
> （中田祝夫ほか『講座国語史 2　音韻史・文字史』大修館書店、1972 年、98 ページ）

　『歌経標式』や『霊異記』の示す事実は、イ列音の甲乙二類の区別が失われたあとでもエ列音では、なお甲乙二類の区別が保たれていたということの証拠のように思います。

　次に、一つ一つの音についてみてみましょう。それぞれの音を甲乙逆転率の低い順に並べると表 12 のようになります。

　甲乙逆転率のもっとも低いのは「へ」と「の」で、その次は「こ」「ひ」となります。上記引用文にみられるように、「へ」「こ」はもっとも遅くまで

表12　各音の甲乙逆転率

①「へ」12.5％	⑧「き」42.4％
②「の」12.5％	⑨「と」44％
③「こ」21.4％	⑩「ろ」44.4％
④「ひ」21.7％	⑪「そ」45％
⑤「め」28.6％	⑫「も」50％
⑥「け」30％	⑬「よ」50％
⑦「み」35.7％	

第 6 章　上代音韻消滅の理由

甲乙二類の区別がなされていた音です。その理由は、上古音と中古音の間での甲乙逆転率が低いことによるのではないかと思われます。

甲乙逆転率が高いのは「き」「と」「ろ」「そ」「も」「よ」の音です。そして実際に「も」の甲類乙類の区別があるのは『古事記』のみであり、「も」はもっとも早くから甲類乙類の区別が失われているのです。そして「と」「ろ」は上記引用文にみるようにもっとも早い時期から甲乙の区別が混乱しているとされています。

「そ」の表記用漢字の甲乙逆転率は 45％ と非常に高い値になっています。したがって、早くから甲類乙類の区別が失われたのではないかということが期待されます。そして「そ」については橋本進吉氏が以下のように述べています。

> 「そ」「と」などは比較的例外が多く、殊に、奈良朝末期に於ては相當に多くなつてゐる。
>
> （橋本進吉博士著作集第 4 冊『国語音韻の研究』岩波書店、1950 年、63 ページ）

やはり「そ」は「と」と同じくらいの早い時期から甲乙二類の区別に混乱が生じていたのです。

ただし私説では「の」についてのみ、うまく説明ができません。上述引用文にみるように、中田祝夫氏は「の」の甲類乙類の区別も早くに失われたとしています。また、橋本進吉氏も『国語音韻の研究』の 74 ページで同様の事を指摘しています。しかし「の」の表記に使用された漢字の甲乙逆転率は「へ」とともに 12.5％ となっていて、もっとも低いので、私説では遅くまで甲乙二類の区別が保持されることが期待される音なのです。「の」が早い時期から甲乙二類の区別を失っていることは、残念ながら現在の私説では説明できません。この「の」を除けば、私説は上代音韻崩壊の経緯をかなりうまく説明できていると思います。

3　九州王朝と上代音韻消滅の関係

　私は前著で「紀元前の古代から五世紀までの時代に中国に臣従していた九州王朝は中国語に濃厚に接触した。そして中国語音韻の影響によりはやくに上代音韻が消滅した」としました。しかし、中国語音韻のどのような影響により上代音韻は消滅したのかという根本的なことが説明できていませんでした。本書はその根本の問題を明らかにすることができたように思います。上代音韻の消滅は漢字音が上古音から中古音に変化したこと、そして倭人みずからが漢字音を上古音から中古音へ切り替えたことに起因しているのです。そして、それはやはり九州王朝のほうで先におこったのです。

　3世紀以後の中国史書に記載されている倭国関連記事を大雑把にまとめると以下のようになります。

(1) 3世紀の卑弥呼 ──────────── 魏へ朝貢
(2) 5世紀の倭の五王 ─────────── 南朝へ朝貢
(3) 7世紀初頭の俀王・阿毎多利思比孤 ─── 隋へ対等国書

　三国時代の魏は、華中から華北を支配していました。魏は秦・漢に引き続く漢民族の王朝ですから、その漢字音は上古音だったはずです。したがって魏に朝貢している卑弥呼の邪馬台国も漢字音は上古音を使用していたはずです。次に4世紀から6世紀にかけての中国は南北朝に分裂しており、南朝は秦・漢・魏に引き続く漢民族の王朝であり、一方の北朝側は漢民族とは異なる異民族の王朝です。したがって南朝のほうは上古音、もしくはその伝統線上にある漢字音を使っており、北朝側は中国語とはいっても異民族の言語に影響されて変質した上古音になっていたはずです。そしてその変質した上古音が、やがて中国を代表する漢字音すなわち中古音になるのです。南北朝時代の倭国は、目をひたすら南朝に向けていました。讃・珍・斉・興・武の「倭の五王」は南朝からの将軍号の授与を繰り返し請願しています。おそらく、この頃の倭国の漢字音は南朝式の漢字音、すなわち上古音の伝統を引き継ぐ漢字音だったことでしょう。

　しかし(3)の俀王・阿毎多利思比孤の時代には、もはや南朝は存在しません。中国にあるのは北朝から興った隋王朝だけなのです。そして阿毎多利

思比孤は、少なくとも2回隋に使者を派遣しています。第1回は開皇20年(600)、そして第2回目が大業3年 (607) で、この時、「日出ずる所の天子、書を日没する所の天子に致す。恙きや云々」という対等国書を送り、煬帝を激怒させたことで有名です。その国書にはまた次のようなことも記載されていました。

聞海西菩薩天子重興仏法、故遣朝拝、兼沙門数十人来学仏法
「海西の菩薩天子重ねて仏法を興すと聞く。故に遣わして朝拝す。」兼ねて沙門数十人来たりて仏法を学ぶ。

倭王・阿毎多利思比孤は数十人の仏僧を隋へ送り込み、仏法を学ばせているのです。さてその時、倭国の仏僧が学んだ漢字音はなんだったのでしょうか？　当然のこととして、それは中古音だったはずです。そして倭国の仏僧は、その中古音を倭国にもち込んだと思われます。

南朝が滅び、中国を代表する王朝たる隋王朝が中古音を使用しているなかで、倭王・阿毎多利思比孤は、かつての宗主国南朝に義理立てして南朝式の漢字音を使用し続けたでしょうか？　阿毎多利思比孤の国書からは、隋王朝の文化を賞賛する雰囲気が感じられます。隋王朝の文化の導入に積極的だった様子が窺えます。そしてその姿勢を一歩押し進めれば、漢字音も旧来の漢字音から隋王朝の漢字音たる中古音への切り替えをはかったということが考えられます。南朝が滅亡した今、倭国の王者・阿毎多利思比孤は、政策にしろ文化にしろ中国を代表する王朝たる隋に的を絞ればよかったのです。

古田武彦氏は『失われた九州王朝』により、古代の日本には近畿天皇家に先立つ権力として九州王朝が存在したということを論証されました。そして『古代は輝いていた（全3巻）』の第3巻『法隆寺の中の九州王朝』において、この「倭王・阿毎多利思比孤」が法隆寺釈迦三尊像光背銘の上宮法皇であり、九州王朝の王であるということを論証されました。法隆寺釈迦三尊像光背銘によれば、上宮法皇は壬午年 (622) に亡くなっていますから、「倭王・阿毎多利思比孤」は少なくとも600年から622年まで倭王として君臨していたことになります。そうしますと倭すなわち九州王朝は「倭王・阿毎多利思比

孤」の時代（600〜622年）に隋と交渉をもち、中古音に接して漢字音を上古音から中古音への切り替えを開始したということが考えられます。そして600年代の後半には、その切り替えはほぼ完了しかけていたのではないでしょうか。漢字音を上古音から中古音へ切り替えると、万葉仮名の甲類乙類の関係が混乱します。こうして近畿大和よりも先に九州王朝において、上代音韻は消滅したのです。

　そして663年の朝鮮半島の白村江における大敗戦の時、九州王朝の本拠地・筑紫に後詰めとして残っていた大海人皇子のもとに倭軍壊滅の報が届きます。白村江は現在の錦江と考えられていますが、その錦江から九州北岸は指呼の間です。白村江で倭・百済連合軍を壊滅させた唐・新羅連合軍は勢いに乗じ、後の禍根を断つために一挙に倭（九州王朝）の本拠たる北九州に攻め寄せてくるかもしれません。しかし、大海人皇子にはそれを筑紫において迎え撃つだけの兵力は残されていません。そこで大海人皇子は近畿大和へ逃げたのです。つい最近まで、大海人皇子は九州王朝の皇子であるという考えは、私のオリジナルと思っていたのですが、私より先に大芝英雄氏が唱えられているようです。こうして九州から近畿大和に落ちのびてきた大海人皇子および九州王朝の残存部隊により上代音韻の消滅した言葉が近畿大和にもち込まれたのです。

　大海人皇子は天智天皇亡き後、壬申の乱により天智の後継者の大友皇子を滅ぼして近畿大和の支配権を手中にします。新しい近畿大和の支配者たる大海人皇子（天武天皇）とその一族の言葉には、すでに上代音韻はありません。その上代音韻の消滅した支配者の言葉が、それまで上代音韻を保持していた近畿大和の言葉を混乱させるのです。そして白村江の大敗戦を契機に急速に衰微した九州王朝にとって代わり、天武系王朝はおそらく持統時代（実際は武市天皇時代―拙著『天武天皇と九州王朝』参照）に日本全体の支配権をも手に入れることになります。天武系王朝としての奈良朝廷、そして天智系王朝たる平安朝廷においても、漢字音を上古音から中古音へ切り替える作業が進められたことはすでに述べたとおりです。その結果、日本全国から上代音韻は消滅したのです。

　現在の我々は、日本語を表記するために中国で作成された文字である漢字

を使用しています。しかし、その漢字音は現在の中国語の漢字音とは無縁です。中世以降の日本では、中国において漢字音がどのように変化しようともそれには影響されずに日本独自の漢字音を使用しています。中国における漢字音が上古音から中古音へ変化した時、それに影響されずに倭人が旧来の漢字音、すなわち上古音を日本漢字音として使用し続けていれば上代音韻は消滅することはなかったと思います。

第7章　万葉仮名の新たなるミステリー
　　──段の書きわけ

　本章では万葉仮名は段の区別をどのようにおこなったか、ということについて検討したいと思います。すべての行を対象にするのは大変ですから、イ列音・エ列音に甲乙二類の区別が存在する行、すなわち「か行」「は行」「ま行」について検討します。検討する漢字は大野透著『万葉仮名の研究』に記載されている漢字です。

1　ア列音の表記

　まず最初にア列音の表記に使用された漢字をみてみましょう。

　　　「か」：38漢字　　加可賀迦伽駕箇珂訶柯介軻香歌嘉架駕舸河哥奇賈何汙
　　　　　　　　　　　　杲肝甘甲各覚閑漢干葛敢含合考
　　　「は」：28漢字　　波播破婆方芳幡房蟠防叵薄簸巴半伴泮泊伯判盤絆胖八
　　　　　　　　　　　　佰博法拝
　　　「ま」：13漢字　　麻万末摩磨馬魔満莽明望莫幕
　　　――――――――――――――――――――――――――――――――
　　　　　79漢字

　「か行」「は行」「ま行」のア列音に使用された漢字は全部で79漢字です。これらの漢字は現在でも「か」「は」「ま」と読める漢字が多いのは確かです。しかしこれらの漢字の藤堂上古音をみてみますと、これらの漢字がなぜ上代音韻の「か」「は」「ま」の表記に使用されたのかということはけっして明確ではありません。

「か」の表記に使用された漢字の大部分は、その上古音が母音一つのみの漢字が多く、しかもその母音は [a] であることが多いので問題はありません。しかし「は」「ま」の表記に使用された漢字の場合は、そういうわけにはいかないのです。「は」に使用された漢字には [pıaŋ][bıuaŋ][puar] などの音の漢字があり、また「ま」に使用された漢字には [mıuǎn][muat] などの音の漢字があるからです。これらが「は（ぱ）」の音の表記に使用されたとか、「ま」の音の表記に使用された、とするにはかなり勇気が要るのではないでしょうか。これらはむしろ「ひ（ぴ）」「ふ（ぷ）」や「み」「む」の表記に使用されるべき音ではないでしょうか。

表13 「か」の音の表記に使用された漢字の上古音

1「加」：[kǎr] 156	14「歌」：[kar] 682	27「甘」：[kam] 849
2「可」：[k'ar] 201	15「嘉」：[kǎr] 248	28「甲」：[kǎp] 854
3「賀」：[ɦag] 1255	16「架」：[kǎr] 638	29「各」：[kak] 208
4「迦」：加と同音 1309	17「駕」：[kǎg] 1502	30「覚」：[kɔk] 1195
5「伽」：[？] 60	18「舸」：歌の上声	31「閑」：[ɦǎn] 1403
6「哿」：[kar] 233	19「河」：[ɦar] 718	32「漢」：[han] 761
7「箇」：[kag] 964	20「哥」：[kar] 233	33「干」：[kan] 412
8「珂」：[k'ar] 835	21「奇」：[kıar] 314	34「葛」：[kat] 1116
9「訶」：[har] 1210	22「賈」：[kag][kǎg] 1258	35「敢」：[kam] 569
10「柯」：[kar] 638	23「何」：[ɦar] 60	36「含」：[ɦəm] 216
11「介」：[kǎd] 45	24「汗」：[ɦan] 708	37「合」：[ɦəp] 210
12「軻」：[k'ar] 1293	25「杲」：稿と同音	38「考」：[k'og] 1040
13「香」：[hıaŋ] 1497	26「肝」：[kan] 1052	

表14 「は」の音の表記に使用された漢字の上古音

1「波」：[puar] 723	11「叵」：[puət+k'a] 207	21「盤」：[buan] 887
2「播」：[puar] 553	12「薄」：[bak] 1135	22「絆」：半と同音
3「破」：[p'uar] 909	13「簸」：播と同音 972	23「胖」：判と同音
4「婆」：[buar] 332	14「巴」：[pǎg] 402	24「八」：[puǎt] 110
5「方」：[pıaŋ] 582	15「半」：[puan] 178	25「佰」：[bǎk] 72
6「芳」：[p'ıaŋ] 1094	16「伴」：[buan] 65	26「博」：[pak] 183
7「幡」：[p'ıuǎn] 411	17「泮」：[p'uan] 126	27「法」：[pıuǎp] 724
8「房」：[baŋ][bıuaŋ] 508	18「泊」：[bak][p'ǎk] 723	28「拝」：[puǎd] 522
9「幡」：[buar] 883	19「伯」：[pǎk][pǎg] 65	
10「防」：[bıuaŋ] 1413	20「判」：[p'uan] 140	

表15 「ま」の音の表記に使用された漢字の上古音

1「麻」：[mǎɡ] 1548	6「馬」：[mǎɡ] 1498	11「望」：[mıaŋ] 619
2「万」：[mıuǎn] 13	7「魔」：[muar] 1523	12「莫」：暮・幕と同音
3「末」：[muat] 624	8「満」：[muan] 759	13「幕」：[mak] 410
4「摩」：[muar] 550	9「莽」：[maŋ] 1115	
5「磨」：[muar] 915	10「明」：[mıǎŋ] 594	

　そこでこれらの漢字の上古音を分析することにより、ア列音を表記するための法則を求めてみることにしましょう。

　これらの漢字を上古音において、母音が幾つあるかでわけると次のようになります。ただし「は」の8番「房」のように [baŋ] [bıuaŋ] の2音がある場合は「母音一つの音の漢字」としました。また上古音不明とした漢字は藤堂明保編『学研　漢和大字典』で漢字そのものをみつけることができなかった漢字と、それに同書で「‥と同音」「‥の去声」などと記述されている漢字です。同書の凡例の項で「‥と同音」というのは「中古音で同音という意味であって、上古音も同じとは限らない」とのことでした。したがって、これらの漢字の上古音は不明としました。もう一つ、「は」に使用された「叵」の藤堂上古音は [puət+k'a] となっていて、その音は明らかなようにみえます。しかし藤堂明保編『学研　漢和大字典』は「叵」の漢字を以下のように説明しています。

　　「叵」：可の字を左右逆に書いて、「不可」の意をあらわした指示文字。
　　　　　不可がつづまって一音節（フ＋カ→ハ）となったことば。
これでは [puət+k'a] が [puət-k'a] なのか、それとも [puət] と [k'a] が合体してあらたな音になったのか、どちらなのか不明です。そこで「叵」については上古音不明としました。

　すると上古音の明らかな70漢字のうちの43漢字は「母音は一つだけ」なのです。

　　A：母音は一つだけ　　　43漢字
　　B：母音は二つ以上　　　27漢字
　　C：上古音不明　　　　　9漢字
　上古音の明らかな70漢字中の43漢字（61.4％）が「母音は一つだけ」と

いうことからすると、「か」「は」「ま」を表記するための漢字の条件は、「韻母の母音は一つだけ」ということなのではないかということが推測されます。もしもそうだとすると、韻母に母音が二つ以上ある漢字は異例となります。そこでア列音表記には「韻母の母音は一つだけ」の漢字を使用するということを法則として設定し、異例となる漢字および上古音不明の漢字を『説文解字』の諧声系列によりみてみましょう。すると、このなかには韻母の母音は一つだけとなる漢字が多数あるのです。以下に示す異例となる漢字および上古音不明の漢字うち、○印のついている漢字です。

　　母音は二つ以上の漢字：香奇波播破婆方芳幡皤防半伴泮絆盤八法拝万末摩磨魔満明望

　　上古音不明の漢字：迦伽舸昇叵籭絆胖莫

① 舸（上古音不明）：从舟可声　　可：［k'ar］201

『説文解字』は「舸」を「可の声」としています。そして「可」の藤堂上古音は［k'ar］です。母音は一つのみです。

② 波［puar］723：水に従い皮の声

③ 破［p'uar］909：石に従い皮の声

④ 籭（上古音不明）：竹に従い皮の声

②〜④の3漢字は「皮の声」になっています。そこで「皮」の上古音を探してみましょう。

　　注1、柀：木に従い皮の声。一に曰く折なり

　　注2、析：木に従い斤に従う。一に曰く折なり

注1から「柀」は「皮の声」です。注1は、さらに「柀、一に曰く折なり」としています。「柀」の意味はcedar（杉の木）であり、「折」の意味はbreak（折る、折れる）ですから両者はまったく意味が異なります。したがってこれは「柀、一に曰く折の韻なり」ということでしょう。したがって「折」と「皮」は同韻と思われます。しかし「折」の藤堂上古音は［tiat］514ですから相変わらず適合しません。ところが注2では「析、一に曰く折なり」としています。そして「析」の藤堂上古音は［sek］634となっています。この韻は「折」そして「皮」「波」「破」「籭」の上古音にもあったわけです。これは母音一つのみですから「は」の音の表記に適しているのです。

⑤ 方 [pɪaŋ] 582
⑥ 芳 [p'ɪaŋ] 1094：屮に従い方の声
⑦ 防 [bɪuaŋ] 1413：阝に従い方の声
　注1、房：戸に従い方の声　　房：[baŋ] [bɪuaŋ] 508
　注2、趽：足に従い方の声。読むこと彭と同じ

「芳」「防」は「方の声」になっていますからこれらは同韻です。注1より「房」も「方の声」です。そして「房」には [baŋ] の音がありましたから「方」「芳」「防」にもこの韻は存在したのです。また注2にみるように、『説文解字』は「趽」について「足に従い方の声。読むこと彭と同じ」としているので「方」「趽」「防」「彭」は同韻です。そして「彭」の上古音は [baŋ] 439 なのです。「方」「芳」「防」には母音一つのみの韻が存在したのです。

⑧ 半 [puan] 178
⑨ 伴 [buan] 65
⑩ 泮 [p'uan] 724：水に従い半に従う。半また声
⑪ 判：刀に従い半の声
⑫ 絆 [—]：糸に従い半の声
　注1、袢：衣に従い半の声。読むこと普のごとし

「伴」「泮」「判」「絆」は「半の声」です。そして注1にみるように『説文解字』は「袢」について「衣に従い半の声。読むこと普のごとし」としているので「半」「伴」「泮」「判」「袢」「普」は同韻です。そして「普」の上古音は [p'ag] 604 なのです。

⑬ 八 [puăt] 110
　注1、㪳：癹に従い八に従う。八また声。読むこと頒の如し
　注2、頒：頁に従い分の声。一に曰く鬢なり
　注3、扮：手に従い分の声。読むこと粉の如し　　扮：[pə̌n] [pɪuən] 517

注1より「頒」は「八の声」であることがわかります。また注2より「頒」は「分の声」でもあります。そして注3より「分の声」である「扮」には [pə̌n] の韻があるのです。「八」の上古音にはこの韻があったようで

第7章　万葉仮名の新たなるミステリー　**123**

す。

⑭ 法 [pɪuăp] 724

　注1、根：木に従い長の声、一に曰く、法なり

『説文解字』は「根」について「木に従い長の声、一に曰く、法なり」としているので「法」と「根」は同韻です。そして「根」の上古音は [dăŋ] 656です。

⑮ 拜

　注1、揲、手に従い叒。叒、音は忽。古文拜　　忽：[m̥uət] 459

　注2、叒、夲に従い卉の声。拜は此に従う　　此：[tsʻiĕr] 686

　注3、柴、木に従い此の声　　柴：[dzăr] 640

注1により古文では揲という漢字と「拜」は同じであることがわかります。そして注2では「拜は此に従う」とあります。これは「拜は此の声に従う」と思われますが、藤堂上古音は「此」を [tsʻiĕr] としています。しかし「柴」も「此の声」ですがその藤堂上古音は [dzăr] です。したがって「此」および「拜」にはこの韻も存在したと思われます。

⑯ 万 [mɪuăn] 13

　注1、螨：虫に従い、万（萬）の声。読むこと頼の如し

　注2、頼：賴の異体字（藤堂明保編『学研　漢和大字典』1475）。「賴」
　　　　　[lad] 1475

藤堂明保編『学研　漢和大字典』で「万」をみますと「萬」の異体字となっています（13ページ）。そして注1より「螨」は「万（萬）の声。読むこと頼の如し」となっています。さらに注2により「頼」は「賴」の異体字です。そして「賴」の藤堂上古音は [lad] です。したがってこの韻は「万（萬）」にも存在したのです。

⑰ 末 [muat] 624

　注1、苜：艹に従い、目に従う。読むこと末の如し

　注2、莫：苜に従い火に従う。苜また声。読むこと蔑と同じ　　「蔑」
　　　　　[māt] 1127

　注3、瀑、一曰沫也　　瀑 [buk] 780

注1・2から「末」「苜」「莫」「蔑」は同韻です。そして「蔑」の藤堂上古

音は［māt］なのです。また注3でも「瀑」と「沫」は同韻としていますが、その瀑の上古音は［buk］とされています。

⑱ 摩［muar］550：从手麻声

⑲ 魔：从鬼麻声　　麻［mǎg］1548

『説文解字』は「摩」「魔」について「麻の声」としています。「麻」の上古音は［mǎg］です。

⑳ 満［muan］

『説文解字』は「満」について《水に従い㒼の声》としています。さらに「㒼」について「読むこと蠻の如し」としています。「蠻」（蛮の異体字）の上古音は［mlǎn］1153なので母音は一つのみです。

㉑ 明［mɪaŋ］594

『説文解字』は「萌」について「艸に従い明の声」としていますから「明」と「萌」は同韻です。そして「萌」の上古音は［mǎŋ］1115なのです。

㉒ 莫（上古音不明）：暮・幕と同音（藤堂明保編『学研　漢和大字典』）

『説文解字』は「模」を「木に従い莫の声」としています。そして藤堂上古音は「模」を［mag］666としています。

以上の22漢字の上古音には母音一つの韻も存在したようです。すると79漢字中の65漢字は母音一つの韻の漢字となります。合致率は65/79ですから約82.3％になります。

さらに諧声系列を考慮すると「伽」「迦」「磨」「婆」の4漢字は母音一つの漢字となります。

　　伽：藤堂明保編『学研　漢和大字典』《「人＋音符加」の形声文字》
　　迦：藤堂明保編『学研　漢和大字典』《「辶＋音符加」の形声文字》
　　磨：藤堂明保編『学研　漢和大字典』《「石＋音符麻」の会意兼形声文字》
　　婆［buar］332：藤堂明保編『学研　漢和大字典』《「女＋音符波」の形声文字》

これまでの論述により「加」「麻」「波」の上古音は母音一つのみの音でした。

また「番」「播」「幡」「皤」の4漢字も上古音は母音一つであった可能性が濃厚です。

　播：手に従い番の声
　幡：巾に従い番の声
　皤：白に従い番の声。皤、或いは頁に従う

以上の3漢字はみな「番の声」です。最後の「皤」には「或いは頁に従う」との注音があります。「皤」という漢字には「頁」の成分はありませんから、これは「或いは頁の声に従う」の意味と思われます。すなわち、「番の韻」イコール「頁の韻」となります。そして、藤堂上古音は「頁」を[fiet] 1468 としています。

そのほか「籓」も「番の声」になりますが『説文解字』に次のような注音があります。

　注1、籓：竹に従い潘の声、一に曰く、蔽なり
　注2、潘：水に従い番の声

注1・2より「籓」「潘」も「番の声」です。そして注1は「籓、一に曰く蔽なり」といっていますが、「蔽」には［pʻāt］の韻があったことは第5章（「へ甲」の項）で述べたとおりです。

以上の8漢字の上古音は母音一つのみであったとすると、79漢字中の73漢字が母音一つのみの漢字ということになり、合致率は92.4％となります。ア列音の表記には母音一つのみの漢字を使用するということが法則であったように思われます。するとア列音の表記にはイ列音・エ列音・オ列音の甲類の表記に使用される漢字と同じ韻の漢字が使用されているのであり、ア列音は甲類扱いされていることになります。

2　ウ列音の表記

次に同じように「く」「ふ」「む」の表記に使用された漢字をみてみますと次のようになります。

「く」：28漢字　久玖俱区句矩球苦救口丘九鳩絢衢褰履君群恭訓郡功孔菊鞠忽骨

「ふ」：21漢字　布不賦夫輔赴浮甫福敷富普符部否負府服鳳粉弗

「む」：13漢字　牟武務模摸无無謀畝鵡霧夢目

62漢字

「く」「ふ」「む」の表記に使用された漢字の藤堂上古音をみますと62漢字中の51漢字（82.3％）の韻腹は［ɪu］［ɪua］［ɪo］［uə］になっています。こ

表16　「く」の音の表記に使用された漢字の上古音

1「久」：[kɪuəg] 26	11「丘」：[k'ɪuəg] 18	21「訓」：[hɪuən] 1205
2「玖」：不明 835	12「九」：[kɪog] 28	22「郡」：[gɪuən] 1345
3「俱」：[kɪug] 80	13「鳩」：[kɪog] 1533	23「功」：[kuŋ] 157
4「区」：[k'ɪug] 172	14「絢」：不明 991	24「孔」：[k'uŋ] 339
5「句」：[kɪug] [kug] 201	15「衢」：[gɪuag] 1173	25「菊」：[kɪok] 1112
6「矩」：[kɪuag] 904	16「褰」：[glug] [glɪug] 367	26「鞠」：[gɪok] 1462
7「球」：[gɪŏg] 838	17「履」：[klɪug] 387	27「忽」：[muət] 459
8「苦」：[k'ag] 1096	18「君」：[kɪuən] 217	28「骨」：[kuət] 1511
9「救」：[kɪog] 567	19「群」：[gɪuən] 1031	
10「口」：[k'ug] 199	20「恭」：[kɪuŋ] 468	

表17　「ふ」の音の表記に使用された漢字の上古音

1「布」：[pag] 404	8「甫」：[pɪuag] 853	15「否」：[bɪuăg][pɪuəg] 221
2「不」：[pɪuəg] 16	9「福」：[pɪuək] 927	16「負」：[bɪuəg] 1251
3「賦」：[pɪuag] 1263	10「敷」：[p'ɪuag] 572	17「府」：[pɪug] 419
4「夫」：[pɪuag] 311	11「富」：[pɪuəg] 365	18「服」：[bɪuək] 617
5「輔」：[bɪuag] 1296	12「普」：[p'ag] 604	19「鳳」：[blɪuəm] 1534
6「赴」：[p'ɪug] 1270	13「符」：[bɪug] 959	20「粉」：[pɪuən] 976
7「浮」：[bɪog] 737	14「部」：[buəg] 1348	21「弗」：[pɪuət] 432

表18　「む」の音の表記に使用された漢字の上古音（1漢字1音のみを示す）

1「牟」：[mɪog] 813	6「无」：[mɪuag] 587	11「霧」：[mɪug] 1452
2「武」：[mɪuag] 686	7「無」：[mɪuag] 793	12「夢」：[mɪuəŋ] 300
3「務」：[mɪŏg] 162	8「謀」：[mɪuəg] 1232	13「目」：[mɪuk] 889
4「模」：[mag] 666	9「畝」：[muəg] 859	
5「摸」：[mag] 551	10「鵡」：武と同じ 1538	

第7章　万葉仮名の新たなるミステリー

れは《[ie] 系統以外の韻》です。そこで《ウ列音の表記には母音が二つ以上で、[ie] 系統以外の韻の漢字を使用する》ということを法則として設定します。すると母音一つのみの漢字や《[ie] 系統の韻》の漢字はウ列音表記用漢字としては異例ということになります。そこで次にウ列音表記用漢字の中で異例となる漢字や藤堂上古音不明の漢字について、『説文解字』の諧声系列により補正をおこなってみましょう。

　藤堂上古音では母音一つのみの音とされている「布」は『説文解字』では「布、巾に従い父の声」となっています。ところが「父」の藤堂上古音は [pɪuag] 808 なのです。「布」の古い上古音にはこの韻があったと思われます。これは《[ie] 系統以外の韻》です。

　さらに上古音不明の漢字のうち、「玖」は『説文解字』において「久の声」とされていますから《[ie] 系統以外の韻》となります。また「絢」は「旬の声、読若鳩」とされています。したがって「絢」も《[ie] 系統以外の韻》です。さらに「鵡」は藤堂明保編『学研　漢和大字典』では「鳥＋音符 武」の会意兼形声文字としています。したがって「鵡」も《[ie] 系統以外の韻》です。

　以上の4漢字を加えますと、「く」「ふ」「む」の表記に使用された62漢字のうちの55漢字（88.7％）は《[ie] 系統以外の韻》の漢字なのです。11.3％の漢字は母音一つのみの韻のままですが《ウ列音にも甲類乙類の2音が存在した》というのでなければ、ウ列音は《[ie] 系統以外の韻》の漢字で表記されたのです。するとウ列音は乙類扱いされていることになります。これはいかにもア列音とウ列音が甲類乙類として対立しているかのようです。

3　万葉仮名は段の区別をおこなっていない

　さて、以上で万葉仮名による「か行」「は行」「ま行」の全段の表記が判明しました。その表記に使用された漢字の韻腹をすべて列挙し甲類乙類にわけて表にしてみましょう（表19）。なお、表記に使用されている韻の関係からア列音は甲類に入れ、ウ列音は乙類にいれることにします。

　表19をみていますと、不思議なことに気がつきます。それは万葉仮名は

表 19 「か行」「は行」「ま行」の全段の表記に使用される韻

	甲　類	乙　類
「ア列」	[a] [ă] [ə] [u] [e] [ie]	（－）
「イ列」	[ā] [ə] [ie] [iĕ] [ɪe]	[ɪa] [ɪə] [ɪuə] [ɪue]
「ウ列」	（－）	[ua] [ɪuə] [ɪu] [ɪo] [uə]
「エ列」	[a] [ă] [ā] [ə] [e] [ĕ]、[ie]	[ɪa][ɪə][ua][uə][ɪo][ɪu][ɪuə]
「オ列」	[a] [ə] [o] [ɔ] [e] [ĕ] [u] [ŭ]	[ɪa] [ɪə] [ia] [iə] [ĭa] [uə] [ɪo]

段の区別をどのようにおこなったのかということが不明だということです。

　表19でわかることは、甲類の音の表記にはすべての段で同じ韻が使用されており、また乙類の音の表記にも同じように段に関係なくすべて同じ韻が使用されているということです。甲類表記用の漢字の韻をみてみますと、母音一つのみの音の場合でもア列の場合は［a］系統、イ列の場合は［i］系統、エ列の場合は［e］系統などとわかれているわけではなく、各列に共通して［a］［ə］の母音が使用されています。乙類の場合は、［ɪə］や［ɪuə］の韻が各列に共通して使用されています。これでは段の区別は困難なのではないでしょうか。万葉仮名は上代音韻の甲乙二類の区別に関しては厳格な区別をおこなっていますが、段の区別については非常にルーズである、あるいは段の区別をおこなっていないのではないかと思います。これまで認識されていない万葉仮名の新たなるミステリーです。この問題は上代音韻の母音構成に関係しているのではないかと思われます。そしてそれについては第II部で明らかになります。

II

宮古島方言の秘密

第1章　琉球方言と「は行子音」の /p/

　第Ⅰ部では、上代音韻の問題を万葉仮名とその中国原音により分析しました。その結果を踏まえ、第Ⅱ部では、上代音韻および古代日本語を琉球方言から考察したいと思います。

　本土においては上代音韻は平安時代初期に消滅してしまい、その存在は完全に忘れ去られていました。その存在が再び認識されるようになるのは約1100年後となる明治末の橋本進吉氏の功績によるものです。もしも、本土のある方言に上代音韻すなわち「き・ひ・み・け・へ・め・こ・そ・と・の・も・よ・ろ」、および「ぎ・び・げ・べ・ご・ぞ・ど」あるいはその一部を二類に発音しわける方言が存在していれば、そのようなことにはならなかったはずです。そのような方言が、本土には全然存在しないからこそ、上代音韻は明治の末までまったく忘れ去られていたのです。

　ところが琉球方言には「上代音韻ではないか」と思われる現象が存在します。すべての琉球方言は標準語の「き」と「ぎ」を二類に発音しわけているのです。さらに琉球方言のなかで、宮古島方言と八重山方言（この二つの方言は先島方言としてまとめられる場合もあります）はそのほかにも標準語の「ひ」（古代においては「ぴ」）と「び」を二類に発音しわけています。これらは「上代音韻の残存」ではないでしょうか？

　琉球方言にみられるこれらの上代音韻らしきものを分析していきますと、琉球方言のうちの宮古島方言は、かなり古い日本語の音韻を残している方言なのではないか、すなわち宮古島方言は現存する方言のなかでは最古の方言なのではないかと思われるのです。第Ⅱ部では琉球方言、とりわけ宮古島方言と上代音韻との関係をとりあげます。

1　琉球文化圏の言語は日本語の一方言

　北は奄美諸島から南は八重山諸島にいたる地域は、一般に琉球文化圏といわれます。それはこの地域が社会・風俗・言語・芸能の面で類似性・共通性を有していて、そのうえ、本土と著しく異なるからにほかなりません。琉球文化圏で話されている言語（これを仮に琉球語と呼ぶことにします）は日本語の一方言なのですが、ちょっと聞いただけでは日本語の方言とは思えないほど本土の言葉とは異なっています。

　琉球語が日本語の一方言であるという説を最初に展開したのは、17世紀の琉球王国の執政官・羽路朝秀（向 象賢（しょうしょうけん））注です。17世紀初頭までの琉球は独自に琉球王国を形成し、鎌倉・室町幕府の統制下にはなく、自由を謳歌していました。

　　　注：沖縄初めての史書『中山世鑑』の著者。「向 象賢（しょうしょうけん）」の「向」は「しょう」と読みます。琉球王家の姓が「尚（しょう）」なので、その尚一族のなかで臣籍に下ったものは、王家を憚って「尚」の文字を「向」に変えました。そのために沖縄では姓としての「向」を「しょう」と読むようになりました。

　平安時代末に琉球は日本にとっては異域であったことは鎌倉時代成立の『平家物語』で窺うことができます。『平家物語』には、平家打倒を図った僧俊寛が事が露見して鬼界島へ島流しにされるくだりがあります。そして長門本『平家物語』には、鬼界島と関連して南島が図8にみるように述べられています。

　南島のうち、口（くち）五島は日本となっています。口五島がどの五つの島であるかは定かではありませんが、種子島と屋久島が含まれることはいうまでもないことでしょう。そして「奥七島は未だ日本に従わず」と述べられており、その下文には「於き那ハ」の文字が読みとれます。『平家物語』が作成された鎌倉時代には「琉球は異国」であり、琉球は未だかつて日本に従属したことはないとの認識なのです。

　しかし、1609年の薩摩島津氏の琉球侵攻により琉球は薩摩の属領となり、この時に奄美諸島は琉球から切り離されて薩摩の直轄地となりました。それ

以来、琉球は薩摩の搾取と差別にあえぐように
なったのです。薩摩による搾取と差別が存在す
るこの現世をどう考えればよいのか、どうすれ
ばその苦しみを和らげることができるのかとい
うことについて羽路朝秀は苦悩し、言葉（主に
単語）の類似性から日琉同祖論を唱え、薩摩支
配下の苦しみを少しでも軽いものにしようとし
ました。ついで18世紀には徳川幕府の政治
家・新井白石が江戸上りの琉球使者の言葉に注
目し、『南嶋志』（1719年）のなかで、琉球語は
日本語の一方言であると述べています。しかし、
両者の説はほとんど注目されずに終わりました。
当時は辺境の琉球の言語が日本語の方言である
のか、それとも別の言語なのかということは、
政治のうえからはどうでもよかったことであり、
一般民衆や知識人の興味の対照にもなりえなか
ったのです。

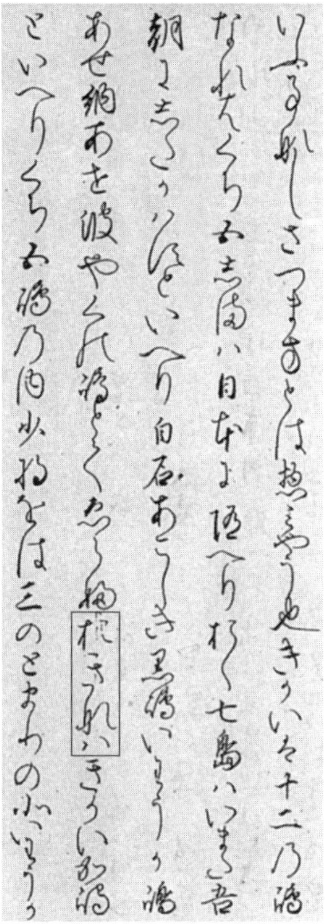

　琉球語が日本語の一方言であることを明らか
にしたのはイギリス人の言語学者チェンバレン
(B. H. Chamberlain) です。チェンバレンは
1873年に来日し、海軍兵学寮教授・帝国大学

図8　長門本『平家物語』の「於き那ハ」

文科大学教師を歴任しました。その門下生には「P音考」で有名な上田万年(かずとし)
がいます。チェンバレンは1893年の春、琉球に滞在し、首里知識人数人か
ら琉球語を収集しました。さらに1894年から1895年にかけての頃、たまた
ま東京に居合わせた教育のある首里出身の人物から同じように琉球語を収集
しました。それらを分析して『Essay in Aid of a Grammar and Dictionary
of the Luchuan Language』（日本語訳：琉球語の文法と辞典）を発表し、琉球
語が日本語の訛ったものであることを科学的に明らかにしたのです。これに
より、琉球語は日本語の一方言であることが一般に認められるようになりま
した。金田一京助氏が次のように述べています。

第1章　琉球方言と「は行子音」の /p/　　135

琉球語と國語との比較研究から、これを同系の姉妹語、若しくは古い方言であることを科学的に論證したのは、チェインバレン（B. H. Chamberlain）のアジア協會々報二十三巻（明治二十七年）の附録に発表された琉球語の論文（"Essay in Aid of a Grammar and Dictionary of the Luchuan Language"）である。

　琉球の母音は（a ā i ī u ū）の六つで、日本語のe及びoは、琉球にはそれぞれiuとなつてゐる。例えば——

日本	琉球
kokoro（心）	kukuru
nuno（布）	nunu
kore（此）	kuri
tera（寺）	tira
kaze（風）	kazi

元から（i, u）と連なるkは往々chになつてゐる。例えば——

iku（行）	ichung
kiru（切）	ching
kimo（肝）	chimu
saki（先）	sachi
kinō（昨）	chinū

ツの或るものはツィに、スの或るものがシに。例えば——

tsuki（月）	tsichi
wasuru（忘）	wasiyung

ルはyuに、リはiになる。首里（琉球首府）がshui、東はagai、取るはtuyungの類である。尤も動詞はすべてngで終る例である。

　かように還元する時には、異様にひびく数多の単語が、明瞭に日本語と同じものの転化であることがわかる。……（中略）。

　かくしてチェインバレンは琉球語は奈良朝以前に分かれた日本の古い一方言であることを確證したのである。

　　（金田一京助「国語史系統編」復刻版、刀江書院、1963年、88ページ）

チェンバレンの功績により、ようやく琉球語は日本語の一方言であることが明らかにされましたが、それでもつい最近までは、言語学的には方言より少し距離のある概念の姉妹語と呼ばれたり記述されることが多かったように思います。現在は日本語の一方言と記述するものがほとんどです。
　チェンバレン以降、日本の方言は本土方言と琉球方言に二大別されます。そして琉球方言は当初、東條操氏による奄美方言、沖縄方言、先島方言に三分するのが一般的でした。その後、多くの方がそれぞれの分類法を提案され、最近は平山輝男氏による奄美・沖縄方言と先島方言に二分し、そのうえで奄美方言・沖縄方言・宮古方言・八重山方言・与那国方言に細分するのが一般的なようです（図9）。
　私は東條操氏のようにオーソドックスに奄美方言、沖縄方言、先島方言に三分し、それぞれを細分する分類がよいのではないかと思います。なお琉球方言の三大方言のそれぞれを細分する場合には現地の分類を参考にする必要があると思います。沖縄本島の仲宗根政善氏や本土の上村幸雄氏は宮古島方言を宮古本島方言・伊良部方言・多良間方言に三分されているのですが、宮古島方言をネイティブラングウイッジとする筆者からすれば、宮古島方言は第Ⅱ部第8章にみるように原集落方言（/p/音方言）と池間系方言（/h/音方言）に二分すべきです。伊良部島は島を東西に二分する線で/p/音方言と/h/音方言に別れます。それを伊良部方言としてひとまとめにするのは問題があるからです。また宮古本島にも1ヵ所だけ/h/音方言があるのです。奄美方言・沖縄本島方言・八重山方言についても、それに似たようなことがあるのではないでしょうか。沖縄本島方言については後に述べる理由から最低限、沖縄北部方言と沖縄南部方言に二分する必要があります。

```
                    ┌ 奄美・沖縄方言 ┌ 奄美方言
                    │              └ 沖縄方言
       琉球方言 ────┤
                    │              ┌ 宮古方言
                    └ 先島方言    ┤ 八重山方言
                                   └ 与那国方言
```

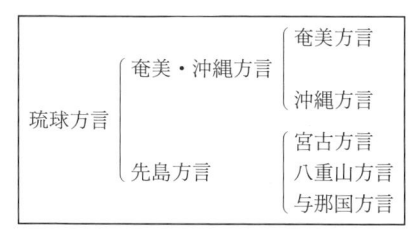

図9　**琉球方言の分類**（平山輝男『琉球方言の總合的研究』明治書院、1966年より）

琉球方言はおおむね図9のように分類されますが、そのすべてに共通する事項は、なんといっても基本母音がa・i・uの3母音であるということです。標準語のa・i・uは、琉球方言でもそのままa・i・uと発音されますが、e・oについては琉球方言は標準語のeをiと発音し、標準語のoは琉球方言ではuと発音されるのです。たとえば標準語のa・i・uの母音は以下の例のように琉球方言でもそのままa・i・uと発音されていて変化しません。

標準語	琉球方言
山	yama
石	isi
草	kusa

しかし標準語のe・oは、琉球方言では金田一京助氏の引用文にみるように、それぞれi・uと発音されます。このような例は、無数にあげることができます。

琉球方言がこのような3母音構成であることについては、伊波普猷氏をはじめとしてほとんどの方が、琉球方言も、もともとは日本語と同じように5母音構成であった、それが12〜15世紀頃に琉球方言独自の変化により3母音構成に変化したとしています。しかし、私はそれについて異議があります。その件については後で触れることにして次に進みます。

2　古代日本語の「は行子音」は /p/

奈良時代以前の日本語の「は行子音」は /p/ であったとされています。これは明治36年（1903）に上田万年氏の「P音考」（『国語のため 第2』富山房）によりはじめて唱えられたもので、それは以下の理由によります。一つは「は行」の表記に使用されている万葉仮名の中国原音は、ほとんどが /p/ であることです。

表20で示すように、漢字には上古音もしくは中古音で [h] を頭子音とする漢字が存在するにもかかわらず、これらの漢字は「は行」の表記には使用されていないのです。そして表21でわかるように「は行」の表記に使用されている漢字の頭子音はすべて [p]、および [p] に対立する濁音の

表20 中国原音で［h］の
頭子音の漢字の例

```
       上古音—中古音
漢：［han—han］761
海：［m̥əg—həi］727
揮：［hɪuər—hɪuei］541
喜：［hɪəg—hɪei］240
哄：［hɪuăn—hɪuʌn］230
化：［huăr—huă］168
歡：［huan—huan］683
花：［huăr—huă］1090
灰：［m̥uəg—huəi］784
```

表21 万葉仮名の「は行」の漢字

```
       上古音—中古音
「は」：波［puar—pua］723
「ひ」：比［pier—pii］698
「ひ」：卑［pieg—pič］182
「ひ」：斐［pʻɪuər—pʻɪuəi］576
「ひ」：肥［bɪuər—bɪuəi］1055
「ふ」：布［pag—po］404
「ふ」：賦［pɪuag—（pɪuo）—pɪu］1263
「へ」：弊［biad—biεi］429
「へ」：幣［biad—biεi］411
「へ」：閉［per—pei］閉と同字 1399
「ほ」：富［pɪuəg—pɪəu］365
「ほ」：本［puən—puən］623
```

［b］なのです。以上のことは日本上代の「は行」の頭子音は /h/ ではなく、/p/ なのではないかということを示唆しています。

　二番目に日本語の清音と濁音の関係からも「は行」の頭子音は /p/ でなければならないということが導きだされます。つまり、清音「か」に対する濁音は「が」、清音「さ」に対する濁音は「ざ」、そして清音「た」に対する濁音は「だ」です。これらの対立する清音と濁音は発音する時の唇の形・舌の形や位置は同じです。唇の形・舌の形と位置を同じにして声帯を振動させるように息を出せば濁音になり、声帯を振動させないように息を出せば清音になります（広辞苑によれば濁音は声帯の振動を伴う子音となっています）。対立する清音と濁音の関係は、そのようなものなのです。ところが現在の日本語では「は」に対立する濁音は「ば」になっていますが、「は」と「ば」は音声学の点からみると清音と濁音の関係にはないのです。「ば」を発音するときは、最初上下の唇がしっかりと合わさっていますが、「は」の音の場合は上下の唇が合わさることはありません。「は」を発音する形に唇と舌の形を整え、そのうえで声帯を振動させるように息を出しても「ば」の音にはならないのです。すなわち「は」と「ば」は、音声学的には正しい清音と濁音の関係にはないのです。そして濁音「ば」に対応する清音を求めると、それは「ぱ」になります。ご自身で発音してみるとよくわかりますが、「ぱ」と「ば」は上下の唇をしっかりと合わせておいて、その上下の唇の重なりを呼

気で破るようにして音をつくります。そのとき、声帯を振動させないのが「ぱ」であり、声帯を振動させるのが「ば」の音になります。すなわち「ぱ」と「ば」が清音と濁音の関係にあるのです。

　以上の理由により上田万年氏は《「は行」の頭子音は古代には /p/ であった》とされました。そしてこの説は、現在真実とみなされています。

　奈良時代以前の「は行」の頭子音 /p/ は、その後、上下の唇の合わさりが少しゆるんだ /f/ に変化します。その /p/ が /f/ に変化する時期はいつなのかということについては、現在のところまだ明確ではないようです。奈良時代にはすでに /f/ に変化していたとする説、奈良時代とする説、平安時代初期とする説にわかれているようです。/p/ から /f/ への移行の時期は明確ではないとしても、/f/ から /h/ への移行の時期は江戸時代初期から中期にかけての頃であることは、ほとんど確実です。室町末期や江戸時代初期には「は行」はまだ /f/ だったということはポルトガル人宣教師の編纂した『日葡辞書』やコリャードの『日本文典』(1632 年、ローマ刊) により確認されています。大塚高信訳によるコリャードの『日本文典』には以下のように記述されています。

>　f は日本のある地方ではラテン語におけるように発音されるが、他の地方ではあたかも不完全な h のように発音される。しかし、経験によって容易に知られるであろうが、f と h との中間の音であって、口と唇とは完全にではなく幾分重ね合せて閉じられる。例 fito（人）
>　（コリャード『日本文典』大塚高信訳、中田祝夫編『講座国語史 2　音韻史・文字史』大修館書店、1972 年、196 ページ）

　現在の「はひふへほ」は、戦国時代末期には「ふぁふぃふふぇふぉ」、すなわち /f/ 音で発音されていたのです。そのほか、現在の「は行音」が戦国末期の頃まで /f/ 音であったことを証明するものの一つに、後柏原天皇（在位 1500〜1525 年）の「なぞだて」として非常に有名なものがあります。後柏原天皇の「なぞだて」とは、

はゝには二たびあひたれどもちゝには一度もあはず　　くちびる

というものです。その意味は「母(はは)」を発音するときは唇は二度合うけれども、「父(ちち)」を発音するときには唇は一度も合わないということです。これも室町末期には「は行音」は、上下の唇を少し重ね合わせて発音する /f/ 音であったということを示しているのです。
　そしてこの /f/ 音は、江戸時代に入ってもまだ /f/ 音で発音されていました。大野晋氏は以下のように述べています。

> また江戸時代に入って元禄年間の契沖の『和字正濫鈔』には、「は、まは共に唇音ながら、はは唇の内に触れて軽く、まは唇の外に触れて重し。……わは喉音ながら、唇を兼ねて、はの字よりも猶(なほ)、唇の内に柔らかに触れていはる」と書いてある。これによってもその頃のハの音が唇を上下合わせて発音されたことが明らかである。これらの資料を見ると、ハの音に限らず、当時のハ行音の発音の仕方が、今日とは相違して Fa Fi Fu Fe Fo ファフィフフェフォのような音であったことが理解される。
> 　（大野晋『日本語の成立』「日本語の世界」シリーズ第1巻、中央公論社、1980年、136ページ）

　現在の日本語の「は行音」は、江戸時代初期までは /f/ 音で発音されていたのです。したがって日本語の「は行音」が /h/ 音となったのは、江戸時代初期から中期以降のことになります。すなわち「は行」の頭子音を /h/ で発音するのは、新しい発音なのです。
　ところが琉球方言には「は行」を日本上代と同じように /p/ で発音している方言があるのです。沖縄北部方言・宮古島方言・八重山方言の三つの方言です。宮古島方言から例をあげると以下のような言葉があります。
　　標準語：宮古島方言
　　「花(はな)」：[pana]
　　「骨(ほね)」：[puni]
　　「墓(はか)」：[paka]

「程(ほど)」：[pudu]
「星(ほし)」：[pusï]

　奈良時代以前の音として現在明確にいえるのは、この《「は行」の頭子音は、/p/ であった》ということだけです。《そのほかにも「キ甲」は /ki/、「キ乙」は /kï/ もしくは /kïi/ という上代音韻があるではないか》といわれるかもしれませんが、しかしこれは現在の学会の通説にすぎず、私はこれに疑問を抱いているのです。それは、宮古島方言と八重山方言に基づくと「キ甲」は /kï/、「キ乙」は /ki/ となり、現在の学会の通説とはまったく逆になるからです。宮古島方言と八重山方言の二つの反証がある以上、現在の通説による「キ甲」「キ乙」の音は今のところ参考にはならないのです。

　したがって「は行」を /p/ で発音しているか、そうでないかという事象は「その方言が日本語の古代の音韻を残しているかそうでないか」について、現在唯一の確実な証拠になるのではないでしょうか。これまでは、そのことがおろそかにされてきているのではないかと思います。一般に本土方言には「は行」を /p/ で発音する方言はないとされていると思います。しかし琉球方言のうち、沖縄北部方言・宮古島方言・八重山方言の三つの方言は「は行」を /p/ で発音しているのです。したがって、これらの三地域の方言はその他のあらゆる地域の方言とは異なり、古代の日本語の音韻を残している方言ということになると思います。

　ところで、琉球方言の代表としてとりあつかわれることの多い那覇・首里方言は、沖縄南部方言に属しますが、那覇・首里方言を含む現在の沖縄南部方言は「は行」を /f/ もしくは /h/ で発音しており、/p/ 音は消滅しています。すると、現在の沖縄南部方言は古代日本語の音韻からはかなり変化している方言だということになります。そのために沖縄本島方言は /p/ 音を残している北部方言と、/p/ 音の消滅した南部方言にわけたほうがよいというのが沖縄本島方言分類に関する私の考えです。ただし、沖縄南部方言は完全に /p/ 音を喪失してしまっているわけではなく、ごく一部の言葉の語中には残存しています。たとえば「塩辛い（古代—しほからし）」の「シプカラサ」/shipukarasa/ や、「吸う（古代—すふ）」の「シプユン」/sipuyun/ などにはまだ /p/ 音があります（伊波普猷「P音考」。なおこれは上田万年氏の「P

図 10-1 琉球における「は行」子音 (P, F, h) 分布 その1

第1章 琉球方言と「は行子音」の /p/

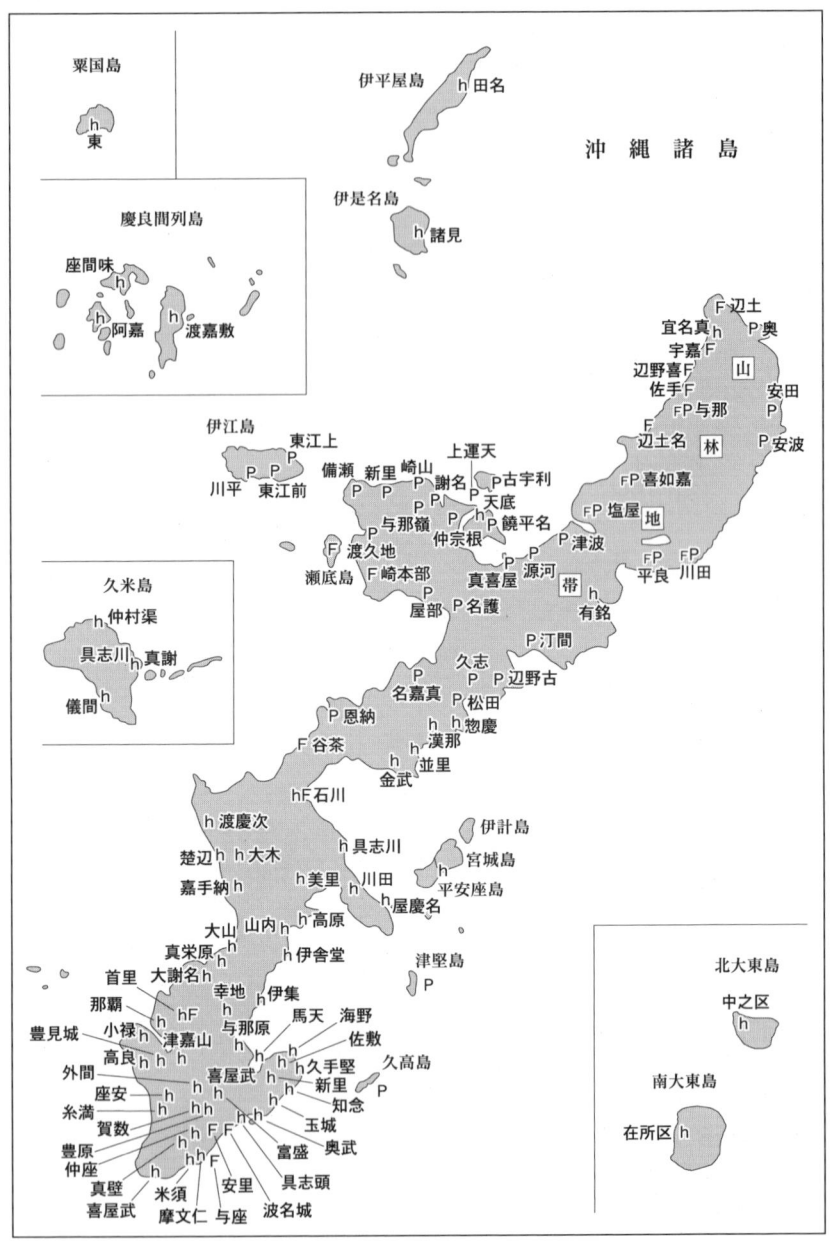

図10-2 琉球における「は行」子音（P, F, h）分布　その2

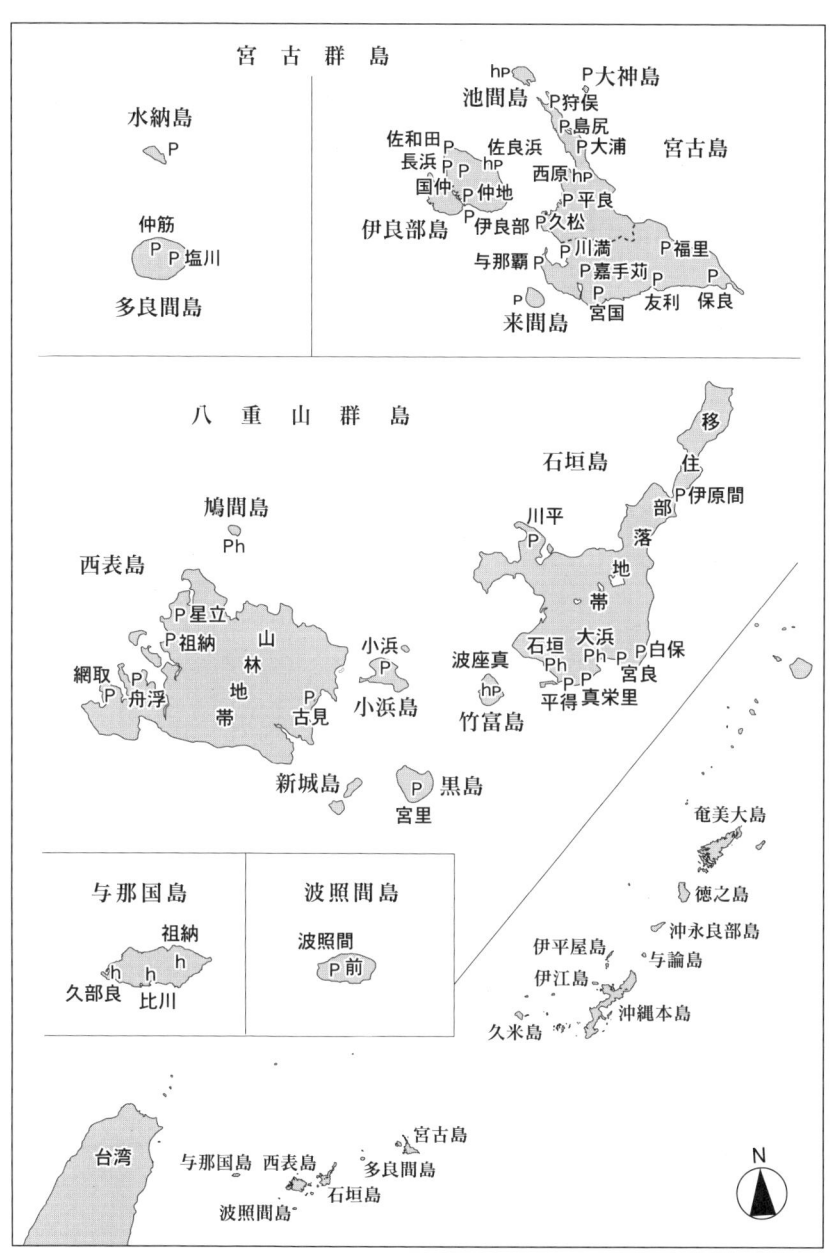

図 10-3　琉球における「は行」子音 (P, F, h) 分布　その3

音考」とは別の論文）。

「は行」を /p/ で発音しているか否かということは、非常に重要なことなので琉球全域の方言について図10に示しておきます。

3　首里方言の /f/ 音化

琉球方言のうち、沖縄北部方言や先島方言には、なぜ /p/ 音が残存しているのか、あるいは沖縄南部方言や奄美方言では /p/ 音はなぜ消滅したのか、それについてはこれまであまり明確にはされていません。伊波普猷氏は、以下のように述べています。

　①兎に角琉球語においては、
　　　P→F→H
　　　↓
　　　B（→）w
　の如く変遷して、今日に至つたのであらう。しかしこの音韻変化は、自発的に起つたものではなく、近畿地方を中心として起つた音韻変化の影響を受けたものらしい。
　（伊波普猷「Ｐ音考」『沖縄文化論争』5巻所収、1972年、平凡社、初稿は1907年）
　②伊波普猷「Ｐ音考」への追注（1942年）
　　ＰからＦへの変遷及びＰＦの分布については、……（中略）。とりわけ、16世紀中葉（弘治14年）に諺文で標記された語音翻訳のＰＦ相半ばし、15世紀中葉に採録された『琉球館訳語』に、殆どＰになつてゐるのは注目に値しよう。なほ、『明史』及び『歴代宝案』に見えてゐる、明初海外へ派遣された琉球使節の名にＰ音のみ現れてゐるのも留意すべく、これらの資料によって、南島語でＰ音のＦ音に代つたのは、院政時代以後東北よりの侵入者の言語、即ち所謂「父の言葉」の影響であつたやうに思はれる。

伊波普猷氏は首里方言が /p/ から /f/ へかわったのは、琉球方言内部の自発的な変化によるものではなく、平安後期以降の本土からの来琉者を「侵入者」として表現し、その本土からの侵入者の言葉の /f/ 音に影響されて首里方言の /p/ 音は /f/ 音へかわったのではないかとしています。しかし、伊波普猷氏は沖縄北部方言や先島方言には、なぜ /p/ 音が残存しているのかについては述べていません。
　一方、橋本四郎氏は奄美諸島の喜界島や沖永良部島、そして沖縄北部の方言では「か行子音」の /k/ が、/f/・/h/・/ç/ に変化している現象に注目しました。

	喜界島花良	沖永良部和泊	沖縄北部崎本部
風	hadi	hadʒi	hadʒi
米	Fumi	Fumi	Fumi:
煙	çibuʃi	−	−
毛	−	çi:	ki:

橋本四郎氏はこの事実をもとにして、「何故琉球方言のうちのある方言では /p/ 音が残ったのか」という視点から以下のように述べています。

　　　奄美群島・沖縄群島の諸方言では k が /h/ に変化した場合に、p が更に /h/ に変化することがくいとめられた蓋然性が大きい。
　　　　　　　　(橋本四郎『日本語の系統』岩波書店、1959年、283ページ)

/p/→/f/ の変化がおきる前に、先に「か行子音」の /k/ が /f/ に変化した地域では、すでに /f/ が存在するために、/p/ 音が /f/ 音に変化することが妨げられたのではないかとしています。
　中本正智氏は琉球各地の方言の /k/→/h/ の変化の有無を調査し、音韻的な構造の面から橋本四郎氏の説を肯定しつつ以下のように述べています。

1、琉球方言のハ行 /p/ 音は琉球方言の内的変化により /f/・/h/ へ変化したが、子音 /k/ が先に /h/ に変化した方言では /p/ 音が残存した。
2、一六〇九年以後の島津氏の琉球支配と明治以後の国語教育の外的要

因によりハ行 /p/ 音は本土のハ行 /f/ 音、ハ行 /h/ 音に統合されて消滅した。
（中本正智「古代ハ行Ｐ音残存の要因――琉球に分布するＰ音について」『国語学』107 号所収）

　琉球方言の /p/ 音については、以上のような説があります。私は /p/ 音が残存するかしないかについての第一義的要因は「その地域が /f/ 音化した本土の言葉にどれだけ接触したか」ということであり、それ以外のことは、すべて二義的なものにすぎないと思います。
　それを述べるためには、本来ならば「琉球各地と本土の接触如何」についてくわしくみる必要がありますが、実際のところ沖縄南部域（その中心は那覇・首里）以外の地域については、本土との接触を資料によりみることはほとんど不可能です。そこで、ここでは那覇・首里方言から /p/ 音が消滅していく経緯をみることでそれにかえようと思います。
　現在の沖縄本島中南部方言には、/p/ 音は痕跡的にしか認めることはできませんが、15〜16 世紀頃までの沖縄本島中南部方言では「は行音」の四十数パーセントはまだ /p/ 音で発音されていました。そして、その後、/p/ 音は徐々に減っていき、明治中期には数パーセントのみとなります。

(1) 15〜16 世紀：『琉球館訳語』
　中国では明時代以降、周辺諸国からの朝貢に対応するために、周辺諸国語と中国語の簡単な対訳表が作成されました。これを『華夷訳語』といいます。現在、『華夷訳語』として伝わるものには、3 種類があるようです。そのなかの朱子蕃の序文で茅瑞徵の編集による『華夷訳語』に『琉球館訳語』が収録されています。なお琉球語の採録は呉之任が担当したとされています。朱子蕃や茅瑞徵は 16 世紀末の人物なので、『琉球館訳語』は 1580 年頃に作成されたものと考えられていました（琉球語を採録した呉之任の活躍時期は不明）。ところが石田幹之助氏の研究（『女真語研究の新資料』）によれば、これまで朱子蕃の作成とされていた序文は、実は茅伯符の『皇明象胥録』に附された呉光義の作成した序文であることがわかり、『琉球館訳語』の作成年代

を1580年頃とすることはできなくなったとのことです。そして伊波普猷氏は『琉球館訳語』の作成年代を琉球の神歌集『おもろさうし』の言葉との類似などから、15世紀中葉ではないかとされました（「日本館訳語を紹介す」『伊波普猷全集第4巻』平凡社所収）。一方、多和田真一郎氏は16世紀前半としています（『沖縄語漢字資料の研究』渓水社、1997年、96ページ）。

　その『琉球館訳語』では「人」は「ピトゥ」、「花」は「ファナ」と読める漢字が使用されており、明時代の那覇・首里方言には /p/ 音および /f/ 音の両方があったことがわかります。『琉球館訳語』のなかから実際に「は行音」の琉球語をとりだしてみましょう（表22）。なお、中国原音は藤堂明保編『学研　漢和大字典』の中原音韻（元・明時代の中国原音）と現代北京音を掲載します。

　表22の漢字は、いずれも明時代の中国原音（中原音韻）と現代北京音ではその頭子音には変化がありません。すなわち、中原音韻で /p/ の頭子音だったものが現代北京音では /f/ に変化しているとか、中原音韻で /f/ の頭子音だったものが現代北京音では /h/ に変化しているなどという漢字はありません。したがって、どちらで読んでもよいのですが、やはり明時代の漢字音である中原音韻のほうで読むべきものだと思います。

　以上の言葉のほかにも /p/・/f/ の言葉として表23にあげる言葉があります。しかしこれらは純粋の琉球方言ではなく、外来語・新造語に相当します。「百」は日本古来の言葉としては「もも（琉球：むむ）」です。これを「ひゃく（琉球：ぴゃーく）」と発音するのは中国語です。「盤（鉢）」は『広辞苑』によれば梵語。「本」はもちろん中国語。次に「書」を「ふみ（文）」というのも中国語。古来の日本語には「ふみ」という言葉はなかったはずです。「ふみ（文）」という言葉は、中国の漢字文化の流入にともなって作成された新造語だと思います。同じように、「筆」という概念も文字のなかった古来の日本語には存在しなかったはずです。したがって、漢字使用とともに中国から流入したものであり概念です。その「筆」の上古音は［pɪət］。そして万葉仮名は末尾の子音に自由に、ある母音を付けて2音にして漢字を使用する場合がありました。本書第Ⅰ部で説明した万葉仮名のうちの二合仮名といわれるもので、「難波」がその例です。「難」の上古音は［nan］ですがこの

表22 『琉球館訳語』の「は行音」の言葉

	対訳琉球語	中原音韻—現代北京音	p・f・h
星	波失	波：[po—po(bo:)]	p
雷	波得那	波	p
橋	扒只（はし）	扒：[puʌi…pa(pá)]	p
筋（箸）	扒只（はし）	扒	p
胡子（髭）	品乞	品：[pʻıən—pʻıən(pın)]	p
謝恩	密温普姑立（御恩誇り？）	普：[pʻu—pʻu]	p
人	必周	必：[piəi—pi(bi)]	p
冷	必亜撒（ひやさ）	必	p
冷	必角禄撒（ひじゅるさ）	必	p
鞠躬	烏孫必（遊び？）	必	p
鮮魚	必撒莫只（ぴさもち）	必	p
昼（日）	必禄	必：[piəi—pi(bi)]	p
日（昼）	非禄	非：[fəi—fəi(fe:i)]	f
羊	非多只	非	f
賞賜	非近的（引き出）	非	f
起風	嗑集福禄姑	福：[fu—fu(fú)]	f
下雨	嗑也福禄（…降る？）	福	f
船	福尼	福	f
冬	由福（福由の誤り？）	福	f
晴	法立的（はれて）	法：[fa—fa(fǎ)]	f
春	法禄（はる）	法	f
陽	法立的（晴れて）	法	f
花	法那（はな）	法	f
左	分達立	分：[fən—fən(fe:n)]	f
牙	華（歯）	華：[hua—hua(hua:)]	h
蓮	花孫	花：[hua—hua(hua:)]	h
椳	花時（はしら、柱）	花	h
鼻	花那	花	h
蓬	賀（ほ、帆）	賀：[ho—hə(hè)]	h
灰	活个立（ほこり）	活：[huo—huə]	h

表23 『琉球館訳語』中の外来語・新造語の「は行音」の言葉

	対訳琉球語	中原音韻―現代北京音	p・f・h
一百両	必亜姑（百）	必：[piəi―pi(bi)]	p
盤	扒只（はち）	扒	p
本	盆	盆：[pʻuən―pʻən]	p
書	福密（ふみ）	福：[fu―fu(fú)]	f
八月	法只哇的	法：[fa―fa(fǎ)]	f
八銭	法只買毎（八貫目）	法	f
筆	分帖（ふで）	分：[fən―fən(fe:n)]	f
鳳凰	夫窩	夫：[fu―fu(fe:n)]	f

末尾に[i]の母音を付けて[nani]と発音し、その結果、「難波」を「なには」と読む方法です。それと同じように「筆」[pɪət]の末尾に[e]の母音を着ければ[pɪəte]となります。そして本書の第Ⅰ部万葉仮名の分析でみたように、漢字の[pɪə]の音は《[ie]系統以外の韻》ですから、上代音韻の「ぷ」の表記に使用できます。したがって、「筆」の日本語化した[pɪəte]は「ぷて」と発音された可能性があります。この「ぷて」がやがて「ふで」となり、そのままの発音で琉球に入ったという可能性があります。

「八月」を「はちがつ」と言い、「八銭」を「八貫目」というのも中国語の影響。「鳳凰」が中国語であることは論をまちません。以上の言葉は外来語・新造語であり、琉球方言古来の発音を示すものではないので除外します。

以上のように『琉球館訳語』を整理しますと、琉球古来の「は行音」の言葉は29語となり、そのなかで/p/音であるのは11語あるいは12語となります。というのは、「昼」を「必禄」「非禄」の二様に記載しているからです（「日」を「非禄」、「昼」を「必禄」としている）。「必禄」ならば「ぴる」、「非禄」ならば「ふいる」となります。あるいは『琉球館訳語』の時代には、どちらも存在したということなのかもしれません。そこで「昼」については/p/音であったとします。すると『琉球館訳語』では、/p/音は「は行音」の約41％を占めることになります。

　『琉球館訳語』：p音/ハ行の言葉＝12/29≒41.4％

(2) 16世紀初頭：『海東諸国記』のなかの『語音翻訳』

　次に朝鮮では15世紀の末、申叔舟により『海東諸国記』が著されます。これは朝鮮からみた東の国、すなわち日本について述べたものですが、そのなかで琉球にも触れられています。その著述より少し下った1501年、琉球王 尚 真(しょうしん)は使節を朝鮮に派遣します。そのときの琉球人使者の言葉（おそらく那覇・首里方言）を採録してハングル文字で記録したものが、『語音翻訳』として『海東諸国記』の末尾に追加されて伝えられています。その「語音翻訳」には169の琉球語（那覇・首里方言）が採録されています。ここでは、伊波普猷氏がハングル文字をアルファベットに変換したものでそれをみてみることにしましょう（「海東諸国記附載の古琉球語の研究」『伊波普猷全集第4巻』所収、平凡社、1974年）。それをみても、やはり当時の琉球語には /p/ 音および /f/ 音の両方があったことが窺われます。

　『語音翻訳』に採録された「は行音」のある琉球語のうち、外来語や新造語などを除外しますと、琉球古来の「は行音」のある言葉は25語、そのなかで /p/ 音であるのは8語となります（巻末の資料11参照）。ここで、少し注意が必要です。「人」は単独では /fɪchu/ となっていて /f/ の音です。しかし、「老鼠（老人）」は /oyapichu/ となっていて複合語となるときは、/p/ と発音されていることです。この言葉を /p/ 音として数えれば、/p/ 音は「は行音」の32％を占めることになります。なお『語音翻訳』では、琉球方言の「は行音」は /p/ 音と /f/ 音のみとなっており、/h/ 音はありません。ここでも /p/ 音・/f/ 音の両方が存在し、そして /f/ 音が優勢です。

　　『語音翻訳』：p 音／ハ行の言葉＝8/25＝32％

　『語音翻訳』の成立年代についてはその末尾に附された「弘治十四年」により、1501年ということは明らかです。一方、明で編纂された『琉球館訳語』の成立年代は、まだ確定していません。両者のなかの /p/ 音残存率を比較しますと、『語音翻訳』は32％、一方の『琉球館訳語』は41.4％ですから『琉球館訳語』のほうがかなり高いのです。採録語彙の少ない資料を元にしていうのは、危険ではありますが、両者の /p/ 音残存率からしますと『琉球館訳語』の成立年代は『語音翻訳』の前であり、伊波普猷氏のいわれるように15世紀中葉で良いのではないかと思います。

15世紀、あるいは16世紀初頭の那覇・首里方言においては、「は行音」の41.4%はまだ/p/音だったのです。逆に言えば、/p/音の半ば以上がすでに/f/音に変化しているということになります。これは沖縄中南部地域が、/f/音化した本土方言に接触する機会が多かったためだと思います。文献による琉球の歴史は14世紀に始まりますが、そのとき以降の琉球の中心地は一貫して首里です。しかし、その前代までの琉球の中心地は、浦添とされています。その浦添は沖縄島の中部圏域に属しますが、首里を北に去ることわずか6 kmにすぎません。したがって、古今を通じて琉球の中心地は、首里・那覇・浦添ということがいえると思います。すなわち、琉球と本土間の文物の交流は、首里・那覇・浦添を中心としておこなわれたのです。本土から来琉した商人や仏僧（当時の仏僧のほとんどは、琉球王府の招請により来琉したものであり、琉球王府と密接に結びついています）の活動は、ほとんどが沖縄島中南部域に限られています。/f/音化した本土の言葉に接した人達（そのほとんどは沖縄島中南部の人達と思われます）は、/f/音を「親国における今風の音」としてかぶれ、自らの/p/音を/f/音に変化させたのだと思います。

　こうして首里・那覇・浦添では/p/→/f/の変化が進行し、それが沖縄島中南部全域に広がります。しかし、沖縄島北部にまで広がらなかったのは、地理的な要因が作用していると思われます。沖縄島はその北端の辺戸岬から南端の喜屋武崎まで直線距離にして約105 kmの細長い島です。そして、その中央部は東西わずか3 kmしかない狭隘なくびれになっています。このくびれの部分が、北部と中部の境界なのです。北部と中南部の流通は、この狭隘なくびれの部分で一旦さえぎられます。さらに、このくびれを越えて一たび北部地域に入りますと、そこはいたるところ険しい山が海岸端まで迫り、交通がきわめて不便なのです。そのために、/p/→/f/の変化は、沖縄島北部には広がらなかったのではないでしょうか。また、宮古島・八重山島へは300 km、あるいはそれ以上の大海を渡らねば到達できません。そのために、宮古島・八重山島にも/p/→/f/の変化は波及しなかったのではないでしょうか。

　なお、伊波普猷氏は那覇・首里方言の/f/音化を「本土からの侵入者」の

影響としていますが、それだけではなく琉球人みずからも本土に出向いています。琉球の神歌集である『おもろさうし』には、「大和旅上(のぼ)て、かはら買いに上(のぼ)て」の句がしばしばみられます。そしてこの句に伴って「京、鎌倉」という句もみられます。これは鎌倉が日本の中心であった時代、すなわち鎌倉時代（おもに13世紀から14世紀頃）に琉球人みずからが、交易を目的として本土へ出向いていることを示しています。また、15〜16世紀は琉球王国の全盛時代で、中国・明への朝貢貿易を主軸として、東南アジアと日本本土間の中継貿易を盛んにおこないました。そして、明への朝貢貿易はもちろんのこと、中継貿易もすべて琉球王府の事業として推進されました。したがって、それに従事した人々（財務担当や船乗り）は、すべて琉球王府の官吏なのです。すると、これらの人々のほとんどが沖縄島中南部の人達だったと思われます。沖縄島中南部の琉球人みずからが本土に出向いているのであり、/f/音化した本土の言葉に接するのです。そして親国における今風の音としてかぶれて/f/音化し、それを故郷の沖縄島中南部に広めるのです。

(3) 18世紀前半：『中山伝信録』

　三番目は『中山伝信録』。1719年に清朝からの冊封使として琉球を訪れ、約5カ月間にわたって沖縄に滞在した徐葆光は帰朝後、報告書を『中山伝信録』としてまとめました。それには611の琉球語（那覇・首里方言）が採録されています。そのなかから「は行音」の言葉をとりだし、外来語や新造語を除外しますと、「は行音」の琉球語は50語となり、そのなかで/p/音であるのは14ないし15語となります（巻末の資料12参照）。14語なのか15語なのかはっきりしないのは、「海獅」（干潟に生息するトビハゼ）が「子菩拉」と表記されていることによります。これは現在の琉球方言では「チンボラー」といっています。しかし「菩」の中国原音には[fu（中原音韻） — fu（現代北京音）]と[p'u（中原音韻） — p'u（現代北京音）]の両方があるので、「子菩拉」の発音が、現在と同じような「チンボラー」だったのか、あるいは「チンフラー」「チンプラー」のどちらだったのか決定できません。したがって『中山伝信録』では/p/音は「は行音」の28%ないし30%ということになります。

　　『中山伝信録』：p/ハ行の言葉＝14/50＝28% または 15/50＝30%

すると『中山伝信録』における那覇・首里方言の/p/音残存率は『語音翻訳』と大差ないということになります。

(4) 19世紀末：チェンバレンの『琉球語の文法と辞典』

最後に明治27年（1894）チェンバレンの『琉球語の文法と辞典』の語彙編（山口栄鉄編訳、琉球新報社、2005年）には、1339語が収録されています。そのなかの「は行音」の言葉をとりだし、外来語や新造語を除外しますと琉球古来の「は行音」の言葉は120語、そのうち/p/音の言葉は8語のみとなります（巻末の資料13参照）。すると「は行音」における/p/音の占める割合は8/120で約6.7%となります。

『琉球語の文法と辞典』：p/ハ行の言葉＝8/120≒6.7%

以上の資料状況により、那覇・首里方言の/p/音は、室町時代から江戸時代中期にかけての頃には28～41.4%前後に存在し、漸減傾向にあること、そしてそれが明治中期の1894年には一気に6.7%へ減少していることを示しています。すると、那覇首里方言から/p/音がほとんど完全に消滅したのは、明治になってからのことのようです。これは、基本的には真実であろうと思います。しかしその前、すでに江戸時代中期以後に、それまで約30%前後に存在した那覇首里方言の/p/音が急速に/f/音に変化したのではないかと思われるのです。それは清の嘉慶5年（1800年）に冊封使として来琉した李鼎元が徐葆光の採録した琉球語彙を杜撰なりと批判しているからです。伊波普猷氏の論述でそれをみてみましょう。

　　清の嘉慶五年（一八〇〇年）に、内閣中書前翰林院検討の李鼎元は冊封使として琉球に使ひしたが、彼が琉球語を採録した経緯が、其の『使琉球記』といふ日記の中の十三カ所に散見してゐる。彼は五月の十二日に到着して十月の十五日迄五ヶ月余も滞在したが、到着の十八日目即ち五月二十五日に、徐葆光の琉球語彙を杜撰なりとして完全な琉球寄語の編纂を思立ち、楊文鳳といふ学者及び官話に通ずる首里四公子の助けを借りて、十月の四日迄に採語した五千二百数十余の語彙を『爾雅』の体例に倣つて編纂し、名づくるに『琉雅』を以つてした。これは実に『伝

信録』の琉球語の約十倍ほどのものであるが、刊行されたかどうかは判然しない。
（「日本館訳語を紹介す」『伊波普猷全集第 4 巻』平凡社、1974 年、281 ページ）

しかし、徐葆光の琉球語彙採録を「杜撰である」とする李鼎元の非難は、不当なのではないかと思います。徐葆光の琉球語彙採録から李鼎元の冊封使としての来琉までには、約 80 年が経過しています。この 80 年間に、那覇・首里方言が大きく変化していたのではないでしょうか？　徐葆光の時代には那覇・首里方言の /p/ 音は「は行音」のうちの約 30% を占めていたわけですが、80 年後の李鼎元の時代には、これが大幅に減少していたということなのではないでしょうか？　また、清朝の漢字音自体も変化していたと思われます。清朝の漢字音が変化していたと推測する根拠は、徐葆光が「花(はな)」を「瞎那」、「葉(は)」を「瞎」、「二十日(はつか)」を「瞎子介」と採録していることです。「瞎」という漢字の中国原音は〔hia ― šia〕であり、中原音韻（元・明時代の音）では [hia]、そして現代北京音では [šia] です。したがって「瞎」という漢字は、徐葆光の時代には明代の音の [hia] であったであろうということが推測されます。しかし、この漢字は李鼎元の時代、すなわち 1800 年頃には現代北京音のように [šia] と発音されるようになっていたのではないでしょうか。これらが原因となって、徐葆光の琉球語彙採録は李鼎元には杜撰にみえたのではないでしょうか。

　もしも、以上のことが真実であるとすると、江戸時代中期以降に那覇・首里方言から /p/ 音を駆逐したものは、なんだったのでしょうか。それは薩摩弁です。1609 年に薩摩の琉球侵攻があり、そのとき以後、明治の初期までの約 260 年間、琉球は薩摩島津氏の支配をうけるようになります。

　薩摩は琉球統治のために、那覇に仮屋(かいや)と称する在番奉行所を設置し在番奉行 1 人（従者 15 人）、附役 4 人（そのうちの 2 人は主従 5 人、2 人は主従 4 人）、詰横目（大和横目ともいう。琉装のもとに琉球王府領民と仮屋駐在員を監視）など、足軽を含めると総勢 100 人を 3 年交代（後には 28 カ月交代）で常駐させて琉球を統治しました（喜舎場一隆『近世薩琉関係の研究』国書刊行会、1993

年、232〜234ページ)。すなわち、江戸時代を通じて常時、首里・那覇には琉球王を凌駕する絶大な権力者として薩摩武士が多数居住したのです。支配者・権力者の話す薩摩弁 (/f/ 音か) が、那覇・首里方言に直接影響を与えたことは確実です。それにより、沖縄中南部地域の方言は、約 30％ に残存していた /p/ 音のほとんどを /f/ 音へ変化させたのではないでしょうか。そして、その変化は島津の琉球支配直後 (1609 年) におこったのではなく、百十数年後となる徐葆光の来琉以後に顕現化したということなのではないでしょうか。

4　奄美方言の /f/ 音化と沖縄北部および先島諸島の /p/ 音残存

143 ページの図 10 にみるように、奄美方言の「は行子音」は /f/ もしくは /h/ になっています。琉球文化圏の一員としての奄美諸島は、琉球の中心たる首里から海を隔ててはるかに離れており、辺地になるので /p/ 音が豊富に残存していることが期待されるのですが、実際はそうではありません。奄美諸島の「は行子音」は、なぜ /f/ もしくは /h/ に変化したのでしょうか。それは、奄美諸島を直接支配した薩摩の影響だと思います。

奄美諸島は 1609 年に琉球王国から切り離され、薩摩の直轄地となります。そして薩摩の奄美諸島支配体制は、以下のとおりです (昇曙夢『大奄美史』原書房、1975 年、250〜251 ページより)。

　奄美大島
　　代官 1 人　藩公の代理として無上の権力を有し島政を処理した。もっとも 13 代までは代官といわず、奉行を称した。
　　横目 1 人　寛永 18 年以来 2 人に増加した。一に見聞役または検事とも称し、罪人の糾問その他為政上監督の地位にあった。
　　附役 2 人　寛永 18 年以来 3 人に増加。代官に付随して島内全般の事務を整理した。
　喜界島
　　最初大島代官所の所管。元禄 6 年 (1693) 島民の願いにより、あらた

めて代官が置かれた。
　徳之島
　　元和2年（1616）に代官所設置
　沖之永良部
　　元禄3年（1690）徳之島所管から切り離し、代官所設置。与論島を合わせて支配。

　薩摩武士が代官所に常駐しておこなわれた奄美諸島支配は、過酷をきわめたとのことです。貨幣の使用も禁じられ、江戸時代を通じて物々交換を強制されたとされています。これらの代官所役人は最初2年または3年、後に4年交代で単身赴任し、在島中は多くのものが妾をおいたとのことです。これを「アンゴ」（姉御）といったようです。子どもが生まれたこともあったでしょうが、その子どもは父親の言葉の /f/ 音となったのではないでしょうか。また奄美諸島は薩摩の流刑地としても使用されており、西郷南洲など著名人が多数配流されています。彼らは配所において私塾をひらき、島民を教育していますが、もちろんそのときには「は行」を /f/ で発音する薩摩弁が使用されたことでしょう。奄美方言の「は行音」の /p/ 音残存率は、薩摩の支配前にはどの程度であったのかについての資料がなく、不明です。しかし、奄美方言から /p/ 音がほとんど消失したのは、薩摩による過酷な直接支配、そして /f/ 音の薩摩弁の影響ではないかと思われるのです。
　一方、先島諸島および沖縄島北部はどうでしょうか？
　薩摩は琉球を支配下においた直後（1609年）に掟十五条を定めて琉球統治の基本としました。そして、1612年3月には「那覇の外に日本人を寄宿させてはいけない」旨の立て札を立てるよう指令しています。薩摩は、那覇以外の地への本土人の立ち入りを禁じているのです。したがって、江戸時代を通じて先島諸島および沖縄島北部の人々は、本土の人に接触する機会はほとんどなく、薩摩弁や本土方言に接触することも、またなかったのです。
　ただし、宮古島および八重山島には、一時在番所が設置され薩摩武士が交代で赴任したことはあります。しかし、あまりにも遠隔地すぎて負担が大きいとの理由で、8年後には廃止されました。なお、薩摩の指示で宮古には1611年に祥雲寺、八重山には1614年に桃林寺が建立されて現在に至ってい

ます。これは、なにも両先島に仏教を広めることが目的であったというのではなく、キリシタン摘発のための「宗門改め」の実行が目的であったようです。そして、両寺の住職には本土出身の僧侶があてられていますが、両島から /p/ 音が消失していないところをみると、直接、権力とは結びつかない一寺の僧侶のみの影響では /p/ 音を /f/ 音に変化させることはできなかったということなのでしょう。

第 2 章　琉球方言の二類の「き」

　上代音韻は、現在の「き」「ひ」「み」をそれぞれ甲乙二類に発音しわけていました。今、甲類乙類の真実の音は、どのような音であったのかということを考慮の外におき、《「き」を二類に発音しわける》という点のみに注目すると、すべての琉球方言は標準語の「き」をまさに二類に発音しわけているのです。これからすると、琉球方言には上代音韻が残存している可能性があります。

　以降の論述には「キ甲」の言葉、「キ乙」の言葉には、どのようなものがあるのかという認識が必要です。先にそれを示しておいたほうが以降の論述の理解が容易になると思います。ただし、ここに列挙するのは読み進むのに煩雑ですので、巻末の資料 14 に掲載します。なお地名・人名の甲類乙類は、比較のしようがありませんから除きます。また動詞の場合は活用形によって「キ甲」であったり、「キ乙」であったりします。『日本文法講座　3 文法史』に表 24 のように記述されています。

　しかし、琉球方言の基本的な母音構成は［a］［i］［u］の三段ですから、五段構成の上代音韻とでは動詞の活用が異なるのは当然のことになります。

表 24　甲乙両類の母音の相違が現われている活用

	未然形	連用形	終止形	連体形	已然形	命令形
四段活用	(a)	i（甲）	(u)	(u)	ĕ（乙）	e（甲）
カ変活用	ö（乙）	i（甲）	(u)	(uru)	(ure)	ö（乙）
上一段活（カマ）	i（甲）	i（甲）	i（甲）・(ru)	i（甲）・(ru)	i（甲）・(re)	i（甲）
上二段活（カハマ）	ĭ（乙）	ĭ（乙）	(u)	(uru)	(ure)	ĭ（乙）
下二段活（カハマ）	ĕ（乙）	ĕ（乙）	(u)	(uru)	(ure)	ĕ（乙）

（福田良輔「原始日本語と文法」『日本文法講座　3 文法史』明治書院、1957 年より）

さらに橋本進吉氏は、助動詞や形容詞の活用語尾としての「き」も活用形によって「キ甲」の場合と「キ乙」の場合があるとしています（橋本進吉博士著作集第6冊『国語音韻史（講義集1)』岩波書店、1966年、228ページ）。したがって、動詞・助動詞・形容詞の活用形としての「き」は、上代音韻の甲類乙類の区別と琉球方言の発音が合うこともあれば合わないこともあるという可能性があります。そこで、ここではこれらの活用形としての「き」は除外することにし、動詞や形容詞の場合は活用形によっても変化しない語幹の「き」の音の言葉のみをあげることにします。なお、これらの言葉は石塚龍麿の『仮字遣奥山路』に記載されているもののなかから選別しました。

巻末の資料14においては「キ甲」の言葉は81語、それに対して「キ乙」の言葉は26語です。「キ乙」の言葉は24.3%にすぎません。また、「ヒ甲」「ヒ乙」の言葉を石塚龍麿の『仮字遣奥山路』から選別しますと、おおよそ「ヒ甲」の言葉71語に対して「ヒ乙」の言葉は12語であり、「ヒ乙」の言葉は12/83≒0.1445、すなわち14.5%にすぎません。次に大野晋氏の『日本語をさかのぼる』（岩波新書、1974年）には「ミ甲」「ミ乙」の言葉が例示されていますが、「ミ甲」の言葉42語に対して、「ミ乙」の言葉は12語（22.2%）のみです。上代音韻のイ列音では、甲類の音のほうが圧倒的に優勢であり、乙類の音は劣性であって、乙類の音の言葉はごく少数です。

1　琉球各地の方言の二類の「き」

琉球方言のうち、各ブロックの代表として奄美大島方言（奄美方言）・首里方言（沖縄本島方言）・宮古島方言（先島方言）をとりあげて、標準語の「き」がどのように発音されているのかをみてみると表25のようになります。

奄美方言では標準語の「き」は /ki/ と /kĭ/ の二様に発音されており、首里方言では /tʃi/ と /ki/、宮古島方言では /kˢɿ/ と /ki/ に発音されています。いずれの方言においても標準語の「き」が二類にわかれていることは明瞭です。この3地域の二類の「き」を整理すると表26のようになります。表25の注2に記すように、宮古島方言の /kˢɿ/ は /kĭ/ と同じです。したがって、奄美方言と宮古島方言では、二類の「き」は /ki/ と /kĭ/（/kˢɿ/）であり、

表25 琉球方言の二類の「き」

	第一類					第二類	
	息(いき)	岬(さき)	聞く	肝(きも)	垣(かき)	切る	木	起きる
奄美大島	ʔiki	saki	kikjuŋ	kʔimu	kakki	kʼirjuŋ	kī	uçīrjuŋ[注1]
首里	itʃi	satʃi	tʃitʃuŋ	tʃimu	katʃi	tʃijuŋ	ki:	ʔukijun
宮古	ikˢɿ[注2]	sakˢɿ	kˢɿkˢɿ	kˢɿmu	kakˢɿ	kˢɿ	ki:	ukiˀɿ

注1：奄美方言では、しばしば /k/ が /h/・/ç/ に変化します。したがって、奄美方言の「起きる」/uçīrjuŋ/ の /ç/ は /k/ に対応していることになります。そこで /ç/ を /k/ に置きかえて /ukīrjuŋ/ として解釈すると、奄美方言では「起きる」の「き」は /kī/ と発音されていることになります。

注2：宮古島方言の /kˢɿ/ は採録者によっては /kī/ と採録されます。したがって、宮古島方言の /kˢɿ/ は /kī/ と同じとみなしてください。

表26 琉球方言の二類の
　　　「き」の音価

	第一類	第二類
奄美方言	ki	kī
首里方言	tʃi	ki
宮古方言	kˢɿ (kī)	ki

表27 琉球方言の二類の「き」と通説による
　　　上代音韻の音価

	第一類＝「キ甲」	第二類＝「キ乙」
奄美方言	ki	kī
首里方言	tʃi[注]	ki
宮古方言	kˢɿ (kī)	ki
学会の通説	ki	kī

注：「キ甲」に対応していると思われる首里方言の /tʃi/ は、採録者によっては /chi/ とも表記されます。したがって /tʃi/ と /chi/ は同音とみなして良いと思います。また本書ではここ以降、首里方言の /tʃi/ を /chi/ と表記する場合もあることをご了承ください。

同じなのですが、第一類の言葉・第二類の言葉への対応が両者では、まったく逆になっていることに注意が必要です。

すべての琉球方言は、以上のように標準語の「き」を第一類・第二類のように二類に発音しています。そして第一類の「き」は上代音韻の「キ甲」であり、第二類の「き」は「キ乙」なのです。すなわち、奄美方言は「キ甲」を /ki/ と発音し、「キ乙」を /kī/ と発音しているようにみえます。また首里方言は「キ甲」を /tʃi/（ち）、「キ乙」を /ki/ と発音し、宮古島方言は「キ甲」を /kˢɿ/（kī）、「キ乙」を /ki/ と発音しているようにみえます。これを表にすると表27のようになります。

/ki/ と /kĭ/ はどのように異なるのか？ あるいは /kĭ/ で表される音はどのような音なのか？ そのイメージがないままに本書を読み進めるのはなかなか困難です。そこで簡単に説明しておきます。

　/ki/：現在の標準語で普通に発音されている「き」の音
　/kĭ/：東北弁の「気持ち」の「き」や「活気」の「き」の音

　/kĭ/ の母音の /ĭ/ は、現在の標準語には存在しません。そして平仮名・片仮名では表すことのできない音です。そのため、/kĭ/ を平仮名・片仮名で表すこともできません。しかし、幸いなことに琉球方言にみられる /kĭ/ の音は、東北弁の「気持ち」の「き」や「活気」の「き」の音とほとんど同音なのです。したがって /kĭ/ については、東北弁における「き」の音をイメージしながら読み進めてください。

　なお現在の学会の通説は「キ甲」の音を /ki/、「キ乙」の音を /kĭ/ としています。それは「キ甲」の表記に使用された万葉仮名の大部分は、[ki] で始まる音であり、「キ乙」の表記に使用された漢字の大部分は、[kɪ] で始まる音であることによります。現在の学会は、ここにみられる [ɪ] を、同じ中舌母音の [ĭ] に置き換えて、「キ乙」を /kĭ/ もしくは /kĭi/ としているわけです。しかし、第Ⅰ部で述べたように、万葉仮名は上古音に依拠しており、上古音の [ie] 系統の韻の漢字を甲類の表記に使用し、[ie] 系統以外の韻の漢字を乙類の表記に使用していました。[ie] 系統の韻とは [ie] [iĕ] [ɪe] [ɪĕ] であり、二番目の母音は必ず [e] もしくは [ĕ] です。そして [ie] 系統以外の韻とは最初の母韻は /i/・/ɪ/ のどちらでもよく、二番目の母音が [a] [ə] [u] などの漢字、すなわち二番目の母音が [e] や [ĕ] 以外の母音の漢字です。それが意味することは必ずしも《「キ甲」は /ki/ であり、「キ乙」は /kɪ/（kĭ）である》ということではないのです。したがって「キ甲」「キ乙」の真実の音は不明として論を進める必要があるのです。

　琉球方言の各ブロックを代表するこの３方言は、標準語の「き」を確かに二類に発音しており、しかも第一類の言葉と第二類の言葉の区分は、上代音韻の甲類乙類の言葉の区分に一致しています。したがって、琉球方言は上代音韻を伝えている可能性があるのです。ただし、首里方言は「キ甲」を「ち」/tʃi/ と発音しています。《上代音韻の「キ甲」の音は「ち」/tʃi/ であっ

た》ということはまず考えられませんから、たとえ琉球方言は上代音韻を伝えているとしても、首里方言が「キ甲」を「ち」/tʃi/ と発音するのは後代になって変化した姿ということになります。しかし、それにしてもなぜ首里方言は「キ甲」を「ち」/tʃi/ と発音するようになったのでしょうか？　これは上代音韻との関係如何を抜きにしても不思議なことです。

　琉球方言にみられるこれらの現象を、上代音韻と関連づけようとする試みは、これまでにも例がないわけではありません。そのような方として有坂秀世・橋本四郎・中山輝男の3名をあげることができます。有坂秀世氏は首里方言にみられる「き」の二類の区別を上代音韻に関係があるのではないかとされた最初の方です。有坂秀世氏の論述としてそれを確認することはできないのですが、橋本四郎氏が次のように述べています。

　　これに最初に注意し、且つそれが奈良朝の仮名づかいによって示された発音の区別と関係のあるものではないかと考えたのは、有坂秀世君であった。その後私の多少調査していた材料を同君に見てもらったのだが肯定的な答えは得られなかった。

　　　　　　　　　（橋本四郎『日本語の系統』岩波書店、1959年、303ページ）

　橋本四郎氏は上記引用文に引き続いて以下のように自説を述べ、琉球方言のこれらの現象は上代音韻の可能性があるとしました。

　　これらの語の「キ」（尤も「おきる」は奈良朝では「おく」である。琉球方言にあらわれるkiの部分は多分その連用形「おき」の「き」に当たるものと考えられる）は奈良朝の文献では橋本先生のいわゆる「乙類」の仮名で、先にあげた「衣(きぬ)」「着(き)る」は「甲類」の仮名で書きあらわされている。そこで次の疑問が起る。「奈良朝の文献に乙類の仮名で書かれている「キ」は首里語ではkiとなり、甲類の仮名で書かれているものがtʃiとなるのではなかろうか？」。(中略)……
　　　今試みに琉球の諸方言についてこの種の単語の比較表を作ってみると次のようになる。(中略)

この表を概観すると大体次のごとき法則があるかのごとく思われる。

奈良朝の仮名	阿伝	大島	沖永良部	与論	与那嶺	首里	糸満	宮古	八重山
甲類	tʒi	ki	ki, tʃi	ki	tʒi	tʃi	ki	kï	kï
乙類	hi	kï, hi	hi	hi	ki	ki	ki	ki	ki

語例が少ないところへ例外があるので確かなことはいえないが、確かに見逃し難い傾向はあると思う。

(橋本四郎『日本語の系統』岩波書店、1959年、303～306ページ)

また平山輝男氏は『琉球方言の総合的研究』に図11を掲載していて、琉球方言にみられるこれらの現象が上代音韻の「き」の甲類乙類の区別である可能性を示唆されています。

しかし琉球方言にみられる「き」の二類については上述3名の方も可能性があるとはしながらも「上代音韻だ」とは断定はされていませんし、学会で

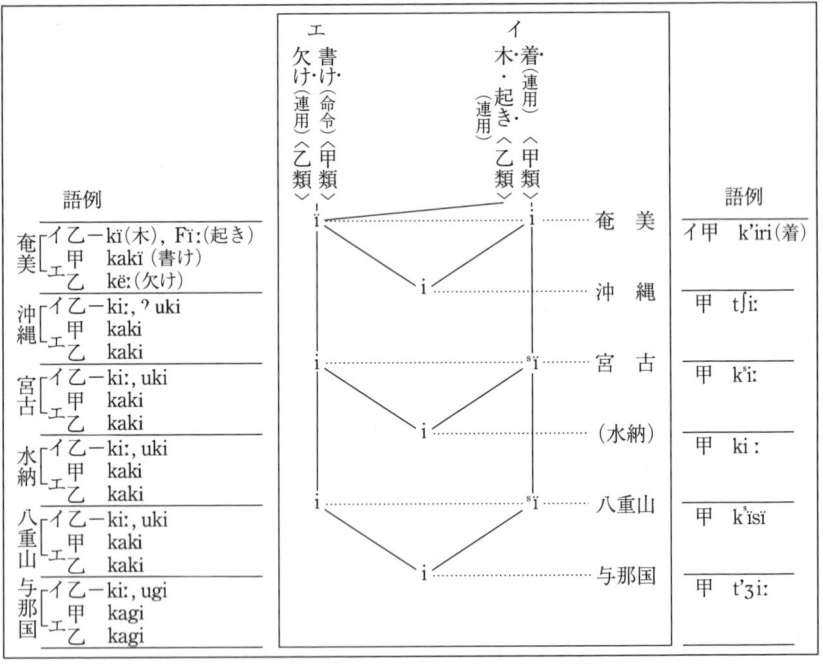

図11 平山輝男氏の上代音韻甲類乙類の音への琉球方言の対応図(平山輝男『琉球方言の総合的研究』明治書院、1966年より)

II 宮古島方言の秘密

もまだ認められてはいないのです。それはなぜかといいますと、学会の通説が《「キ甲」は /ki/ であり、「キ乙」は /kī/ である》としていることが第一の理由であろうと思います。この学会の通説に一致しているのは琉球方言のうち、奄美方言だけなのです。そして琉球方言の代表のようにとりあつかわれることの多い首里方言

表28　琉球方言による「霧」「月」の「き」の音

「キ乙」の言葉	霧(きり)	月(つき)
奄美方言	kiri	ciki
首里方言	chiri	tʃichi
宮古島方言	ksï	cïkˢï

は「キ甲」を「チ」/tʃi/ と発音しているうえに、「キ乙」を /ki/ と発音しているようだからです。学会の通説が「キ乙」を /kī/ としていることに合致しないのです。また宮古島方言の「キ甲」「キ乙」の音は、学会の通説とは正反対になっています。

　そのほかにも琉球方言の二類の「き」を上代音韻とするには、次のような問題があります。
　　①異例が存在すること
　　②奄美方言や宮古島方言の /ï/ の母音は琉球方言が5母音から3母音に収斂したときにあらたに追加された母音であると考えられていること
　琉球方言の二類の「き」には、これを上代音韻とするには異例となるものがあるのです。異例の多くは「キ乙」に対応する言葉にみられます。「霧(きり)」「月(つき)」の「き」は上代音韻では「キ乙」なのですが琉球方言ではこれらは表28のように発音されていて異例になるのです。

　163ページの表27に示すように、奄美方言では「キ乙」は /kī/ と発音されていますから、「キ乙」の「霧」「月」はそれらと同じように /kīri/・/cukī/ となることが期待されます。しかし、実際には奄美方言では「霧」は /kiri/、「月」は /ciki/ と発音されていて、奄美方言における「キ甲」相当の音となり異例となるのです。

　また首里方言では「キ甲」は /tʃi/ もしくは /chi/（いずれも /チ/）と発音され、「キ乙」は /ki/ と発音されているようですから、「キ乙」の「霧」や「月」の「き」は /ki/ と発音されることが期待されるわけです。しかし、実際には「霧」は /chiri/、「月」は /tʃichi/ と発音されていて首里方言における「キ甲」相当の音となり異例となります。

そして宮古島方言では、奄美方言とは逆に「キ甲」は /ki/ と発音されていますから、「霧」は /kiri/、「月」は /cuki/ と発音されることが期待されますが、実際はそれぞれ /ksï/、/cïkˢï/ と発音されていて、やはり宮古島方言における「キ乙」相当の音となり異例となります。
　これらの異例について、橋本四郎氏は前述引用文で「語例が少ないところへ例外があるので確かなことはいえないが……」と述べていました。そこで、ここで語例を増やして「キ甲」「キ乙」の言葉が琉球方言でどのように発音されているかについて、くわしくみてみることにしましょう。ただし奄美方言・首里方言・宮古島方言のすべてについて、それを表示するのは紙数の関係もありますし、また煩雑でもあります。そこで、ここでは宮古島方言に限定して、「キ甲」「キ乙」の言葉の対応例をみてみることにしましょう。
　なぜ宮古島方言なのかといいますと、奄美方言・首里方言・宮古島方言の３方言のうち、上代音韻の可能性が高いのは宮古島方言のほうだからです。首里方言は「キ甲」を「ち」と発音しています。首里方言の二類の「き」を上代音韻に関係したものとみなしても、「か行音」の「キ甲」が「た行音」になっていますから、これは明らかに上代音韻が変化したものです。したがって首里方言は、上代音韻の候補としては真っ先に脱落します。次に奄美方言は「キ甲」を /ki/、「キ乙」を /kï/ と発音していて、この音価は学会の通説に一致しています。したがって、奄美方言は上代音韻そのものであるようにみえます。しかし「キ甲」「キ乙」の音価に関する学会の通説には問題があることはすでにのべました。学会の通説に一致しているから奄美方言のほうが上代音韻だとはいえないのです。また、奄美方言が上代音韻だとした場合は、第一類の言葉の「き」と第二類の言葉の「き」を奄美方言とはまったく逆に発音している宮古島方言は、なぜそうなったのかということが問題になります。いまだかつて奄美方言を上代音韻としたうえで、それとは正反対の姿となる宮古島方言の姿が成立した事情を説明した論文はないように思います。そしてもっとも重要なことは、日本語の古形としての観点から奄美方言と宮古島方言を比較した場合、次の点が問題になることです。
　(1)　古代日本語の「は行子音」は /p/ である。
　(2)　上代音韻では「ひ」も二類にわかれている。

この2項は奄美方言には存在しないのですが、宮古島方言は備えているのです。したがって、奄美方言よりも宮古島方言のほうが、上代音韻である可能性は高いのです。宮古島方言の「キ甲」「キ乙」対応音が学会の通説と逆になっているのは、学会の通説が「キ甲」の万葉仮名が表している音は /ki/ であり、「キ乙」の万葉仮名が表しているのは /kï/ であるとしていることによります。しかし第Ⅰ部で述べたように、万葉仮名は上古音の《[ie] 系統の韻の漢字》で甲類を表記し、《[ie] 系統以外の韻の漢字》で乙類を表記したのです。それが意味することは、かならずしも「キ甲」= /ki/、「キ乙」= /kï/ ではないのです。そこに学会の通説の問題があると思います。

　さて、宮古島方言が「キ甲」「キ乙」の言葉をどのように発音しているのかを検証するための宮古島方言の資料としては、ニコライ・A・ネフスキー氏と平山輝男氏の採録された宮古島方言を使用しました。ネフスキー氏はロシア人言語学者で、大正末期から昭和初期にかけて3度宮古島を訪れて宮古島方言約5000語をアルファベットの音声記号を使用して採録され、それを日本語の手書きの『宮古方言ノート』として残しています。現在、ロシアのサンクトペテルブルク東洋学研究所に保管されているとのことですが、同研究所の好意により2005年に沖縄県平良市教育委員会から、その複写本が『宮古方言ノート（上下）』として発刊されました。しかしこの『宮古方言ノート』は入手が困難であろうと思われます。ネフスキー氏は『宮古方言ノート』を『宮古方言辞典』として整理してロシア語に書き換えた原稿をも残されたようで、そのマイクロフィルムが早稲田大学の図書館に収蔵されているとのことです。さらに、早稲田大学の好意によりそのコピーが琉球大学にもあるとのことです。ネフスキー氏採録の宮古島方言が正確であることについては、ネフスキー著／リヂア・グロムコフスカヤ編『宮古のフォークロア』（砂子屋書房、1998年）の日本語訳本版に序文を担当された上村幸雄氏が次のように述べています。

　　「宮古のフォークロア」のばあいも、この未刊の稿本のばあいも、ネフスキーの原稿の宮古諸島の方言の表記がきわめて正確で充分に信頼するにたるものであることは、宮古諸島諸方言についての方言学的知識を

もつ者にはすぐにわかる。こうして1920年代に採集された宮古方言の語彙と民間伝承の資料は今となっては大変貴重なものとなっているのである。

そのほかには平山輝男氏の『琉球宮古諸島方言基礎語彙の総合的研究』（桜風社、1983年）、『琉球方言の総合的研究』（明治書院、1966年）および『琉球先島方言の総合的研究』（明治書院、1967年）があります。こちらのほうは比較的入手しやすいのではないかと思います

甲類の「き」「ぎ」の言葉のうち、ネフスキー氏の『宮古方言ノート（上下）』および平山輝男氏の上述3書により確認できる宮古島方言は、表29に示す28語です。

163ページの表27により、《宮古島方言は「キ甲」を /kī/ と発音する》ということを法則として、表29の言葉をみてみましょう。すると5番の「あきづ（蜻蛉）」についてはネフスキーと平山輝男の両氏ともにこれを /ki/ で採録しており、異例となります。

4番、7番、20番、21番の4語はネフスキー氏の採録と平山輝男氏の採録が異なっています。それぞれについて少しくわしくみてみましょう。

4番の「秋」の発音については、ネフスキー氏は /akˢī/ と /aki/ の二様に採録しています。どちらが正しいのかが問題となりますが、平山輝男氏はこれを /akˢī/ と採録しています。なお、宮古島方言と八重山方言は「き」の二類の発音についてはほとんど同じようになっています。そこで宮良當壮氏の『八重山語彙』（東洋文庫、1930年）をみてみますと「秋」は「akī」となっています。それよりすると「秋」の「き」は、宮古島方言でも /kˢī/ と発音されていると思われます。

7番の「沖」については、ネフスキー氏の採録は /tuː/ となっていて言葉がまったく異なります。宮良當壮氏の『八重山語彙』でも「沖」は宮古島方言に似た /toː/ となっています。一方、平山輝男氏は「沖」を /uki/ と採録しています。平山輝男氏の採録が正しいのであれば、これは異例になります。ネフスキー氏は /uki/ を「浮標（うき）」としているのみです。ところでネフスキー氏は「沖縄」を /ukˢīnaː/ と採録しているので、それからすると「沖」の

表29 「キ甲」の言葉と宮古島方言の発音

No.	「キ甲」の言葉	ネフスキー	平山輝男	「キ甲」＝/kˢĭ/
1	昨日	kˢĭnu:	kˢĭnu:	◎
2	衣（着物、きぬ）	kˢĭŋ	kˢĭn	◎
3	肝	kˢĭmu	kˢĭmu	◎
4	秋	akˢĭ/aki	akˢĭ	△
5	あきづ（蜻蛉）	akiʒĭ	akiᵈzĭ	×
6	息	ikˢĭ	ikˢĭ	◎
7	沖 ＊沖縄	tu: ＊ukˢĭna:	uki	×？
8	垣 ＊石垣	kacĭ ＊isĭgakˢĭ	ka̠kˢĭ	◎
9	釘	fugᶻĭ	fugᶻĭ	◎
10	先	sakˢĭ	sa̠kˢĭ	◎
11	崎	sakˢĭ	（－）	○
12	杯（つき）	saka-cĭkˢĭ	sakatsĭkˢĭ	◎
13	箒（ははき）	po:kˢĭ	po:kˢĭ	◎
14	麦	mugᶻĭ	mugᶻĭ	◎
15	雪	jukˢĭ （宮古では霰のこと）	（－）	○
16	御酒	ŋkˢĭ	nkˢĭ	◎
17	鋤（鑿）（すき）	sukˢĭ	（－）	○
18	薄	gisĭkˢĭ	gisĭkˢĭ	◎
19	時	tukˢĭ	tu̠kĭ	◎
20	椿	cĭbakˢĭ	tsĭbaki	△
21	紫	murasakˢĭ	murasaki	△
22	山吹（やまぶき） ＊火吹き	（－） ＊pˢĭ･fukˢĭ	（－）	○
23	脇（わき）	bakˢĭda	bakˢĭda	◎
24	聞く	kˢĭkˢĭ	kˢĭkˢĭ	◎
25	切る	ksĭ・	kˢĭsĭ	◎
26	着る	ksĭ・	kˢĭsĭ	◎
27	飽きる	akˢĭjasĭ （飽きやすいの意味）	akˢĭpati: （飽きはてるの意味）	◎
28	握る	ŋgᶻĭ:	ngᶻĭ:	◎

◎：両氏ともに「キ甲」を/kˢĭ/で採録
△：一人は「キ甲」を/kˢĭ/、もう一人は/ki/で採録
○：一人は「キ甲」を/kˢĭ/で採録（もう一人の採録なし）
×：両氏ともに「キ甲」を/ki/で採録

「き」は /kˢï/ となります。しかし、「沖縄」という漢字表記は江戸時代初期にできたものです。それまでの漢字表記は「悪鬼納」や「合急那」であり、奈良時代に鑑真の弟子の思託の記述に基づいて淡海三船が著した『唐大和尚東征伝』には「阿児奈波」と表記されています。「沖縄」の「おき」が the offing の意味の「おき」であったとは断言できないのです。「沖」に対応する宮古島方言は、不明としておいたほうがよいと思います。

　20番の「椿」について、ネフスキー氏は「椿」を /kˢï/ で採録していますが、平山輝男氏は /ki/ で採録していて、両者では異なります。ネフスキー氏の採録のほうが約40年先ですから、ネフスキー氏の採録のほうが正確なのではないでしょうか。もしもそうであるならば、「椿」は異例ではないわけです。平山輝男氏の採録形は、その40年の間に標準語の /tsubaki/ の発音に影響されて変化した発音形なのではないでしょうか。なお、宮良當壯氏の『八重山語彙』は「椿」を /tsïbakˢï/ としています。それからしても「椿」の「き」は、/kˢï/ のほうが正しいと思います。

　21番の「紫」についても20番の「椿」同様、ネフスキー氏は /kˢï/ とされ、平山輝男氏は /ki/ としています。これも20番と同じように、ネフスキー氏の採録のほうが正しいのではないかと思います。宮良當壯氏の『八重山語彙』では /murasakï/ となっていてネフスキー氏の採録と同じです。

　すると28語から「沖」を除いた27語のうち、26の言葉では「キ甲」は [kˢï] と発音されていることになります。宮古島方言は「キ甲」の96.3%を [kˢï] と発音しているのです。異例となるのは「あきづ」の「き」を /ki/ と発音している一例だけです。

　次に、表30で「キ乙」の言葉に対応する宮古島方言をみてみましょう。そして163ページの表27により《「キ乙」の宮古島方言対応音は /ki/ である》として、異例となる言葉にはどのようなものがあるかをみてみましょう。

　162ページで述べましたように「キ乙」の言葉は、日本上代語そのものにも少ないうえに（「キ甲」の言葉81語に対して「キ乙」の言葉26語、24.3%のみ）、それに対応している宮古島方言はさらに少なくなり、26語中のわずかに8語のみとなります。

　表30をみますと、その8語中の4語（木、尽き、杉、起きる）において、

表30 「キ乙」の言葉と宮古島方言の発音

No.	「キ乙」の言葉	ネフスキー	平山輝男	「キ乙」＝/ki/
1	木	ki:	ki:	◎
2	黄	kˢï	kˢï:ru	×
3	杉（すぎ）	sïgi	sïgi	◎
4	尽き（つき） （終、仕舞い、果て）	cïki	（－）	○
5	起きる	ukiź	ukiźï	◎
6	霧（きり）	ksï・	kˢï	×
7	月（つき）	cïkˢï/cïki	tsïkˢï	×
8	柳（やなぎ）	janagźï	janagi	△

◎：両氏ともに「キ乙」を /ki/ で採録
△：一人は「キ乙」を /ki/、もう一人は /kˢï/ で採録
○：一人が「キ乙」を /ki/ で採録（もう一人の採録なし）
×：両氏ともに「キ乙」を /kˢï/ で採録

「キ乙」は /ki/ と発音されているのがわかります。しかし、残りの4語（黄、霧、月、柳）は /kˢï/ と発音されています。したがって、この4語は異例になります。なお「柳」についてはネフスキー氏は /janagźï/、平山輝男氏は /janagi/ としており、両者の採録は異なっています。ネフスキー氏の採録では異例となり、平山輝男氏の採録では異例ではなくなります。しかし、ネフスキー氏の採録のほうが古いので、宮古島方言では「柳」は /janagźï/ と発音されていたのではないでしょうか。そのために「柳」は異例としました。なお、宮良當壮氏の『八重山語彙』でも「柳」は /janagï/ になっていて、ネフスキー採録の宮古島方言と同じです。

 以上のように宮古島方言には「キ甲」の言葉に異例が一例、「キ乙」の言葉に異例が4例存在するということになります。異例は「キ乙」の言葉のほうに多く存在するのです。このような状況は、宮古島方言のみならず奄美方言・首里方言の場合でも同じです。

 琉球方言が標準語の「き」を、上代音韻と同じように甲乙二類に発音しわけているとした場合には、以上のような異例が存在します。これをどう考えるのか、ということが一つの問題です。しかし、ここでは琉球方言の二類の「き」を上代音韻とするには異例が存在するという認識に留め、次に進みま

しょう。なお、橋本四郎氏は「語例が少ないところへ例外があるので確かなことはいえないが……」と述べていましたが「語例が少ない」のは「キ甲」の言葉に対応する琉球方言であり、「キ甲」の言葉は上代語そのものにも少ないのです。

2　伊波普猷氏の「琉球語の母音組織と口蓋化の法則」

　さて、《琉球方言が標準語の「き」を二類に発音しわけているのは上代音韻である》とする思考を阻害している最大の原因は、伊波普猷氏の「琉球語の母音組織と口蓋化の法則」(『国語と国文学』1930 年 8 月) と思われます。伊波普猷氏は「沖縄学の父」とされている方で、上代音韻の再発見者たる橋本進吉氏とは東京帝大の同期であり、沖縄初の言語学者です。伊波普猷氏は、琉球方言を首里方言により考究されました。彼が真っ先に注目したのは、首里方言においては標準語の「き」の大部分が /tʃi/「ち」と発音されるということです。彼はこれを上代音韻の二類の「き」として考えるのではなく、《「き」の音が口蓋化して「ち」に変化した》と考えました。そしてその現象を琉球方言の 3 母音構成に関連させて論理づけたのです。

　現在の琉球方言は基本的には a・i・u の 3 母音構成であり、e・o の母音は存在しません。ただし「e・o の母音は存在しない」というのは「e・o の短母音は存在しない」ということであって、/e:/ や /o:/ の長母音は存在します。琉球方言にみられる長母音の /e:/ は本土で /ia/ もしくは /ai/ と発音される二重母音の縮合したものであり、また /o:/ は本土で /au/ と発音される二重母音の縮合したものです。たとえば「商い akinai」「舞う mau」は琉球方言では /achine:/・/mo:/ と発音されており、本土の /ai/・/au/ が琉球方言では /e:/・/o:/ となっているのが明瞭です。このために琉球方言にみられる /e:/・/o:/ の長母音は派生的な音であり、後世に追加された母音と考えられています。

　以上のように琉球方言は 3 母音構成であるということが一つの事実。伊波普猷氏は「琉球方言のこのような姿は本来五母音であったものが、12 世紀から 15 世紀にかけての頃に琉球方言内部で独自におこった変化によって三

母音に収斂した」とされました。その主たる根拠は以下の事項です。

 ① 12世紀から17世紀にかけて琉球各地で歌われた神歌を採録した『おもろさうし』(1531年、1613年および1623年の3回に分けて採録された) には「お」「ゑ」「て」などの平仮名が使用されており、当時の琉球方言にはe・oの母音が存在したと思われること。

 ② 1501年に朝鮮で成立した『語音翻訳』には琉球語彙が /e/・/o/ に相当するハングル文字で表記されたものがあること。

以上の資料を根拠にして伊波普猷氏は、すべての琉球方言は12世紀から15世紀の頃に、それまで /e/ と発音していた母音を /i/ と発音し、/o/ と発音していた母音を /u/ と発音するように変化して、5母音から3母音に収斂したとされたのです。そうすると、「け」の変化した「き」、および「こ」の変化した「く」は、もともと「き」であった言葉や、もともと「く」であった言葉との間で混同をきたすことになります。その混同を避けるために、「け」からきた「き」が /ki/ の形をとり、もともとの「き」は /tʃi/ に変化することで混同を避けた、また「こ」からきた「く」が /ku/ の形をとり、もともとの「く」は /tʃu/ に変化することで混同を避けたとされました。以上が伊波普猷氏の論文「琉球語の母音組織と口蓋化の法則」の内容です。そして宮古島方言や奄美方言でも、同じように5母音から3母音への収斂がおこったのであり、その際に宮古島方言は混同をさけるために「け」からきた「き」を /ki/ と発音し、本来の「き」を /kɨ/ に変化させたのだとしました。宮古島方言の /ɨ/ という母音は、後発の新しい母音であるとされたのです。奄美方言の場合は、5母音から3母音への収斂の際、宮古島方言とはまったく逆の変化を採用したとすれば良いわけです。

 伊波普猷氏は首里方言が標準語の「き」を「ち」と発音する理由を、琉球方言の3母音構成と関連させて、みごとに説明したのです。琉球方言の3母音構成は『おもろさうし』や『語音翻訳』などの資料から5母音から3母音に収斂したことは、間違いないことのようにみえます。そのために伊波普猷氏のこの説は、ほとんど真実であるとされ、現在の琉球方言認識に関して絶大な影響力を発揮しているのです。伊波普猷氏以後、ほとんどの方が琉球方言は5母音から3母音に収斂したという説を踏襲しています。外間守善・中

本正智・松本克己の3氏が以下のように述べています。

外間守善
　琉球方言で、重要な変化と思われる五母音から三母音への音韻変化が「おもろ時代」（12世紀—16世紀）であることが、文献によってうかがえるからである。
　　　　　　　（外間守善『沖縄の言語史』法政大学出版局、1971年、15ページ）

中本正智
　本論は現在の琉球諸方言の母音体系がどのような変化を経て生成されたかを、諸方言の実態的資料に基いて考証しようとするものである。とくに、ここでは琉球方言の母音変化の問題で最も顕著な特徴であるいわゆる3母音化の問題について、その変化のあとを考証することに重点をおく。すなわち、この変化が半広母音の狭母音化という体系上の推移によるものであり、しかもo→uの推移が先に起こり、これと体系的均衡を保ちつつ、ややおくれてe→iの推移が進行していったこと、つまり後舌母音から前舌母音への順に変化が行われたことを明らかにしたい。
　　　（中本正智「琉球方言母音体系の生成過程　3母音化を中心に」『国語学』
　　　　85号所収、1971年）

松本克己
　これはしかし、本土方言の「コメ」（米）に対して「クミ」、「コシ」（腰）に対して「クシ」、「クモ」（雲）に対して「クム」、「アメ」（雨）に対して「アミ」というような対応関係からも判るように、琉球方言の側でeとi、oとuの合流という変化の結果生じたものである。従って、琉球方言ももとは五母音だったと考えなくてはならない（伊波普猷「琉球語の母音組織と口蓋化の法則」1930参照）。
　　　（松本克己『古代日本語母音論　上代特殊仮名遣の再解釈』ひつじ書房、
　　　　1995年、100ページ）

初源期の日本語の母音構成は、a・i・u の 3 母音構成だったとされる松本克己氏でさえも伊波普猷氏の論文に影響されて、琉球方言はもとは 5 母音であったとしています。伊波普猷氏の論文「琉球語の母音組織と口蓋化の法則」の影響力の強さを示すものだと思います。
　しかし琉球方言の母音構成に関しては、明治中期に琉球語が日本語の一方言であることを証明されたチェンバレン氏は、「琉球方言はもともと 3 母音構成であり、これが日本語の原初の母音構成だったのではないか」とされています。私は「琉球方言は 5 母音から 3 母音に収斂した」とする伊波普猷氏の説には疑問を抱いており、そのことについては次章で論じたいと思います。
　それはともかくとして、現在は伊波普猷氏の「琉球語の母音組織と口蓋化の法則」の圧倒的な影響力により、宮古島方言や奄美方言の /ï/ という母音は後世になって新しく追加された母音であり、上代音韻とは無関係とされているのです。上代音韻の再発見者である橋本進吉氏もそのように思われていたのではないかと思われます。伊波普猷氏の論文「琉球語概観」には、橋本進吉氏の名も併記されていますが、それには以下のように記述されています。

　　宮古・八重山の ï は本来の i の転じたものであり（i は本来の e の転じたもの）……
　　（伊波普猷・橋本進吉「琉球語概観」『方言』第 7 巻所収、春陽堂、1974 年）

　しかし伊波普猷氏のこの理論構成には、重大な問題が三つあります。一つは《琉球方言が 5 母音から 3 母音へ収斂したときに「け」からきた「き」、および「こ」からきた「く」と、もともと「き」であった言葉や、もともと「く」であった言葉との間での混乱を避けるために、「け」からきた「き」が /ki/ の形をとり、もともとの「き」は /tʃi/ に変化することで混同を避けた》というのであるならば、同じような混乱は「か行」以外でもおこるわけですから、「か行」以外でもこのような変化（「き」の口蓋化に類すること）が存在しなければなりません。しかし、それがあるのは「か行」だけなのです。試みに首里方言における「し」の発音について、もとからの「し」と「せ」の変化した「し」に違いがあるのかどうか、チェンバレンの『琉球語の文法

表31 首里方言における元からの「し」と
「せ」の変化した「し」

もとからの「し」		「せ」の変化した「し」	
足	ASHI	汗	ASHI
虫	MUSHI	世話（心配）	SHIWA
石	ISHI	干瀬（ひせ）	FISHI
島	SHIMA		

と辞典』に掲載されている首里方言（明治時代の採録）をみてみますと表31のようになっており、両者にはなんの違いもありません。

　二点目。首里方言ではもとからの「き」は「ち」に変化するのであるならば、「木」や「起きる」の「き」はなぜ「ち」になっていないのでしょうか？

　三点目。伊波普猷氏は首里方言をもとにして分析を開始し、その結果として宮古島方言を新しく変化したものと規定していることです。伊波普猷氏の理論の出発点である「琉球方言は基本的には3母音構成である」ということ自体、首里方言にあてはまる事項であって、宮古島方言には該当しないのです。宮古島方言の基本的な母音構成は /a/・/i/・/ï/・/u/ の4母音構成なのです。ここで伊波普猷氏の説を頭から振り払い、今、宮古島方言の姿を虚心に眺めれば、そのなかには古代日本語の姿が濃厚に存在するのです。それは以下の四項目です。

　①「は行子音」を/p/で発音する
　②標準語の「き」・「ぎ」を二類に発音しわける
　③標準語の「ひ」（古代においては「ぴ」）・「び」を二類に発音しわける
　④上代音韻に存在したと考えられている /ï/ の母音を有している

　この4項目のなかで首里方言が満たしているのは、②番だけなのです。したがって、宮古島方言は首里方言よりもはるかに古代日本語に近い方言と考えなければならないのです。その宮古島方言を首里方言をもとにして「新しく変化したものである」とするのは、重大な錯誤なのではないでしょうか。

3　宮古島方言の /ï/ について

そこで、これから首里方言をもとにして宮古島方言をみるのではなく、逆に宮古島方言をもとにして首里方言をみてみましょう。

まず最初に宮古島方言の /ï/ について。

宮古島方言の /ï/ について伊波普猷氏は次のように述べています。

> 序でにいふが、このïがiとuとの中間音で、ロシア語のblと全く同一のものであることは、ネフスキー氏の裏書きする所で、之に似たのが大島徳之島の方言及び東北方言にあるのも注意すべきことである。この母音はスヰート氏の The History of Language には、中舌音即ち前部と後部とで同時に調節する混合的のものになつてゐるが、佐久間博士は、この音の特徴を口腔の形状が横に著しく平たくなるといふ点に求められた。東北及び大島・徳之島のはそれほどでもないが、宮古・八重山のは、舌端のみならず、舌の前縁が著しく口蓋に近づく為に、動もすれば摩擦の響きを伴ふもので、特に破裂音の子音と合して、音節を形くる場合には、psï・bzï・ksï・gzï といつたやうに、SZ の響くのを感ずる。で、ネフスキー氏は宮古方言を表記する場合には、いつも右の如くSZを附して居られたが、橋本進吉氏は、ïの音は之を発音する時の口形がz音に近く、ただそれよりも舌の位置が少し低いだけの違ひであるから、前の子音から、この音に移る瞬間に、z 又は s に近い音が聞えるので、その子音の清濁に随つて或はsに或はzに近い音になると言つて居られる。
>
> （伊波普猷「琉球語の母音組織と口蓋化の法則」『国語と国文学』第7巻第8号所収、1930年）

伊波普猷氏のこの論述のなかに宮古島方言の /ï/ の特徴が余すところなく表現されています。それを簡単にいうと以下のようになります。

(1) 宮古島方言の /ï/ は /i/ と /u/ の中間の音である
(2) 宮古島方言の /ï/ はその始まりにおいて /s/ や /z/ のように響く

筆者は宮古島で生まれ育ちましたが、宮古島方言は片言しか話せませんし、理解できるのもごく一部でしかありません。その筆者の印象では /kï/ の音は語頭子音は /k/ には違いないのですが、《「き」と「う」を同時に発音する音》なのです。そのように発音しないと /kï/ にはならないのです。すなわち /kï/ は標準語の「き」に対応しているのですが、決して「き /ki/」の音ではないのです。語頭子音を音声記号で書くとすれば、上記引用文で伊波普猷氏が述べているように /kṣ/ になると思います。またその終末は「う /u/」になっているようにも聞こえます。したがって、この音は平仮名・片仮名では表記できない厄介な音なのです。この /kï/ は東北方言の「気持ち」の「き」や「活気」の「き」とほとんど同じ音です。橋本進吉氏や伊波普猷氏が述べているように、宮古島方言にみられる /ï/ は東北方言・出雲方言にも存在するのです。

　そして「き」と「う」を同時に発音する音ということは、/kï/ は「き」の要素（イ段の要素）と「う」の要素（ウ段の要素）を有しているということになります。このことは、伊波普猷氏が「/ï/ は /i/ と /u/ の中間の音」と述べていることでもうなずけると思います。また橋本進吉氏や伊波普猷氏が述べているように /s/・/z/ のような響きがあります。そのために /kï/ は、採録者によっては /kˢï/ とも採録されます。そして後にわかりますが、この(1)と(2)が上代音韻に密接に関与しているのです。

　そのほかに、1960年代から1970年代にかけて全国の方言を採集された柴田武氏は、宮古島方言の /ï/ について以下のように述べています。

　　[ï] は大神方言と同じく [ɯ] 〜 [ɯ̈] と表わすべき音である。東京の
　　「ウ」でまねると近い。
　　　（『全国方言資料　11（琉球方言編（II））』NHK放送文化財ライブラリー、
　　　1972年、36ページ）

　柴田武氏も宮古島方言の /ï/ は「イ段音」でありながら「ウ段音」の要素ももっている音であるといっていると思います。

　言語学者や方言学者が宮古島方言の2種類の「き」「ひ」をどのように採

録しているのかをみてみますと、ネフスキー・平山輝男・柴田武の3氏が以下のように採録されています。

き
- 一類：採録者共通に［ki］で記録
- 二類：採録者によって違いあり。ネフスキー・平山輝男：［kˢɨ］、柴田武：［kɨ］

ぴ
- 一類：採録者共通に［pi］で記録
- 二類：採録者によって違いあり。ネフスキー・平山輝男：［pˢɨ］、柴田武：［pɨ］

（ネフスキー『宮古方言ノート』、平山輝男『琉球方言の総合的研究』、柴田武『全国方言資料』）

　ネフスキー氏や平山輝男氏が［kˢɨ］［pˢɨ］と採録されている音を、柴田武氏は［kɨ］［pɨ］と採録しています。したがって［kˢɨ］と［kɨ］、そして［pˢɨ］と［pɨ］は同音であり、［ˢɨ］と［ɨ］は同音なのです。そこで、以降は表記を簡略化するために［kˢɨ］［pˢɨ］も［kɨ］［pɨ］と表記することにします。そのように簡略化しますと、宮古島方言における「キ」「ピ」「ギ」「ビ」の二類の対立はいずれにおいても、［i］：［ɨ］の対立になっているのです。

4　首里方言が標準語の「き」を「ち」/tʃi/（/chi/）と発音する理由

　宮古島方言の /ɨ/ の母音を以上のように認識したうえで、首里方言が標準語の「き」を「ち」と発音する理由について考えてみましょう。その理由は、伊波普猷氏のいわれる「母音の収斂とそれに伴う口蓋化」によるのではなく、これらの言葉は、かつての首里方言では宮古島方言と同じように /ki/ と発音されていたということなのではないでしょうか。宮古島方言の /ɨ/ の母音には橋本進吉氏や伊波普猷氏も認めているように /s/ や /z/ の成分があります。そのためにネフスキー氏や平山輝男氏は、これを /kˢɨ/ と表記しているのです。この /s/ の成分が強調されると /kɨ/（/kˢɨ/）は /ksɨ/ になります。伊波普猷氏自身、上記引用文において「特に破裂音の子音と合して、音節を

形くる場合には、psï・bzï・ksï・gzïといつたやうに、SZの響くのを感ずる」と述べており、「/kï/ (/kˢï/) は /ksï/ のように感じられる」と表記しているのです。こうして「か行音」に /s/ の成分が混入するようになります。そして /s/ や /z/ の成分がさらに一段と強調されて /ts/ となり、ついには語頭子音の /k/ をおおい隠してしまい /tsi/ となったのではないでしょうか。その /tsi/ が現在の首里方言の /tʃi/ (/chi/) になったのではないでしょうか。「木」や「起きる」の「き」の母音は /i/ であり、そのような変化をおこす要因がないので /ki/ のままです。また「さ行」「た行」の子音はもともと /s/・/t/ なので、そのような変化をおこす余地がありません。そのために「し」「ち」には、「き」にみられるような変化が存在しないということなのではないでしょうか。これを図にすると図12のようになります。

これは、あるいは以下のように考えたほうがよいのかもしれません。首里方言は本土方言に追従してイ列音の甲類乙類の対立 (/i/ と /ï/ の対立) を失い、イ列音の母音は /i/ に統一された。しかし、それまで存在した甲類乙類の対立をなんらかの形で残そうとする作用が働き、/ï/ に存在する子音的要素の /s/ や /z/ の成分を強調させて /ts/ へ変化させ頭子音の /k/ に移し替えた、その /ts/ がさらに /tʃ/ へ変化して、その結果 /kï/ を /tʃi/ と発音するようになった。「木」や「起きる」の「き」が変化せずに /ki/ のままであるのは、前述のとおりです。また「さ行」「た行」の場合も前述のように子音がもともと /s/・/t/ なので、そのような変化をおこす余地がありません。以上のように考えれば、首里方言が標準語の「き」を /ki/ と /tʃi/ の二類に発音していること、そして標準語の「し」「ち」については首里方言がそれを二類に発音しわけないということも合わせて説明できるのです。

以上が標準語の「き」のうち、上代音韻では甲類の「き」に相当する「き」を首里方言が「ち」と発音する理由ではないでしょうか。もしもこれ

原形				現在形
/kï/ = /kˢï/ →	/ksï/ →	/ktsï/ →	/tsi/ →	/tʃi/・/chi/
	/s/ の強調	/s/ がさらに強調されて /ts/ へ変化し、/k/ は影が薄くなる	/k/ は /ts/ に被覆されて消える。母音 /ï/ は /i/ に変化	

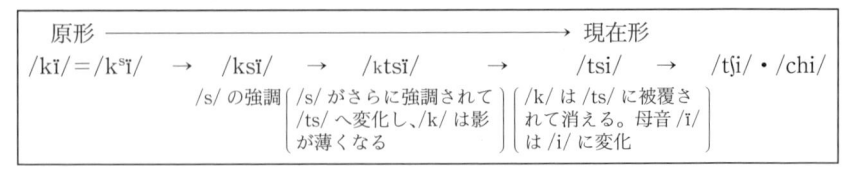

図12　首里方言が標準語の「き」を「ち」と発音する理由

が真実であるならば、「宮古島方言は首里方言の原形である」ということになります。

5　首里方言では標準語の /u/ が /i/ に変化する現象の理由
　　──第一の証拠

　次に注目すべきことは、首里方言が標準語の /u/ をしばしば /i/ と発音する現象です。「月(つき)」を /tʃichi/（ちち）と発音しているのがその代表的な例です。標準語の母音 /u/ が首里方言では /i/ に変化しているのです。この件については、橋本四郎氏が伊波普猷・仲宗根政善両氏の説を紹介しながら次のように述べています。

> 　首里・那覇の年長者の発音では、標準語の「ス」「シ」にあたる音節はそれぞれ［si］［ʃi］であるという。しかし多少例外があるようだから『琉球語便覧』の第8章単語の部からこれに関係せる語を全部抜き出してみたところ、標準語の「ス」に当たる音節が su となっているところの次の諸語があった。
> 　　yamasusu（麓＝山裾）、nusudu（盗人）、susu（裾）、suchi（鋤）、surumi（鯣）、sumumu（李）、kusunuchi（樟）、suishin（水仙）
> 　このうち suishin は漢語だから除いて考えてみると、suchi 以外のすべての語には su の次の音節が母音 u を含んでいる。然るに「ス」に当たる si を見ると、kasimi（霞）、sina（砂）、sisi（煤）、sitigu（棄児）、siziri（硯）、simi（墨）、sini（脛）などの如く皆其の次の音節に u の母音がない（例外、siguruku 双陸）。これによって次の法則があるかのごとく思われる。「首里方言においては内地方言の「ス」に当たる音節は古く su であったが、su → süü → si の経路をへて（伊波普猷先生の論文）si に変遷した。ただし、次の音節に u に近い母音のある時は原音 su が保たれた。」ほかにも sigu（すぐ）のごとき例外がある故まだ確かなことはいえない。多くの語例について調査すべきである。仲宗根政善氏は右の su を含む語は新しく輸入された語ではないかといわれた。

第2章　琉球方言の二類の「き」　183

(橋本四郎『日本語の系統』岩波書店、1959年、317ページ)

橋本四郎氏や伊波普猷氏は、「首里方言が標準語の /u/ を /i/ と発音する現象は主にサ行にみられる」としたうえで「su → sü → si」のように変遷したのであろうとされているのですが、実際はこの現象はサ行以外にも存在するのです。チェンバレン氏採録の琉球語彙(実際は首里方言)から、サ行のものも含めてそれを抜き出してみましょう(表32)。

表32で示すように、この現象はサ行のみの問題ではないのです。したがって、橋本四郎氏や伊波普猷氏の説は訂正が必要です。

そこで、この現象を宮古島方言をもとにしてみてみることにしましょう。すると意外な事実が出てくるのです。表32の右列に示すように、宮古島方言ではこれらの音は、ほとんどが /ï/ と発音されているのです。例外は「忘れる」と「呉れる」の二つだけです。

橋本四郎氏が『琉球語便覧』から拾い出した「霞・砂・煤・棄児・硯・墨・脛」についても以下に示すように状況は同じです。

標準語	首里方言	宮古島方言
霞(か<u>す</u>み)	kasimi	kasïm
砂(<u>す</u>な)	sina	—
煤(<u>すす</u>)	sisi	sïsï
棄児(<u>す</u>てご)	sitigu	—
硯(<u>すす</u>り)	siziri	sïʒï:
墨(<u>す</u>み)	simi	sïm
脛(<u>す</u>ね)	sini	sïni

標準語の /u/ を首里方言が /i/ と発音している言葉は、宮古島方言では /ï/ と発音されているのです。そして以上の例でわかるように、驚くべきことに宮古島方言の /ï/ は標準語の /u/ にも対応しているのです! ここに宮古島方言の秘密、そして古代日本語の秘密があるのです。

ここまで、宮古島方言の /kï/ は標準語の「き」に対応していることをみ

表32 首里方言が標準語の /u/ を /i/ と発音する言葉

/i/ となる音節	標準語	首里方言	宮古島方言
タ行	明け方（あか<u>つ</u>き）	aka-tsichi	akacĭkˢĭ
タ行	幾<u>つ</u>	ikutsi	ifucĭ
タ行	何時（い<u>つ</u>）	itsi	icĭ
タ行	五<u>つ</u>	itsitsi	icĭ
	臼（う<u>す</u>）	ushi	usĭ
	烏（から<u>す</u>）	garashi	(garasa)
	く<u>ず</u>粉	kuji	kuʒĭ
カ行	呉れる（<u>く</u>れる）	kwiyung	fi:z
ラ行	苦しい（く<u>る</u>しい）	kurishang	
	静か（し<u>ず</u>か）	sizika	sĭʒĭka
	好き（<u>す</u>き）	sichi	sĭkˢĭ（好く）
	〜の間、<u>す</u>がら	sigara	
	<u>す</u>ぐ、直ちに	sigu	sĭgu
	過ぎる、あまりにも	sijing	
	済む（<u>す</u>む）	simang, sinung	sĭm
	助ける（た<u>す</u>ける）	tasiki:ng	tasĭki（助け）
タ行	<u>つ</u>かなう、養う	tsikanayung	cĭkana・z
タ行	月（<u>つ</u>き）	tsichi	cĭkˢĭ
タ行	付ける、据える	tsikiyung	cĭkiz
タ行	槌（<u>つ</u>ち）	dzichi	cĭcĭ
タ行	綱（<u>つ</u>な）	tsina	cĭna
タ行	椿（<u>つ</u>ばき）	tsibachi	cĭbakˢĭ
タ行	壺（<u>つ</u>ぼ）	tsibu	cĭbu
	包む（<u>つ</u>つむ）		cĭcĭm
タ行	爪（<u>つ</u>め）	tsimi	cĭmi
タ行	鶴（<u>つ</u>る）	tsiru	
タ行	夏（な<u>つ</u>）	natsi	nacĭ
	荷物（にも<u>つ</u>）	ni-mutsi	nimucĭ
タ行	熱（ね<u>つ</u>）	nitsi	nicĭ
	恥ずかしい	hadzikashung	
タ行	松（ま<u>つ</u>）	matsi	macĭ
タ行	水（み<u>ず</u>）	mizi	miʒĭ
タ行	三<u>つ</u>	mi:tsi	mi:cĭ
タ行	易々と（やすやす<u>と</u>）	yasiyasi-tu	
タ行	忘れる（わ<u>す</u>れる）	wasiyung	baśśiz

てきました。そして、それは上代音韻の「キ甲」に対応しているのではないかと述べてきました。どちらにしてもイ段音です。しかし、宮古島方言の /kï/ はそれだけでなく、標準語の「く」にも対応しているのです。以下に例を示しますが、例示する言葉以外にも多数存在しています。

　歩く：azkï、行く：ikï、湧く：bakï、葺く：fukï、吹く：fukï、聞く：kïkï、泣く：nakï、貫く：nukï、助く：tasïkï、叩く：tatakï、着く：cïkï

　このなかで「聞く」の宮古島方言の音は圧巻です。/kï/ が二つ連なった音が標準語の「聞く」に当たるのですが、/kïkï/ の最初の /kï/ は標準語の「き」、そして後の /kï/ は標準語では「く」なのです。

　宮古島方言の /kï/ は標準語では /ki/ と /ku/ に変化するのであり、宮古島方言の母音 /ï/ は標準語では /i/ と /u/ に変化するのです。すでに伊波普猷氏が指摘されたように、宮古島方言の /ï/ は /i/ と /u/ の中間の音でした。それが意味することは宮古島方言の /ï/ は「イ段音」の要素と「ウ段音」の要素をもっている未分化な音なのであり、「イ段音」に分化する可能性もあれば「ウ段音」に分化する可能性をも有しているということなのです。そのために本土においてはその /ï/ を、ある言葉の場合には「イ段音」に分化させ、また別の言葉の場合には「ウ段音」に分化させました。首里方言が標準語の /u/ を /i/ に変化させているようにみえるのは、原形としての /ï/、そして未分化な音の /ï/ のうち、本土が /u/ に分化させた言葉を首里方言では /i/ に分化させたというのにすぎないのです。宮古島方言を中心におき、宮古島方言の /ï/ に対する標準語と首里方言の対応を図にすると図13のようになります。

　このなかのaグループが「首里方言は標準語の /u/ を /i/ に変化させるこ

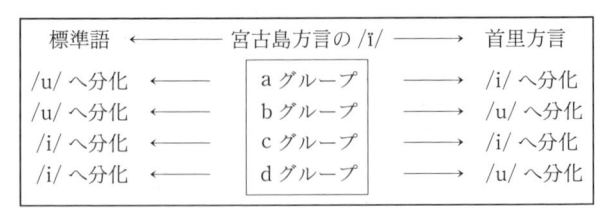

標準語	←	宮古島方言の /ï/	→	首里方言
/u/ へ分化	←	aグループ	→	/i/ へ分化
/u/ へ分化	←	bグループ	→	/u/ へ分化
/i/ へ分化	←	cグループ	→	/i/ へ分化
/i/ へ分化	←	dグループ	→	/u/ へ分化

図13　宮古島方言の /ï/ に対する標準語と首里方言の対応

とがある」という現象に相当するのです。そしてcグループのうち、「か行」の場合が《宮古島方言の /kï/ は標準語では「き」/ki/ になり、首里方言では「ち」/tʃi/ になる》という現象の理由なのです。

さらに首里方言では、標準語の「く」/ku/ の多くも「ちゅ」/tʃu/ と発音されています。伊波普猷氏が「口蓋化の法則」の一部とされたものです。ただし、標準語の「く」/ku/ のすべてが「ちゅ」/tʃu/ と発音されているわけではありません。標準語のとおりに「く」/ku/ と発音している言葉もあります。それでは標準語の「く」/ku/ を首里方言が「ちゅ」/tʃu/ と発音している言葉は、宮古島方言ではどのように発音されているのかといいますと、それも /kï/ と発音されているのです。つまり首里方言のこの現象は、/kï/（/kˢï/）の音を図14のように変化させたものなのです。

図14は、第三段階の /ï/ の母音が第四段階で /u/ に変化することを除けば、前項で説明した事項（首里方言はなぜ標準語の「き」を「ち」と発音するのか）の図12とまったく同じです。そして、本土ではこの /kï/ を /ku/ に分化させたものなのです。したがって、これは図13のbグループに相当します。首里方言でも、もとから /ku/ と発音されていた言葉は、そのような変化をおこす要因がありませんから現在でもそのまま「く」/ku/ なのです。

標準語と首里方言の間の変異は、その間に宮古島方言をおくことで容易に理解できるのです。以上が示すことはなんでしょうか？　それは宮古島方言は標準語と首里方言の原形ということです。

奄美方言は宮古島方言と同じように /ï/ の母音を有していますが、奄美方言の /ï/ からは「なぜ首里方言では標準語の /u/ が /i/ に変化するのか」という現象を説明できません。標準語の /u/ を首里方言が /i/ と発音している言葉に対応する奄美方言の言葉には、/ï/ の母音は含まれていないからです。したがって「奄美方言は首里方言の原形である」とはいえない。「首里方言

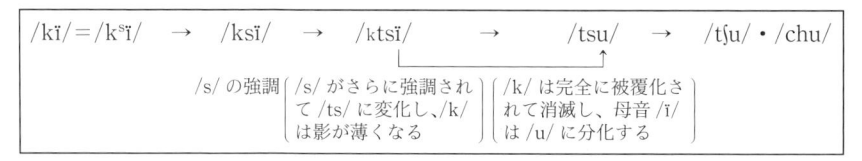

/kï/＝/kˢï/	→	/ksï/	→	/ktsï/	→	/tsu/	→	/tʃu/・/chu/
		/s/ の強調		/s/ がさらに強調されて /ts/ に変化し、/k/ は影が薄くなる		/k/ は完全に被覆化されて消滅し、母音 /ï/ は /u/ に分化する		

図14　首里方言が標準語の「く」を「ちゅ」と発音する理由

の原形であり、また本土方言の原形でもある」ということがいえるのは、宮古島方言のように「キ甲」を /kī/ (/kˢī/) と発音し、「キ乙」を /ki/ と発音する方言のほうなのです。

橋本四郎氏の言語年代学的分析によれば、首里方言と京都方言の分岐年代は西暦3世紀頃になりました。もしもこの値を採用するならば、現在の宮古島方言そのものが首里方言の原形ですから、宮古島方言と京都方言の分岐年代はそれ以前、すなわち西暦紀元前後かあるいはそれ以前ということになり、上代音韻の存在した最下限の奈良時代よりもはるかに古い時代のことになるのです。また、宮古島方言の /ī/ が本土方言において /u/ に変化するのは、すでに万葉仮名の表記、すなわち上代音韻に存在します。したがって、宮古島方言は上代音韻の原形であるということになるのです。

6 「キ甲」「キ乙」の真実の音価について

これまでたびたび記載しましたが、現在の学会の通説は「キ甲」「キ乙」の音価について《「キ甲」は /ki/、「キ乙」は /kī/ もしくは /ï/ を有する拗音の /kïi/》としています。しかし上代音韻の原形である宮古島方言は「キ甲」の言葉のほとんどを /kī/ で発音しており、一方、「キ乙」の言葉のあるものを /ki/ で発音しているのですから、これが「キ甲」「キ乙」の真実の音価なのです。すなわち、真実は現在の学会の通説の逆なのです。

現在の学会が「キ甲」「キ乙」の真実の音価について、現在いわれている通説になった理由は、万葉仮名の依拠した中国原音は中古音であると判断したこと、そして漢字の表す音そのもの（あるいはその一部）が上代音韻であると考えたことによります。しかし、第Ⅰ部で述べたように、万葉仮名は中古音ではなく、上古音を使用しているのです。さらに古代倭人は漢字を「仮の文字」、いってみれば単なる記号として使用したのであり、漢字の表す音そのもので上代音韻を表記したわけではないのです。上古音の [kie] 系統の音で「キ甲」を表記し、[kɪa] [kɪu] などの [e] を含まない音（[kie] 系統以外の音）で「キ乙」を表記したにすぎないのです。《「キ乙」の表記に使用された漢字には [kɪa] の音の漢字と [kɪu] の音の漢字の二類がある》という

ことがそのことを端的に示しているのです。

　もう一つの理由は、現在の日本語には「き」の音は一種類しかなく、そのうえ、消滅してしまったもう一つの「き」の音とは、どのような音であったのかということについての記憶がまったく存在しないということもあげられるでしょう。記憶がまったく存在しないので、その復元には万葉仮名の中国原音にたよって推理するしか術はなかったのです。また、上代語では「キ甲」の音の言葉のほうが多く、「キ乙」の音の言葉は少ないのです。石塚龍麿の『仮字遣奥山路』に掲載されている「キ甲」「キ乙」の言葉を数えてみますと「キ甲」の言葉 81 語に対して「キ乙」の言葉は 26 語だけであり、「キ甲」の音のほうがはるかに優勢なのです。現在の日本語には「き」の音は 1 種類しかありませんから、「キ甲」「キ乙」の二つの「き」のうち、一方は現在まで伝わったが、他方は消滅してしまったと考えるのが常道でしょう。そしてその場合、消滅したのは劣性の音であり、現存している音は優勢の音、と考えることもまた常道です。そして現存しているのは /ki/ の音なのです。このことも《「キ甲」は /ki/ であったに違いない》という認識に繋がる原因になっていると思われます。常道の考え方が誤った結果へと導いたのです。

　それでは、上代音韻において優勢の音である「キ甲」/kī/ は、上代音韻が消滅したとき、なぜ劣勢の「キ乙」/ki/ と同音になったのでしょうか。それは奈良・平安朝廷の勅により、漢字を中古音で読み、そして発音するようになった結果なのです。第Ⅰ部第 4 章で述べたように、万葉仮名は上古音に基づいていました。そして「キ甲」「キ乙」の区別に関しては、最初の母音は [i] [ɪ] のいずれでもよく、二番目の母音が [e] であるのかそうでないかで区別していました。このことは、古代倭人が [i] と [ɪ] の違いを無視していたことを示しています。ここで注目すべきことは、「キ甲」を表記するための漢字のほとんどは、上古音・中古音のいずれでも [ki] の音で始まっており、「キ乙」を表記するための漢字のほとんどは、上古音・中古音のいずれでも [kɪ] の音で始まっているということです（62 ページの表 6 参照）。それまでの倭人は、上古音で《[kie] 系統の韻》の漢字を当時の日本漢字音として /kī/ と読み、そして上古音で [kɪa] [kɪu] などの《[kie] 系統以外の韻》の漢字を /ki/ と読んでいたと思われます。ところが朝廷の勅により、

漢字を漢音（中古音）で読み、発音しなければなりませんから、「キ甲」の表記用漢字は、その始まりを［ki］と発音しなければなりません。そのために「キ甲」は /ki/ と発音されるようになったのです。一方、「キ乙」の表記用漢字の場合は、その始まりを［kɪ］と発音しなければなりませんが、上代人は［i］と［ɪ］の違いを無視していましたから、上代人にとっては、［kɪ］と［ki］は同音ということになるのです。そして「キ乙」の音は、もともとが /ki/ ですから、「キ乙」の表記に使用される漢字を中古音に基づいて /ki/ と読み、発音することにはなんの抵抗もなかったはずです。このような経緯で「キ甲」「キ乙」の音は /ki/ に統一されたのです。

「ひ」「み」の甲類乙類が区別を失ってそれぞれ /fi/・/mi/ に統一されたのも同じ理由によるのです。

7　琉球方言における甲類乙類の異例の原因

宮古島方言は上代音韻の原形と思われますが、異例となる言葉が存在しました。「キ乙」の言葉とされている「月」や「霧」の「き」です。「キ乙」の真実の音価は /ki/ ですから、「月」や「霧」の「き」は /ki/ でなければならないのですが、宮古島方言はこれを /kï/ と発音しているのです。このような異例は、なぜ存在するのでしょうか？　それについてここで検討したいと思います。

すべての琉球方言は「き」を二類に発音しわけていました。代表的な奄美方言・首里方言・宮古島方言の3方言では二類の「き」は三者三様であり、これらの3方言の「キ甲」「キ乙」への対応を再掲すれば表33のとおりです。

表33　琉球方言の二類の「き」の音

	「キ甲」	「キ乙」
奄美方言	ki	kï
首里方言	tʃi	ki
宮古方言	kˢï	ki

表34　琉球方言の甲類乙類の異例の言葉

	「キ乙」	
	霧	月
奄美方言	kiri	ciki
首里方言	chiri	tʃichi
宮古方言	ksï	cïkˢï

このなかで宮古島方言の姿が上代音韻の姿であり、奄美方言・首里方言の二類の「き」はその変化したものです。また「キ乙」の「月」「霧」はどのように発音されているのかについて再掲すると表34のようになります。表33・34でおわかりのように、「月」「霧」の「き」はそれぞれの方言における「キ甲」対応音で発音されているのです。これは八重山方言をみても同じです。もしも、これらが上代音韻「キ甲」「キ乙」の区別を誤ったものとすると、琉球各地の方言は甲類乙類の対応音をそれぞれの方言で異なる音に変化させているにもかかわらず、「月」「霧」の甲類乙類の区別に関しては奄美諸島から八重山諸島にいたる海で隔てられた琉球のすべての地域で、まったく同じように誤りを犯したということになります。このようなことは、確率論的に起こりえないことなのではないでしょうか。琉球各地の方言が「月」「霧」の「き」をそれぞれの方言での「キ甲」対応音で発音しているということは、「月」「霧」の「き」は本来は「キ甲」だったのではないでしょうか。それがなぜ「キ乙」とされているのかということについては、これを本土において万葉仮名で表記する際に誤りが生じた、その誤りが代々伝えられた結果、「月」「霧」の「き」は「キ乙」とされているということなのではないでしょうか。

　漢字には上古音から中古音への変化の際に、万葉仮名としては甲類表記用の漢字だったものが乙類表記用の漢字に変化したものがあり、その逆の例もあります。同じようなことが上古音のなかでもおこった可能性があります。すなわち春秋戦国時代と秦・漢時代では、万葉仮名としての甲乙が逆転するような音の変化をきたした漢字があったのではないでしょうか。最初、「月」「霧」の「き」は春秋戦国時代の上古音では、甲類表記用の音の漢字を使用して表記されていた。しかし、その漢字は秦・漢時代には乙類表記用の音に変化した。したがって、春秋戦国時代にはその漢字が甲類表記用の漢字だったということを知らないままに、秦・漢時代の認識で古い表記をみれば「月」「霧」の「き」は乙類ということになります。そのような経緯で「月」「霧」の「き」は乙類と錯誤され、奈良時代に乙類表記用の漢字で書き残されたものを、現在の我々が見ているということなのではないでしょうか。「琉球全域が同じように誤りを犯した」とする確率よりも、こちらのほうが

ありうることのように思います。

　それに類似することで、万葉仮名の甲類乙類に関するこれまでの解釈が誤っているのではないかと思われる例があります。それは「肥」の漢字です。これまで「肥」は「ヒ乙」の表記用漢字とされてきました。「肥」の藤堂上古音は ［bɪuər］ 1055 となっていますから、これは《［ie］系統以外の韻》であり、確かに「ヒ乙」の表記用の韻の漢字です。そして fire の意味の「火」は万葉仮名では「肥」の漢字で表記されています。『古事記』には
倭 武 命(やまとたけるのみこと)が東国征伐に出た際に、焼津において土地の国造にあざむかれて火攻めにされたことを、その后の弟 橘 比売 命(おとたちばなひめのみこと)が詠んだ歌が記述されています。そこに「肥」が使用されています。

　　佐泥佐斯　佐賀牟能袁怒迹　毛由流肥能　本那迦迩多知弖　斗比斯岐美波母
　　（さねさし　相模(さがむ)の小野(をの)に　燃ゆる火(も)の　火中(ほなか)に立ちて　問ひし君はも）

　以上のように「火」は「肥」の漢字で表記されおり、そこから fire の「火」は「ヒ乙」とされているのです。

　しかし宮古島方言では「火」は /pï:/ と発音されているのです。琉球方言は fire（火）を「ひ」系統の語で発音する方言と、これとはまったく別に「ウマツ」と発音する方言にわかれます。宮古島方言の大部分は fire を「ウマツ」と発音する方言に属しますが、ごく一部に「ひ」系統で発音する方言があり、ネフスキー氏はこれを /pˢï:/ (/pï:/) と採録されているのです。この /ï/ という母音は甲類の母音ですから、宮古島方言の発音からすると「火」は「ヒ甲」なのです。なお平山輝男氏の『琉球方言の総合的研究』によれば八重山方言でも「火」は /pˢï/ となっています。「月」や「霧」の「き」は乙類の「き」であるにもかかわらず、宮古島方言はこれを /kï:/ と発音しているのと同じで、宮古島方言および八重山方言は「火」についても誤っていることになります。

　しかし fire（火）を「ヒ乙」とする根拠はその表記に「肥」の漢字が使用されていることによるのですが、「肥」という漢字には問題があるのです。『説文解字』によると古い時代には「肥」は「ヒ甲」の表記用漢字になるか

らです。『説文解字』には次のような記述があるのです。

　葩：从艸肥声。葩、或从麻

『説文解字』は「葩は肥の声」としています。これは諧声系列からして当然のことです。ところが「葩」には補足があり、「葩、或いは麻に従う」としているのです。「葩」という漢字は「艸」「肉」「巴」で構成されており、「麻」はありませんから、これは「葩、或いは麻の声に従う」のことだと思われます。そして「麻」の藤堂上古音は [măg] 1548 なのです。したがって「麻」は典型的な甲類表記用の韻の漢字です。「葩」が「麻」と同韻であるならば「葩は肥の声」ですから「肥」もまた「麻」と同韻なのであり、『説文解字』によれば「肥」は甲類表記用の韻の漢字なのです。

以上から次のことが考えられます。fire（火）の「ひ」は、本来の上代音韻では「ヒ甲」であった。そのため、春秋戦国時代の上古音で母音一つのみの韻である「肥」を使用して表記された。ところが、秦・漢時代になると「肥」は《[ie] 系統以外の韻》に変化した。しかし、古代倭人は「火」の万葉仮名表記に「肥」を使用し続けた。そのため奈良時代には「火」は「ヒ乙」と認識されるようになっていた。

この例により、万葉仮名はけっして原初の上代音韻を完璧に伝えているのではないこと、もしくは万葉仮名による甲類乙類の区別は完全ではないということがいえるのです。そして古代倭人は周代の頃から漢字を使用して日本語を表記していたのであり、その記録を何等かの形で秦・漢代まで伝えているのです。

前漢の歴史を記述した『漢書』には「楽浪海中倭人有り。分かれて百余国となる。歳時を以て来たり、献見すという」という有名な記述があります。「歳時を以て来たり、……」という記述でわかるように、前漢時代の倭人は定期的に前漢に朝貢しているのです。また西暦87〜88年頃に完成したと考えられている王充の『論衡』には「周の時、天下太平、越常白雉を献じ、倭人は鬯草を貢す」（巻八・儒増第二十六）と記述されており、その別条（巻十九・恢国第五十八）には「倭人が鬯草を貢したのは周の成王の時だ」としています。周の成王の時代は、紀元前1000年頃になります。倭人の中国への朝貢がその頃に始まり、前漢時代には定期的に朝貢していたとすれば、倭人

は紀元前の比較的早い頃、たとえば春秋戦国時代の頃から漢字に親しんでいたということは、ありうるのではないでしょうか。そして春秋戦国時代と秦・漢時代では漢字音が変化していたということも、また可能性のあることなのではないでしょうか。倭人が周代の漢字音を使用していたなどとするのは、常識はずれもはなはだしいと思われるかもしれませんが、大矢透氏は明治時代の末の『假名源流考』（国定教科書共同販売所、1911年）と大正初期の『周代古音考』（同、1914年）の2書により、万葉仮名のなかには周代の漢字音がもとになっているものがあるということを述べています。なお『假名源流考』は1970年に『假名源流考及證本写真』として勉誠社より再発行されています。

8 奄美方言の「キ甲」「キ乙」対応音が逆転している理由

宮古島方言が上代音韻を正確に伝えているとすれば、次のことが問題となります。「イ列音の母音として宮古島方言と同じように /i/ と /ï/ の母音を有する奄美方言は、甲類乙類についてなぜ宮古島方言と逆の対応になっているのか」ということです。

その件に関しては、奄美諸島が1609年以後薩摩の直轄地となり、薩摩弁の影響を強く受けたからであるということで説明できるのではないでしょうか。本土では、上代音韻は平安時代初期に消滅しました。したがって、1609年以後に奄美諸島を支配した薩摩弁には上代音韻は存在せず、「き」はすべて /ki/ と発音されていたはずです。奄美方言は、その薩摩弁に影響されて「キ甲」（標準語の「き」の大部分を占める）を /ki/ と発音するようになったのではないでしょうか。しかし、それまでの奄美方言に2種類の「き」が存在したとすると、なんらかの形でその区別を残そうとしたことでしょう。そのとき、言葉としてはごく少数であり勢力的に劣性の「キ乙」を薩摩弁には存在しない /kï/ で発音するようになったということではないでしょうか。

第3章　宮古島方言と上代音韻の母音組織
　　　——エ列音・オ列音は存在しない

1　現在の琉球方言の3母音構成は
　　5母音から変化したものか

　琉球語が日本語の一方言であることは、明治中期にチェンバレンにより証明されました。チェンバレンは首里方言によりそれを証明したのですが、このとき、彼は首里方言を「琉球語」と表現しています。琉球の中心たる首里で使用されている言葉であり、琉球文化圏の共通語たる首里方言が琉球語の代表である、との認識です。この認識は、チェンバレンのみならず琉球方言を研究するほとんどの方に存在し、首里方言をもとにして琉球各地の方言を論ずるというのが現在の風潮です。

　チェンバレンにより琉球語が日本語の一方言であるということが明らかになると同時に、その琉球方言では奈良・平安時代に使用されていた言葉で、現在の本土では死語化した言葉が、今なお生きた言葉として使用されているということもすぐに判明しました。そのために琉球方言は古代日本語の姿を伝えているのではないかと考えられ、琉球方言は盛んに研究されていたのですが、「琉球方言から古代日本語の姿を探る」という方向は、以下に述べることから急速に衰退していきました。

　伊波普猷氏は琉球の『おもろさうし』と1501年に朝鮮で作成された『語音翻訳』の二つの資料を根拠として、琉球方言は12世紀から15世紀にかけての頃にa・i・u・e・oの5母音構成からa・i・uの3母音構成に変化したとされました。伊波普猷氏のこの説は、これまでほとんどの方から真実とされてきています。そして伊波普猷氏は、首里方言が標準語の「き」を「ち」と発音するのも、琉球方言の5母音から3母音への収斂にともなって惹起さ

れたものであるとされました。私はそうではないことを前章で論じましたが、伊波普猷氏のその説も、またほとんどの方から真実であろうとされています。

　伊波普猷氏、そして氏の説を正しいとする方々からすると、首里方言にみられる種々の姿は12〜15世紀という比較的近年になって生じたものということになります。このために琉球方言はそれほど古い方言ではなく、その琉球方言から古代日本語の姿を探ろうとするのは無駄な努力なのではないかと考えられるようになり、残念なことに琉球方言を古代日本語の研究材料としてとらえる方向は衰退したのです。以下に示す大野晋氏の言葉はそれを述べたものでしょう。

　　これらによって琉球語は日本語と同系であること、チェンバレンの説が次第に確実にされ、かつてはこれを内地方言に対立させて琉球方言とした程である。ただ、今日の課題は、何時頃琉球にこの言語が語られるようになったかということである。従来はこれが非常に古い日本語を伝えているのではないかと想像され、また期待もされたのであるが、今日では琉球語は、変化が甚だしく案外新しい姿しか伝えていないのではという見解も次第に行われているようである。
　　（大野晋「日本語の黎明」『改訂版　日本語の歴史』至文堂、1957年、29ページ）

そして平凡社刊『日本語の歴史』シリーズの第1巻『民族のことばの誕生』には次のように述べられています。

　　大まかな把握でいえば、琉球よりも本土の形の方が、総じてずっと保守的なのである。いいかえれば、琉球のことばは、後代における飛躍がはげしく、全体としてみると、本土の諸方言より古層をいちじるしく損じている面が多いのである。そのうえ、琉球内部において、その諸方言の発達をあとづけるに十分な文献を欠いていることは、いうをまたないところである。
　　（「日本語の歴史」シリーズ第1巻『民族のことばの誕生』平凡社、1963

年、295ページ)

　琉球方言を首里方言のみでみれば、たしかにそうなるのでしょう。しかし、首里方言は琉球方言のなかの特殊化した一方言にすぎず、琉球方言の代表ではないのです。前章で述べたように、首里方言の原形として宮古島方言があり、琉球方言を代表するものは宮古島方言のほうなのです。

　伊波普猷氏の説の根拠となったものは、『おもろさうし』と『語音翻訳』です。この二つの資料を無条件に信じれば、「15世紀以前の首里方言には /e/・/o/ の母音が存在した」ということになります。しかし『おもろさうし』はあくまでも16世紀から17世紀の頃の「平仮名による沖縄本島方言の表記方式」なのです。平仮名は、沖縄本島方言を表記するために作成された文字ではないですから、平仮名で当時の沖縄本島方言を完璧に表記するということはできなかったはずです。したがって、平仮名で沖縄本島方言を表記するための、なんらかのルールというものがあったのではないでしょうか。もっともそのようなルールが存在したか否か、あるとすればどのようなものであったのか、今もって不明なようですが……。また、そのなかに《「お」「ゑ」「て」などの平仮名がある》という事象についても、当時の沖縄本島に《本土の /e/・/o/ は琉球では /i/・/u/ に変化する》という認識がすでに存在していたとしたら、《沖縄本島方言の /i/・/u/ を /e/・/o/ に変えて表記した》という可能性もありうるのではないでしょうか。「文字表記」という事象には「その文字は真実の音を表しているか」という問題が常に存在するのです。上代音韻の「キ甲」は上古音の /kie/ の漢字で表記され、「キ乙」は、/kɪa/・/kɪu/ などの /e/ を含まない漢字で表記されていましたが、「キ甲」の音は /kie/ ではありませんし、「キ乙」も /kɪa/・/kɪu/ のどちらでもありませんでした。必ずしも「表記イコール音」ではないのです。

　朝鮮で著述された『語音翻訳』には、首里語彙が /e/・/o/ に相当するハングル文字で表記されたものがあるようです。朝鮮人がハングル文字で首里語彙を表記する際に、なんらかのルールをつくって表記するなどということは考えられませんから、聞いたとおりの音をハングル文字で表記したのであり、これは確かに無視できません。しかし、もしも仮に「首里方言は3母音

である」ということが前提としてある場合には、『語音翻訳』の資料状況は《当時の首里方言の /i/ は /e/ に間違えられることがあり、/u/ は /o/ に間違えられることがある》ということを示すことになります。音に関する文字資料には、以上のような限界があります。

2　初源期日本語の母音組織に関する説

　琉球方言の母音構成を現在の首里方言と『おもろさうし』や『語音翻訳』の資料のみで分析すると、「琉球方言は12世紀から15世紀頃に5母音から3母音に収斂した」とならざるをえませんが、前章において宮古島方言は首里方言および上代音韻の原形であるということが導かれました。そして宮古島方言の母音構成はa・i・ï・uの4母音です。それにより導かれることは首里方言、そして上代音韻の母音構成はa・i・ï・uの4母音ではなかったかということです。

　古代日本語の母音構成が現在のようなa・i・u・e・oの5母音ではなかったことについては多くの方により指摘されており、大野晋氏は以下のように述べています。

　　日本の最古の音韻体系では、
　　(1) 母音はa・u・ö・iの四個であった。(これは後まで使用頻度が多く
　　　　基本母音だった) ……(中略)
　　aとiの連続 (ai) からeという母音が生じた。
　　iとaの連続 (ia) からeという母音が生じた
　　uとaの連続 (ua) からoという母音が生じた
　　　(大野晋『日本語の成立』「日本語の世界」シリーズ第1巻、中央公論社、
　　　1980年、148ページ)

また松本克己氏は以下のように述べています。

　　以上の結論に基づいて、日本語の母音組織の歴史を再構するならば、

少なくとも次の四つの段階を区別することができるであろう。
　Ⅰ：　i　　u
　　　　　a

　これは内的再建によって遡り得る日本語（？）のおそらく最古層の母音組織である。この3母音は、日本語の語幹を形成する最も基本的な母音とみることができよう。
　Ⅱ：　i　　u
　　　　a〜o

　これは、ある不明の条件によって発生したa〜oの母音交替によってもたらされた母音組織である。この交替によって、日本語の古い語幹は規則的にaの現れる形とoの現れる形に分化した。この分化は、日本語における語形成と形態法の発達にとって重要な役割を演ずるものであった。……（以下略）
　　（松本克己『古代日本語母音論　上代特殊仮名遣の再解釈』ひつじ書房、
　　1995年、88ページ）

　そのほかにも以下に引用するチェンバレンの記述をみますとウイリアム・アストンも初源期の日本語の母音はa・i・uの3母音であるとしているようです。

　　上古日本語はa、e、i、o、uの短母音5個を有したのみであり、また、中間母音e、oが他のものより遅れて発達したことを示唆するものがある。すなわちnu「〜の」（現代語no）、yuri「（現代語yori）などに見られるごとく、本来uを有した数多くの語が後代に至ってoと発音されるようになった。一方、eの場合は、naga-ikiに対するnageki「嘆き」、tachi-｛＝tati-｝ariに対するtateri（アストン28ページ参照）「立てり」のごとく、その多くがa+iまたはi+aよりの派生になることを証することができる。
　　（チェンバレン著・山口栄鉄編訳『琉球語の文法と辞典』琉球新報社、
　　2005年、28ページ）

文中の「アストン28ページ参照」はウイリアム・アストン著『A Grammar of the Japanese Written Language』（日本語訳『日本文語文典』）のことです。アストンも初原期の日本語の母音は a・i・u の 3 母音であるとしているようなのです。
　初源期の日本語の母音は現在のような a・i・u・e・o の 5 母音ではなく、4 母音だったとする説、3 母音だったとする説があるわけですが、いずれにしても e・o の母音は後発の母音であり、そして最後に加えられた母音は e とされています。第Ⅰ部の万葉仮名の分析でみたように、古代倭人はイ列音表記用の漢字を甲類乙類に区別する際に、その漢字に /e/ の母音があるかないかで区別していました。漢字を使用しだした頃の倭人は、中国語に存在する /e/ の母音を非常に意識しているのです。これは、その頃の倭人にまだ /e/ の母音が存在しなかったからではないでしょうか。

3　宮古島方言の母音構成が上代音韻の　　母音構成だと仮定する

　初源期の日本語の母音には /e/ の母音はなく、母音構成は 3 母音か 4 母音であったとする説があり、上代音韻の原形と思われる宮古島方言は、a・i・ĭ・u の 4 母音構成なのです。これが上代音韻、そして初源期の日本語の母音構成と考えてもよいのではないでしょうか。宮古島方言はもとから a・i・ĭ・u の 4 母音構成なのではないでしょうか。そのほうが「宮古島方言は 3 母音ないし 4 母音構成の初源期の日本語から枝分かれした後、5 母音となり、それが 12～15 世紀の頃に再び a・i・u の 3 母音に収斂し、混乱をさけるために新たに /ĭ/ の母音をつくりだした」とするよりも、はるかに自然な姿だと思います。その他の琉球方言についていえば、「最初は 3 母音ないし 4 母音であったが、いつの頃かそれが 5 母音に変化し、12～15 世紀の頃に再び a・i・u の 3 母音に収斂した」とする通説はいかにも不自然ではないでしょうか。変化が後戻りしているのです。
　そこで宮古島方言の a・i・ĭ・u の 4 母音構成が上代音韻の母音構成だと仮定すると、どうなるのでしょうか？　これまで「標準語の /e/ は琉球方言

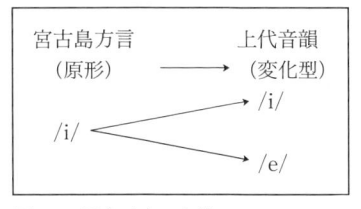

```
宮古島方言        上代音韻                宮古島方言        上代音韻
 (原形)          (変化型)                (原形)          (変化型)
                   /i/                                    /u/
   /i/                                     /u/
                   /e/                                    /o/
```
図15　母音 /i/ の変化 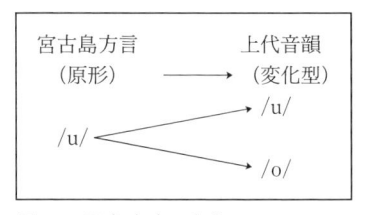　　　　　　　　図16　母音 /u/ の変化

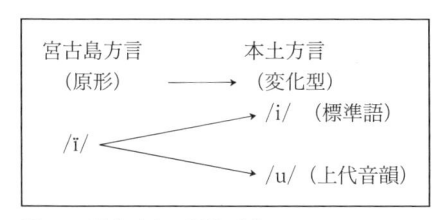

```
       宮古島方言        本土方言
        (原形)          (変化型)
                        /i/（標準語）
         /ï/
                        /u/（上代音韻）
```
図17　母音 /ï/ の変化 (1)

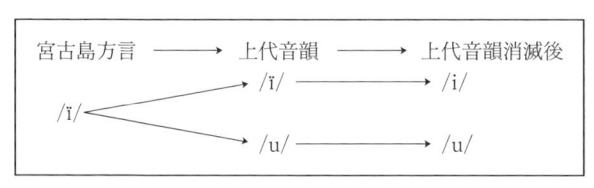

```
   宮古島方言 ────→ 上代音韻 ────→ 上代音韻消滅後
                   /ï/ ─────────→ /i/
      /ï/
                   /u/ ─────────→ /u/
```
図18　母音 /ï/ の変化 (2)

では /i/ に合流し、/o/ は /u/ に合流した」とされてきたのですが、この表現は逆にならなければならないのです。すなわち「宮古島方言の /i/ は標準語では /i/ と /e/ に分裂し、また宮古島方言の /u/ は標準語では /u/ と /o/ に分裂した」ということになります。さらに、この場合の標準語は、上代音韻とみなしてさしつかえないことになります。宮古島方言の /i/ と上代語の /i/・/e/ が対応しており、宮古島方言の /u/ と上代語の /u/・/o/ が対応しているからです。図示すれば図15・16のようになります。

さてここで前章で示した「宮古島方言の /ï/ は標準語の /i/ と /u/ に分裂する」という現象を思いおこしてください。これを図示すれば図17のようになります。

ここで注意を要することは、宮古島方言の /ï/ が本土方言で /i/ になるのは上代音韻消滅後であって、上代音韻の段階では /i/ には変化しないということです。上代音韻では /ï/ と /i/ には明確な対立があります。一方、宮古

島方言の /ɨ/ が本土方言で /u/ になるのは、すでに上代音韻でみられます。したがって、図17を正確に書けば図18のようになります。

以上の三つの事象も、このままではなにを示しているのかわかりにくいと思います。そこで、これをダニエル・ジョーンズの基本母音図に投影させてみてみることにしましょう。

4 ダニエル・ジョーンズの基本母音図・宮古島方言・上代音韻の関係
―――エ列音乙類はイ列音乙類が移動したもの、
オ列音乙類はウ列音が移動したもの

英国の音声学者ダニエル・ジョーンズ（Daniel Jones）は母音発音時のレントゲン写真を分析して、舌の位置の関係（前後上下）から「基本母音図」を提唱しました。前後上下の極端の位置にある母音が [i] [a] [ɑ] [u] の4母音であり、舌が前方にあって上下を三等分する位置にある母音が [e] と [ɛ]、後方での上下を三等分する母音が [o] と [ɔ] であるとして、これら八つの母音を基本母音 (cordial vowel) と命名しました。図示すると図19のようになります。

ダニエル・ジョーンズの基本母音図の a・i・u・e・o で示される音は、全世界共通です。したがって宮古島方言の /ki/ の母音の /i/ はダニエル・ジョーンズの基本母音図の i と同じです。なお、宮古島方言の [ɨ] という母

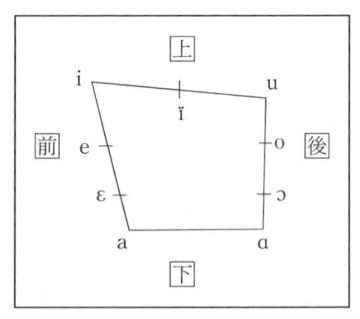

図19 ダニエル・ジョーンズの
基本母音図

音は［i］と［u］の中間に位置することになります。

　宮古島方言の /i/ は上代音韻では /i/ と /e/ に分裂し、/u/ は /u/ と /o/ に分裂する（従来の表現では「標準語の /e/ は琉球方言では /i/ に合流し、/o/ は /u/ に合流する」）という現象は、五十音の「あ・い・う・え・お」の並びからは理解が困難です。

　五十音図上でみた場合の宮古島方言の /i/・/u/ が上代音韻では /e/・/o/ へ変化する現象

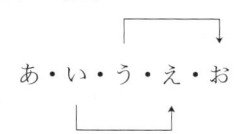

あ・い・う・え・お

　/i/ と /e/ の間には /u/ があり、/u/ と /o/ の間には /e/ があるにもかかわらず、なぜ宮古島方言の /i/ の一部は上代音韻では /u/ を飛び越えて /e/ に変化したのか、また宮古島方言の /u/ の一部は /e/ を飛び越えて /o/ に変化したのか？　しかしその理由は、ダニエル・ジョーンズの基本母音をみるとよく理解できます。/i/ と /e/、そして /u/ と /o/ は、それぞれ隣接する母音なのです。/i/ を発音したあと、次に /a/ を発音しようとするその途中に /e/ の母音があるのです。同じように /u/ を発音したあと、次に /a/ を発音しようとするその途中に /o/ の母音があるのです。そのために /i/ と /e/ の混同、および /u/ と /o/ の混同が生じたのです。そしてこれが日本語における /ia/・/ai/ の二重母音から /e/ の母音が発生し、/ua/・/au/ の二重母音から /o/ の母音が発生した理由と思われます。これらの二重母音をまとめて発音しようとすると、どうしてもその中間の音にならざるをえません。そのために /e/・/o/ の母音は生じたのです。

　次にこの基本母音図を中心に置いてその外側に宮古島方言の層、さらにその外側に上代音韻の層を設定します。そしてi・ï・e・u・oの変化を矢印で示すと図20のようになります。

　これが宮古島方言を原形とし上代音韻をその変化型とした場合の日本語の母音の変化の姿なのです。その変化の経緯を具体的に言葉にしますと、

　　(1) 宮古島方言の /ï/ は上代音韻では2群に別れ、一方はそのまま /ï/ に留まり、他方は /u/ となった。

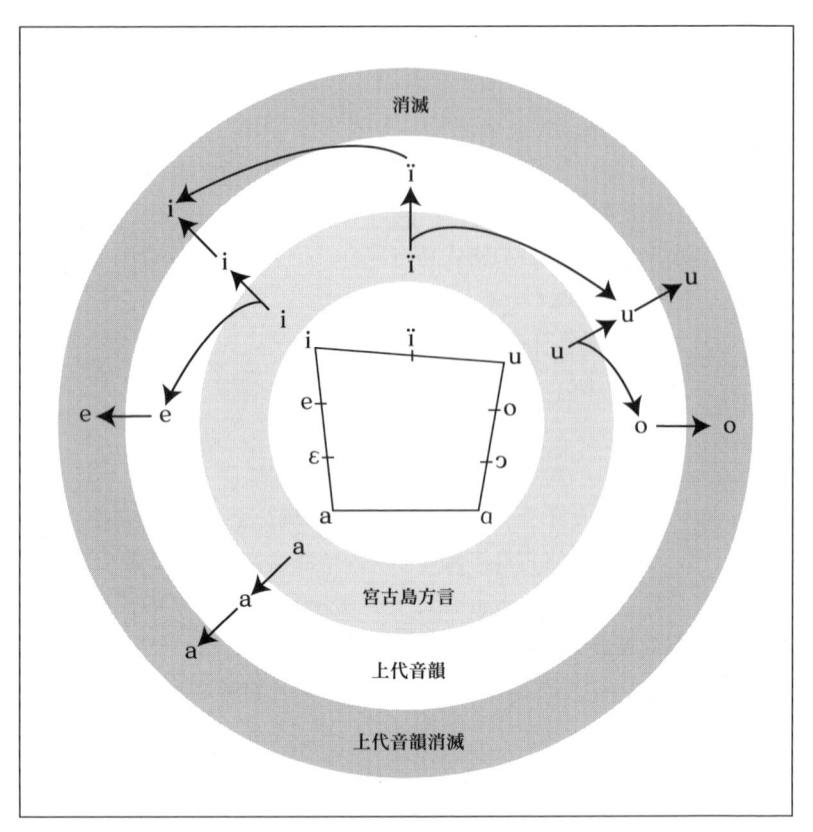

図20　宮古島方言──上代音韻間の母音変化の姿

(2) 宮古島方言の /i/ は上代音韻では 2 群に別れ、一方はそのまま /i/ に留まり、他方は /e/ となった。
(3) 宮古島方言の /u/ は上代音韻では 2 群に別れ、一方はそのまま /u/ に留まり、他方は /o/ となった。

となります。そして、

(4) 現代日本語の /i/ はもともと /i/ であったものと /ï/ の変化したもので構成されている。
(5) 現代日本語の /u/ はもともと /u/ であったものと /ï/ の変化したもので構成されている。
(6) /ï/ は /i/ と /u/ に分裂し消滅した。

ということがわかります。

　さて次は図20に万葉仮名による表記をかぶせてみましょう。次が肝心なのですが、ダニエル・ジョーンズの基本母音図上の /i/ は上代音韻では乙類であり、/ī/ は甲類ということです。私説では「キ甲」は /kī/、「キ乙」は /ki/ だからです。そして /i/（乙類）は万葉仮名では上古音の /ɪa/・/ɪu/ の韻の漢字で表記されています。図20ではその /i/（乙類）の一部が /e/ に移動しているのですが、/e/ に移動した後もその表記に使用される漢字がそのままだったとしたら、これらは /e/ の乙類ということになります。

　次に /u/ は万葉仮名ではイ列音・エ列音・オ列音の乙類と同じように上古音の /ɪa/・/ɪu/ の韻の漢字で表記されていました。したがって、/u/ は万葉仮名の表記上は乙類相当です。その /u/ の一部が /o/ に移動していますが、/o/ に移動した後もその表記に使用される漢字がそのままだったとしたら、これらは /o/ の乙類ということになります。

　以上の仮定が正しいとすると次のことが導かれます。
　　1　宮古島方言では /i/、上代音韻では /e/ の言葉はエ列音乙類である
　　2　宮古島方言では /u/、上代音韻では /o/ の言葉はオ列音乙類である
　そこで宮古島方言のこれらの言葉は、上代音韻ではどうなっているのかをみてみることにしましょう。ネフスキー採録の宮古島方言で /i/・/u/ となっている言葉のうち、上代音韻では /e/・/o/ に変化する言葉を抜き出し、その甲類乙類の区別に関しては大野晋『岩波古語辞典』により判定しました。すべての例をここで列挙するのは、読み進むのに煩雑ですので詳細は巻末の資料15・16に掲載します。

宮古島方言では /i/、上代音韻では /e/ の言葉　これに該当する言葉として43語を認めることができました（資料15）。その中の代表的な例をあげますと次のような言葉があります。

　　　　上代語　←――――――　宮古島方言
　　　竹（たけ乙）　　　　　　taki
　　　明け方（あけ乙）　　　　aki
　　　分ける（わけ乙る）　　　bakiz（宮古島方言では標準語の /w/ の子音は /b/
　　　　　　　　　　　　　　　　で発音される）

この三つの言葉のように43語中の41語が推測どおりのエ列音乙類です。しかし、例外となるものも2例ありました。それは「女」と「篦」です。「女」は「め甲」、「篦」の「へ」は「へ甲」とされていますが、これらは宮古島方言では /mi/・/pira/ と発音されているのです。例外は43語中の2語ですから異例率は4.7%となります（2/43≒0.0465）。驚くほど異例は少ないのです。

宮古島方言では /u/、上代音韻では /o/ の言葉　前項の調査結果はこれまでの仮定が正しいのではないかということを示していると思います。しかし本項では状況が異なります。本項に該当する言葉をネフスキー『宮古方言ノート』から摘出し、オ列音乙類となるもの、オ列音甲類となるもの（異例）にわけて表にしたのが巻末の資料16です。そしてそれを整理すると以下のようになります。

　　オ列音乙類となるもの　　　　　　72言葉　112音
　　オ列音甲類となるもの（異例）　　43言葉　 45音
　　――――――――――――――――――――――――
　　　　　　　　　　　　　　　　　　115言葉　157音

　　注：そのほかに万葉仮名の表記では、甲類乙類の区別が不明なものとして
　　　　44言葉52音があります。資料16参照。

　言葉数と音数が異なるのは一つの言葉に二つないし三つの音があることによります。たとえば「心」の宮古島方言は /kukuru/ なので、一つの言葉に三つの対応音があります。

　　　　　　　　　心（こ乙こ乙ろ乙）
　　標準語　　　　kokoro
　　　　　　　　　↕ ↕ ↕
　　宮古島方言　　kukuru

　万葉仮名による表記で甲類乙類の区別が明確な157音のうち、上代音韻オ列音としては乙類となるものが112音、対して甲類となるもの（異例）は45音でした。すると異例率は28.7%となり（45/157≒0.2866）、本項では異例が多くなります。

　以上の仮定では、確かに後者のほうに約28.7%の異例が存在することは事実です。しかし、前者において異例が非常に少ないということは、この仮

定に信憑性があるということなのではないでしょうか。後者に約 28.7％ の異例が存在する理由については、後に述べることにして次に進みます。

5　エ列音およびオ列音甲類の出所

　上代音韻エ列音およびオ列音乙類の源は、宮古島方言の /i/・/u/ であると仮定しても、しかしこれだけでは上代音韻の構成としては不足です。上代音韻のエ列音とオ列音には甲類乙類の二つの音があるからです。現在のところ図 20 にはエ列音・オ列音のいずれにも乙類の音しか存在しないのです。それではエ列音・オ列音の甲類の音はどうやってできたのでしょうか？　当然考えられるのは、/a/ からの移動です。おそらくエ列音・オ列音の甲類は /a/ からきたものなのです。第 I 部で述べたように、ア列音の表記には母音一つのみの漢字が多数使用されていました。そしてまた、エ列音・オ列音の甲類も母音一つのみの漢字で表記されていました。したがって、/a/ から移動して /e/ になったもの、また /a/ から移動して /o/ になったものが、移動後もそれまでと同じ漢字で表記されたとすれば、それはエ列音・オ列音の甲類に相当するのです。

　もしも、以上の推測が正しいとすると、その出発点である宮古島方言にはその残映があるはずです。そこでネフスキー氏採録の『宮古方言ノート』を丹念にしらべてみました。すると、例は少ないのですが「宮古島方言では /a/、上代語では /e/ あるいは /o/」という言葉が存在するのです（表 35・

表 35　宮古島方言の /a/ が上代語では /e/ になる言葉

上代語 ←―――― 宮古島方言	
ゑまひ（笑まい）	amai
荒れ所	ara-dukuma
咳（せき）	isaku（i を除けば saku）
消す（けす）	k'a:l
米（こめ）	kuma（但し宮古島方言の方は「粟」の意味）
蛇（へび）	pav
妬む（そねむ）	sanam
杓子（きね？）	kina

表36　宮古島方言の /a/ が上代語では /o/ になる言葉

上代語　←―――――　宮古島方言	
肥（こえ）	ffai（宮古島方言では標準語の /k/ が /f/ になる場合がある）
裏門（あと門）	ataga（「裏」＝「後」とすると、「後」を ata と発音している）
子（こ）	ffa（宮古島方言では標準語の /k/ が /f/ になる場合がある）
双子（ふたご）	futaga
…も	…mai
童子（かむろ）	kamara-gama
燃やす（もやす）	ma:sï
孫（まご）	mmaga
妬む（そねむ）	sanam
各、己（おの）	una

36)。

　表35にあげた言葉のうち、「咳(せき)」と宮古島方言の /isaku/（意味は咳(せき)）について少し説明しておきます。宮古島方言では語頭に /i/ の音があるので、両者は対応語ではないようにみえます。しかし万葉集でも「い行き守(ゆ)る」の「い」や「紀(き)の関守(せきもり)い」の「い」のように、しばしば語頭に「い」をつけて語調を整えたり、語尾につけて強調を表したりすることがあります。宮古島方言の /isaku/ の /i/ はそれと同じものではないかと思います。語頭の /i/ を無視すれば両者は「咳(せき)」と /saku/ の対応になるのです。

　語例が少ないのですが、これは「上代音韻のエ列音・オ列音では、イ列音の場合とは逆に甲類の言葉は少ない」という事象に合致しています。これでエ列音・オ列音の甲類の出所があきらかになりました。以上で上代音韻の母音はすべて構築されたのです。上代音韻の母音構成は宮古島方言の a・i・ï・u であるとする仮説は正しいことが証明されたのではないでしょうか。

　万葉仮名でエ列音・オ列音とされているものは、すべてイ列音の乙類とア列音・ウ列音から移動したものなのです。

　　　　　エ列音 ┃甲類 ──── ア列音からの移動
　　　　　　　　 ┃乙類 ──── イ列音乙類からの移動
　　　　　オ列音 ┃甲類 ──── ア列音からの移動
　　　　　　　　 ┃乙類 ──── ウ列音からの移動

エ列音・オ列音の甲類は、万葉仮名ではいずれもア列音表記用漢字と同じ韻の漢字で表記されており、エ列音乙類はイ列音乙類表記用漢字と同じ韻の漢字で表記され、オ列音乙類はウ列音表記用漢字と同じ韻の漢字で表記されています。万葉仮名にはエ列音やオ列音を表記するための専用の韻というものは存在しないのです。すなわち上代音韻のエ列音やオ列音には実体はないのです。現在の私たちはその実体のないものを「これはエ列音の漢字、あれはオ列音の漢字」としているわけです。しかし、「これはエ列音の漢字、あれはオ列音の漢字」とすること自体、漢字を中古音（漢音）で読むようになってからのことではないでしょうか。確かに平仮名・片仮名にはエ列音・オ列音があります。しかしその平仮名・片仮名が案出されたのは平安時代初期〜中期と考えられています。小学館『大日本百科辞典』(1969年)には次のように記述されています。

　　かな（担当・中田祝夫）
　　　〔ひらがな〕ひらがなは、奈良時代の万葉がなを書きくずし、草書化しつくし、さらに女子の手で芸術的に洗練しつくされたもので、平安初期以来一、二世紀の間に発達した。（中略）また貫之らの撰した勅撰集『古今集』(九〇五)と、その仮名序はひらがな書きであるから、ひらがなの公的な流行普及がわかる。

　平仮名の成立年次については、「それは何時何時である」と年を限定するわけにはいかないようです。おおまかに「平安初期以来一、二世紀の間に発達した」とするしかないようです。ただし、905年撰の古今集の「かな序」に平仮名が使用されているのですから、その時までには完成していたわけです。したがって905年には日本語の音韻としてエ列音・オ列音が存在したことは確実です。エ列音・オ列音の存在が明確ではない上代音韻は奈良時代に混同が始まり、平安時代初期に崩壊します。その約120年後に平仮名が完成した形で出現し、それにはエ列音・オ列音が存在するのです。上代音韻の崩壊とエ列音・オ列音が日本語の音韻として定着することとは、無関係ではないようです。そして上代音韻の崩壊は漢字音を上古音から中古音へ切り替え

たことに原因がありました。すると日本語の音韻としてエ列音・オ列音が定着するようになったことも中古音、特に漢音以後の中国原音に関係があるのではないでしょうか。そこで、第Ⅰ部第4章72ページの表8および巻末の資料5〜10でオ列音甲類表記用の漢字をみなおしてみますと、上古音では/a/系統の母音であったものが中古音では/o/系統に変化している漢字が多いのです。

　エ列音甲類表記用漢字の場合は、藤堂明保編『学研　漢和大字典』でみた場合はその変化は明瞭ではないのですが、第Ⅰ部第4章および第5章における論証でみたように、エ列音甲類の表記には母音一つのみの漢字、しかも/a/系統の母音の漢字が多く使用されていましたから、それに基づいて見直しますと、上古音では/a/系統の母音であったものが、中古音では/ie/系統に変化している漢字が多いのです。なおこの場合の「/ie/系統」とは甲類表記用の韻としての「/ie/系統の韻」の意味ではなく、「/e/系統の母音を有している漢字」のことです。エ列音・オ列音は漢字音を中古音で発音するようになったためにできたのだと思います。そして中古音以前の上代音韻にはエ列音・オ列音は存在しなかったのです。

　第Ⅰ部最終章において「万葉仮名は甲類乙類の書きわけについては厳格であるが、段の区別はなされていない」と述べました。その理由は、まさにそこにあるのです。上代音韻にはエ列音やオ列音というものは存在しなかった。そのために万葉仮名はエ列音やオ列音を書きわける必要がなかったのです。ただ一点だけ、イ列乙類音とウ列音の書きわけに注意すればよかったのです。奈良時代の万葉仮名資料にエ列音・オ列音が存在するようにみえるのは、上代音韻消滅後そして5母音構成となった平安時代以後の認識をもってそれらの資料をみるので、そのようにみえているだけなのだと思います。

　したがって、本土方言と宮古島方言および琉球方言の音韻対応の法則の真実の姿は以下のようになります。

　　本土方言―琉球方言の音韻対応の法則　――　その真実の姿

　　　従来の認識：本土の/e/は琉球方言では/i/に合流し、/o/は/u/に合流する

↓
第一段階の訂正：琉球方言の /i/ は本土方言では /i/ と /e/ に分裂し、/u/ は /u/ と /o/ に分裂する

↓
真実の姿：琉球方言を含む古代日本語にはエ列音・オ列音は存在しなかった。そして古代日本語の /i/ の表記に使用された漢字の一部は中古音では /e/ 系統の音に変化した。漢字を中古音で使用するようになった本土では、そのためにこれらの漢字を /e/ と読み、発音するようになり、新たに /e/ の母音が生じた。中古音でも /i/ 系統の音の漢字はそのまま /i/ と発音され読まれた。琉球方言にはそのようなことがなかったのでエ列音は存在しないのである。

琉球方言を含む古代日本語の /u/ とオ列音の場合もそれとまったく同じである。

古代日本語の /i/ や /u/ の母音は、日本語そのものの自立的な音韻変化により /i/ と /e/ に分裂し、/u/ と /o/ に分裂したわけではないのです。漢字音を中古音で使用するようにしたために生じた受動的な変化なのです。

6 上代音韻には前期・中期・後期の３期が存在する

次に「宮古島方言では /u/、上代音韻では /o/ の言葉はオ列音乙類になるはずだが、なぜか甲類となっている言葉が約 28.7% に存在する」という問題に立ち戻ってみましょう。それについては、上代音韻が存続した期間を長く設定することで解決できるのではないでしょうか。上代音韻を前期・中期・後期の３期にわけ、従来の上代音韻、すなわちおもに奈良時代の万葉仮名資料による上代音韻を後期上代音韻とします。そして宮古島方言は中期上代音韻に相当し、古代日本語にはさらにその前段階としての前期上代音韻が存在したと考えるのです。そのように仮定しますと、中期上代音韻（宮古島方言）の /ĭ/ は後期上代音韻では /ĭ/ と /u/ にわかれたということになりま

す。同じことが前期上代音韻にも存在したのではないでしょうか。前期上代音韻の /ï/ は中期上代音韻（宮古島方言）では /ï/ と /u/ にわかれたと考えるのです。すなわち、宮古島方言の /u/ はもとからの /u/ と /ï/ の変化したもので構成されているのではないでしょうか（図21）。

　図21のなかでは、中期上代音韻（宮古島方言）から後期上代音韻への変化は、すでに確認ずみの事項です。仮定は、前期上代音韻から中期上代音韻（宮古島方言）への変化の部分です。以上の仮定にたち、もしも倭人が前期上代音韻の時代から万葉仮名を使用していたとすると、宮古島方言が /u/ と発音している言葉のうちのあるもの（もとからの /u/）は ［ie］系統以外の韻の漢字で表記され、他（/ï/ の変化した /u/）は ［ie］系統の韻の漢字（甲類表記用の漢字）で表記されることになります。これが「宮古島方言の /u/ のうち、上代音韻では /o/ に変化するものはオ列音の乙類であるはずだが、約28.7％に異例が存在する」ということの理由ではないでしょうか。実際にそれを思わせる言葉が存在するのです。上代語の「遊び」の「そ」は甲類の「そ」とされています（『岩波古語辞典』）。そして、宮古島方言では「遊び」は /asïpï/ と発音されているのです。宮古島方言の /sï/ が後期上代音韻では「そ」に変化しており、そしてその「そ」は「ソ甲」なのです。これまでの論証では、オ列音甲類はア列音から移動してきたものでしたが、そのほかにも /ï/ から移動してきたものがあるのです。「遊び」の「そ」の場合は宮古島方言（中期上代音韻）の /ï/ が /u/ に変化し、さらにその後に /o/ に変化したものだと思います。

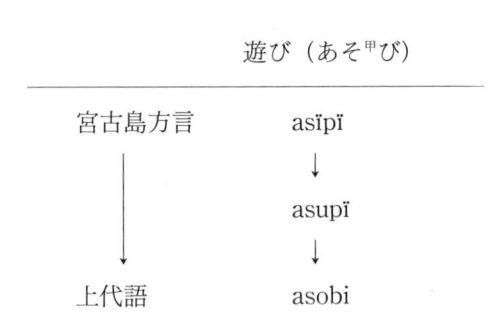

遊び（あそ甲び）

宮古島方言	asïpï
↓	↓
	asupï
	↓
上代語	asobi

```
                        中期上代音韻
                        （宮古島方言）      後期上代音韻
        前期上代音韻の /ï/ ──────→ /ï/ ─────────→ /ï/
                                          ↗
        前期上代音韻の /u/ ──────→ /u/ ─────────→ /u/
                                          ↘
                                            /o/
```

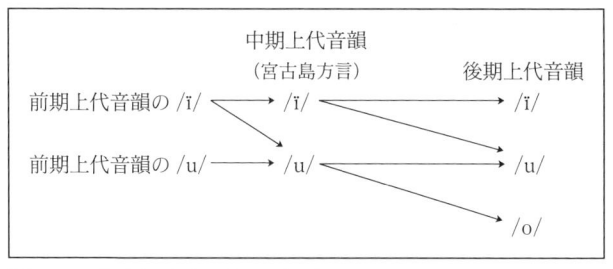

図21　母音 /ï/・/u/ の変化の経路

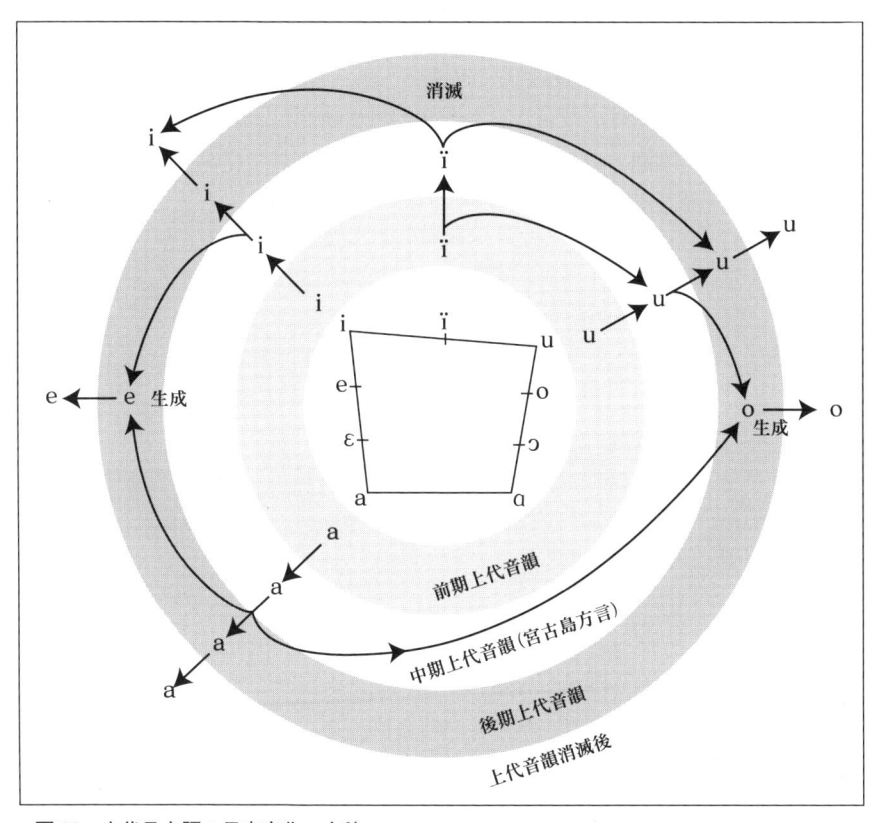

図22　古代日本語の母音変化の全貌

「遊び」の「そ」のように、/ĭ/→/u/→/o/ の変化を遂げた多くの言葉における変化に要する時間を考慮すれば、前半部分の /ĭ/→/u/ の変化は前期上代音韻と中期上代音韻（宮古島方言）の間に生じたものと考えるほうが妥当でしょう。したがって宮古島方言の /u/ には、前期上代音韻では /ĭ/ の音であったものが含まれていると思われるのです。そのために宮古島方言では /u/、上代語では /o/ となる言葉のうちの約 28.7% は甲類の万葉仮名で表記されているのだと思います。

　さらに以上の推測は、後期上代音韻の /u/ には前期上代音韻および中期上代音韻の /ĭ/ に由来するものがあり、それは甲類表記用の漢字で表記されているであろうということを導きます。したがって、万葉仮名のウ列音の表記に使用されている漢字のなかには、どのようにしても上古音で [ɪu]・[ɪa]・[ua] などの《[ie] 系統以外の韻》にならない漢字、すなわち甲類表記用の韻の漢字があるのではないかと思われます。

　以上の古代日本語の母音変化の全貌をダニエル・ジョーンズの基本母音図上で整理しますと図 22 のようになります。

第4章 「し」「じ」および「せ」の甲乙二類の存在

　橋本進吉氏の上代特殊仮名遣い再発見以後、イ列音の「き」「ひ」「み」には甲類乙類の2音があることは多くの方が認めていますが、なかには今でも否定的な意見の方もおられるとのことです。その理由はサ行およびタ行にはその区別が存在しないこと、特に裸の母音で構成されるア行においてそれがみられないということにあるようです。
　サ行については、永田吉太郎・馬淵和男の両氏が「万葉仮名ではシ・オ・ホの仮名も二類に区別されている」として、以下のように述べています。

永田吉太郎
　古事記についてこれを観れば、イ・チ・ニ・リ・キ・ア行エ・レ・ヱ・ヲは一類だし、セ・テ・ネは確かでないが、シ・オ・ホに至つては、ほぼ二類に分かれるものと認められる。
　　（「古事記に於けるシ・オ・ホの文字遣について」『国語と国文学』第11巻第11号所収、1934年）

馬淵和男
　しかしシ・オ・ホのかなにも、甲乙二種の区別が存在していたということは、単なる推測でなしに、実証されたものとして承認されてもよいのではないだろうか。すくなくとも、古事記がかきしるされたとき、若干の語において混乱はあったにしても、これらを別の音韻として意識することがあったことは否定できなかろうと思う。
　　（「『古事記』のシ・オ・ホのかな」『国語学』28〜31号所収、1982年）

両説の詳細については、上述論文をご参照ください。しかし、両氏のこの説はまだ通説とはなっていません。私は両氏が甲乙二類に二分された漢字のうち、「し」の表記に使用された漢字について、私説の「上古音による甲類乙類の区別の法則」で検証してみましたが、その区別は明瞭ではありませんでした。

1　「し」の甲乙二類

　それでは上代音韻の原形である宮古島方言では、「し」はどのように発音されているのでしょうか？　それをみてみることにしましょう（表37）。なおこれまで論述してきたように、上代音韻イ列音甲類の母音は /ĭ/ であり、イ列音乙類の母音は /i/ です。
　表37のように、宮古島方言には /sĭ/ と /si/ の二類の音があるのがわかります。この両音は語頭子音が /s/ ですから、「さ行音」であることはまちがいありません。この両音は母音の違いであり、/ĭ/ と /i/ の違いです。そして /ĭ/ はイ列音甲類の母音であり、/i/ はイ列音乙類の母音ですから宮古島方言にみられる /sĭ/ は甲類の「し」であり、/si/ は乙類の「し」なのです。
　表37をみていますと、上代語の「し」の言葉のほとんどは宮古島方言では /sĭ/ と発音されているのがわかります。
　たとえば、宮古島方言では「石(いし)」を /isĭ/ と発音します。

		石(いし)
本土	：	isi
	↕	
宮古島方言：		isĭ

　母音が /ĭ/ ですから「石(いし)」の「し」は甲類の「し」なのです。一方、表37のなかで宮古島方言の /si/（これは「シ乙」になります）に対応する上代語の「し」と断定できる言葉は◎印のついている言葉のみです。そして宮古島方言の /si/（「シ乙」）の多くは、標準語の「せ」に変化しています。これは前章で述べたように《/i/（乙類）の表記に使用された漢字のあるものは中古

表37　宮古島方言の二類の「し」(/sï/ と /si/ の存在)

/sï/		/si/	
あたらし	atarasï	浴びせる	amsiz
（懐かし、大事な）		汗（あせ）	asi
鷲（わし）	basï	あせも	asi-m
櫛（くし）	fusï	痩せる（やせる）	yasiz
石（いし）	isï		（小さくなる、低くなる）
椰子（やし）	yasï	被せる	kavsiz
悲し（かなし）	kamarasï	着せる	ksi•z
かなし	kanasï	のせ	nu:si
（愛しい、可愛い）		（和妙抄に「乃世」－鳥の名あり）	
嚔（くしゃみ）	kusïk'a	見せる	misi•z
増し（まし）	masï	早く	p'a:si
虫（むし）	musï	◎して（で、を以て）	si
北（にし）	nisï	瀬（せ）、岩	s'i:（岩）
主（ぬし）	nusï	◎後（しり）	ssi
話し（はなし）	panasï	◎尻（しり）	si:
箸（はし）	pasï	精（せい）	si:（精液）
端（はし）	pasï	狭い（せまい）	siba
橋（はし）	pasï	心配（→世話せわ）	siba
星（ほし）	pusï	◎しごく	siguku（動かす、揺るがす）
絞る（しぼる）	sïbuz	◎篩い（佐賀：si:no）	si:no:
舌（した）	sïda	せられる	sirai•z
静か（しづか）	sïʒïka	◎おもしろい	umussi
…しか	-sïka	◎間、海峡	basi
（…だけ、…ばかり）			
島（しま）	sïma	※対応語の認められない言葉	
下（しも）	sïmu	そう（左様）	annsi:
死ぬ（しぬ）	sïn	錘	bi:si
肉（しし）	sïsï	柄杓	sasi
下（した）	sïta	堆積	sira
…して	…sïti	お産の時、お産	sira
渋い（しぶい）	sïv	すする、かじる	śiʒï
知る（しる）	ssï	座らせる	bisiz
魂（たましい）	tamasï	諄々しく言う、小言を言う	fsiz
年（とし）	tusï		
牛（うし）	usï		

音では /e/ 系統の音に変化した。朝廷の勅に従って漢字音を中古音のとおりに発音することになり、そのために /e/ の母音が日本語音韻として新たに誕生し、その後これらの漢字は /e/ と読まれ発音されるようになった》ということによるものです。すなわち、上代音韻の /si/（「シ乙」）は平安時代に「せ」に変化したのです。宮古島方言からわかることは上代音韻の「シ乙」の大部分は「せ」に変化したということです。

　表37には宮古島方言と上代語の間で、明確な対応語になっていないものが多数あります。しかし、それは宮古島方言に存在する語が万葉仮名資料において、たまたま記載されなかった語彙であるとか、あるいは上代語の時代に本土では、すでに死語化していたというようなことによるのではないでしょうか。肝腎なことは宮古島方言には /sï/ と /si/ の両音があるということです。そして、それは「し」の甲類と乙類なのです。

　ここで、宮古島方言が「シ乙」を /si/ と発音している言葉のなかから、興味深い例を一つ提示いたします。それは表37において◎印をつけて掲載してある /basi/（意味は「間」あるいは「海峡」）という言葉です。聖徳太子の母親は用明天皇の后の「間人皇后」です。また孝徳天皇の后（天智天皇の妹）は「間人大后」です。そして「間人皇后」や「間人大后」の読みは「はしひとノ…」とされており、「間」という漢字の読みは「はし」とされているのです。しかし、『角川古語辞典』や『岩波古語辞典』のいずれにも、日本古語では「間（あいだ）」あるいは「間（ま）」のことを「はし」と言ったとする記載はありません。それなのになぜ、「間」という漢字を「はし」と読むのでしょうか？　非常に不思議なことではないでしょうか。しかし、《名のりでは「間」を「はし」と読む場合がある》ということから考えられることは、古代日本語では「間（あいだ）」あるいは「間（ま）」のことを「はし」と言ったのではないかということです。

　そしてそのことは、《上代音韻の原形である宮古島方言では、「間」のことを /basi/ という》ということで証明されるのです。「間人皇后」や「間人大后」の名のりから導かれる「間＝はし」の音と宮古島方言の /basi/ は、意味が同じであり、音韻的にも明確に対応しているからです。

間＝「はし」	
本土	hasi
	↕
宮古島方言	basi

　この両者を対応語とするには二つの問題があるのは事実です。1点目は、両者の第1音節は「は」と「ば」であり、清濁が異なること。2点目は、宮古島方言の /basi/ の語頭音は濁音であることです。一般に古代日本語の語頭音には以下に示す二つの法則があるとされています。

　古代日本語における語頭音の法則
　　1　古代日本語ではラ行音は語頭に立たない
　　2　古代日本語では濁音は語頭に立たない

　したがって、宮古島方言の /basi/ という言葉は古代日本語の語頭音の法則の2に反しているのです。

　そこで、以上の二つの問題点について検討を加えましょう。問題の1点目の清濁が異なる件については、上代語と現在の標準語の間においても清濁が異なる言葉が実際に存在するということで理解が可能です。そのような言葉として、春日和男氏が「古事記における清濁書分について」（『国語国文』第11巻6号）において、以下の例をあげています。

	上代→現代
袖	そて→そで
響く	ひひく→ひびく
窺う	うかかふ→うかがふ
そそぐ	そそく→そそぐ

　また、江戸時代の本居宣長も『古事記伝』の「仮字の事」において、時代により清濁が異なる言葉があるとしており、さらに大野晋氏も『上代仮名遣の研究』（岩波書店、1953年）の第4章「日本書紀の清濁表記」の項で、同様のことを述べています。「間＝はし」と宮古島方言の/basi/は清濁は異なりますが、同じ言葉である可能性があるのです。

　そして2点目の「古代日本語においては語頭に濁音は立たない」という語

頭音の法則に関しては、三宅武郎氏が以下のように古代日本語の語頭濁音の可能性を述べています。

> 他の例でいへば、蟹は本来ガニであつて、それが後にカニになつてからでも、たとへば「葦蟹」のやうな熟語の中では、もとの濁音が残つてゐるのだと解釈したい。その傍証には方言に於ける清濁変化の現象を挙げることができる。それは、或る地域で、当然中央語の感化を蒙り易い市街地ではカニとなつてゐても、そこから一歩郊外へ踏み出すとガニといふやうなところがたくさんある。容量のカサとガサとも同断、甲府出身市川氏談。
>
> （三宅武郎「濁音考」、日本音声学協会編『音声の研究』第五輯所収、1931年）

語頭音に関する第2の法則も確実なことではないのです。

以上から、上代語の「間＝はし」と宮古島方言の /basi/（意味は「間_{あいだ}」）を対応語とすることには、なにも問題はないのです。そして宮古島方言は、「間＝はし」の「し」を /si/ と発音していますから、この「し」は「シ^乙」になります。理論からすれば、宮古島方言は「シ^甲」を /sī/ と発音し、「シ^乙」を /si/ と発音することになるからです。古代日本語の「間＝はし」という言葉は、本土では死語化して消滅してしまったようです。

それでは宮古島方言に存在する二類の「し」は、なぜ万葉仮名で甲類乙類として書きわけられていないのでしょうか？　それは甲乙二類の「し」は他の音よりも早くに同音になったということによるのでしょう。そして、その理由として推測されることは、「し」の表記に使用された漢字には上古音と中古音の間で、甲類乙類の関係が逆転する漢字が多かったのではないかということです。そこで「し」の表記に使用された万葉仮名の上古音・中古音および両者間の甲乙逆転率を見てみましょう。「し」の音の表記に使用された漢字は以下の漢字です。そしてその上古音・中古音を表38に示します。

「し」の音の表記に使用された漢字：斯・志・之・思・旨・紫・師・子・資・詩・四・司・至・寺・茲・滋・慈・信・自・時・芝・詞・伺・嗣・

表38 「し」の音の表記に使用された漢字の中国原音

上古音―中古音	上古音―中古音
「斯」：[sieg－siě] 580	「芝」：之と同音 1089
◎「志」：[tiəg－tʃɪei] 457	「詞」：[？－ziei] 1211
◎「之」：[tiəg－tʃɪei] 24	◎「伺」：[siəg－siei] 62
◎「思」：[siəg－siei] 464	◎「嗣」：[ziəg－ziei] 246
◎「旨」：[tier－tʃɪi] 590	「侍」：[dhiəg－ʒɪei] 70
「紫」：[tsiěr－tsǐě] 993	「此」：[ts'iěr－ts'iě] 686
◎「師」：[sǐěr－sǐi] 406	◎「指」：[tier－tʃɪi] 527
◎「子」：[tsiəg－tsiei] 338	「次」：[ts'ier－ts'ii] 679
◎「資」：[tsier－tsii] 1258	「字」：[dziəg－dziei] 340
◎「詩」：[thiəg－ʃɪei] 1215	◎「施」：[thiar－ʃɪě] [diar－yiě] 583
「四」：[sied－sii] 256	「絁」：施と同音 994
◎「司」：[siəg－siei] 204	◎「死」：[sier－sii] 689
◎「至」：[tied－tʃɪi] 1078	「矢」：[thier－ʃɪi] 903
◎「寺」：[diəg－(yiei)－ziei] 370	「尸」：[thier－ʃɪi] 380
「茲」：[tsieg－tsiei] 1103	「試」：[thiəg－ʃɪei] 1216
◎「滋」：[tsiəg－tsiei] 756	「辭」：[diəg－(yiei)－ziei] 1303
◎「慈」：[dziəg－dziei] 483	◎「始」：[thiəg－ʃɪei] 326
「信」：[sien－siěn] 75	「璽」：[ŋieg－siě] 846
◎「自」：[dzied－dzii] 1074	◎「眂」：[dhier－ʒɪi] 894（視の異体字 1195）
◎「時」：[dhiəg－ʒɪei] 600	「偲」：[siəg－siəi] [ts'əg－ts'əi] 88

　　侍・此・指・次・字・施・絁・死・矢・尸・試・辞・始・璽・眂
　　（視）・偲　　　　　　　　（大野透『万葉仮名の研究』既出による）

「し」の表記に使用された万葉仮名は全部で40漢字です。そのうち実に30漢字（75％）は上代音韻表記のための甲類乙類の関係が上古音と中古音では逆転しているのです（表38の◎印の漢字）。古代倭人が漢字音を上古音から中古音へ切り替えたとき、万葉仮名の「し」の甲類乙類の区別は、ひとたまりもなく崩壊したことでしょう。

永田吉太郎氏や馬淵和男氏は《「し」には二類の区別がある》という説を唱えられましたが、それは「し」の甲類乙類の区別が崩壊している万葉仮名資料のなかから、その痕跡を敏感にとらえたするどい指摘のようです。

2 「せ」の甲乙二類

　現在の通説では「せ」には甲類乙類の書きわけはないとされています。しかし、第II部第3章でみたように、私説では上代音韻にはエ列音はありませんから、上代音韻には「せ」の音そのものがなかったのです。現在、万葉仮名で「せ」とされているものは、漢字音を上古音から中古音へ切り替えたことによって新たに生じた音でした。そしてその構成音は二つのグループから成り立っていました。

　　1　それまで「さ」と読んでいた漢字を「せ」と読むようになったグループ
　　2　それまで「し⁄/si/」と読んでいた漢字を「せ」と読むようになったグループ

そしてア列音は母音一つのみの韻の漢字で表記されていましたから、「さ」も母音一つのみの韻の漢字で表記されているはずです。それを確かめてみましょう。「さ」の音の表記に使用された漢字は、以下の漢字です。そしてその上古音・中古音を表39に示します。

「さ」の万葉仮名：沙佐左娑作柴舎散者紗差磋瑳嵯縒草蔵射賛讃積尺酢薩

表39 「さ」の音の表記に使用された漢字の中国原音

上古音―中古音	上古音―中古音
「沙」：[sǎr－sǎ] 712	「縒」：　差・錯と同音 1013
「佐」：[tsar－tsa] 61	「草」：[ts'og－ts'au] 1104
「左」：[tsar－tsa] 400	「蔵」：[dzaŋ－dzaŋ] 1130
「娑」：[sar－sa] 330	「射」：[diăg－dʒiă]、[diăg－yiă]
「作」：[tsak－tsak] 61	[diak－yiɛk] 372
「柴」：[dzǎr－dzǎi] 640	「賛」：[tsan－tsan] 1260
「舎」：[thiăg－ʃiă] 70	「讃」：[tsan－tsan] 1243
「散」：[san－san] 570	「積」：[tsiek－tsiɛk] 941
「者」：[tiăg－tʃiă] 1041	「尺」：[t'iak－tʃ'iɛk] 380
「紗」：[sǎr－sǎ] 986	「酢」：[ts'ag－ts'o] 1354
「差」：[ts'ăr－ts'ă]，[ts'ĭar－ts'ĭě] 401	「薩」：[sat－sa] 1137
「磋」：[ts'ar－ts'a] 914	「匝」：[tsəp－tsəp] 171
「瑳」：[ts'ar－ts'a] 843	「相」：[siaŋ－siaŋ] 892
「嵯」：[dzar－dza] 395	

匝相　　　　　　　　　　　　（大野透『万葉仮名の研究』既出による）

「さ」の万葉仮名は 26 漢字であり、そのうち上古音の明らかな漢字は 25 漢字。そのうちの 19 漢字（76％）は、母音一つのみの漢字です。おそらく残りの漢字も藤堂上古音と『説文解字』の諧声系列で補正すれば、ほとんどが「母音は一つのみの漢字」になると思います。したがって「さ」から「せ」となったものは、上古音では母音一つのみの漢字で表記されることになるので、「セ甲」ということになります。次に「シ乙/si/」から「せ」になった漢字の上古音は《[ie] 系統以外の韻の漢字》で表記されますから「セ乙」になります。以上のことは、「け」「へ」「め」に甲類乙類が存在しているということとまったく同じ理由によるのです。それなのに、なぜ万葉仮名の「せ」とされている漢字には、甲類乙類の区別がみられないのでしょうか。それもまた万葉仮名の「せ」とされている漢字の甲類乙類の関係が、上古音と中古音で逆転する漢字が多かったためと思われます。「せ」の万葉仮名とされている漢字は次の 12 漢字です。そしてその上古音・中古音を表 40 に示します。

「せ」の万葉仮名：西世勢施齊是肖栖制細剤贍

（大野透『万葉仮名の研究』既出による）

「せ」の万葉仮名とされている 12 漢字のうちの◎印のついている 6 漢字は、上古音と中古音では甲類乙類の関係が逆転しています。逆転率 50％ です。これだけでも「せ」の甲類乙類の区別が崩壊するには充分です。さらに「西」「齊」「栖」「細」「剤」の 5 漢字は上古音では母音一つのみの音ですから甲類表記用の漢字です。ところが 5 漢字とも中古音は [sei] となっています。最初の母音と二番目の母音の組み合わせは [ei] であり、これは

表 40　「せ」の万葉仮名の中国原音

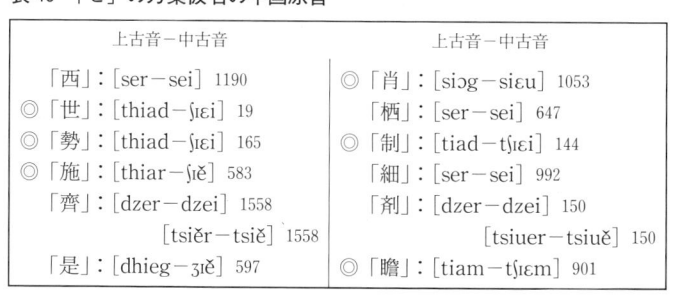

上古音－中古音		上古音－中古音	
「西」：	[ser－sei] 1190	◎「肖」：	[siɔg－siɛu] 1053
◎「世」：	[thiad－ʃɪɛi] 19	「栖」：	[ser－sei] 647
◎「勢」：	[thiad－ʃɪɛi] 165	◎「制」：	[tiad－tʃɪɛi] 144
◎「施」：	[thiar－ʃɪĕ] 583	「細」：	[ser－sei] 992
「齊」：	[dzer－dzei] 1558	「剤」：	[dzer－dzei] 150
	[tsiĕr－tsiĕ] 1558		[tsiuer－tsiuĕ] 150
「是」：	[dhieg－ʒɪĕ] 597	◎「贍」：	[tiam－tʃɪɛm] 901

《[ie] 系統以外の韻》です。したがって、この5漢字は中古音では乙類表記用の漢字なのです。そうしますと、これらの5漢字は上古音と中古音では甲類乙類が逆転しているのです。すると、「せ」の万葉仮名とされている漢字のほとんどは甲乙が逆転しており、その甲乙逆転率は90.9％になります。漢字音を上古音から中古音に切り替えると、「せ」の万葉仮名とされている漢字からも甲類乙類の区別はすぐに消滅するのです。

3 「じ」の甲乙二類

「ざ行子音」は /ʒ/ もしくは /z/ で表されます。したがって、「じ」の音に甲類乙類の2音があったとすれば、甲類の「じ」は /ʒĭ/・/zĭ/ となり、乙類の「じ」は /ʒi/・/zi/ となります。そして宮古島方言をみてみますと、この2音が存在するのです（表41）。

/ʒĭ/・/ʒi/ ともに数は少ないのですが、とにかく宮古島方言には両音があるのです。したがって、これは甲類の「じ /ʒĭ/」と乙類の「じ /ʒi/」なのです。ただし乙類の「じ」である宮古島方言の /ʒi/ は標準語ではすべて「せ」「ぜ」に変化しています。なお「あぜ竹（宮古島方言 /aʒi-daki/）」については、ネフスキー氏が《江戸時代に本土方言を採集した『物類称呼』に「升をわくる竹なり」とある》としています。「あぜ竹（宮古島方言/aʒi-daki/）」は本土の方言にも存在する言葉なのです。また宮古島方言の /gaʒi/（「交差」）は本土の「かせ」（手かせ、足かせの「かせ」）に対応する言葉だと思います。

表41　宮古島方言の/ʒĭ/ と /ʒi/

/ʒĭ/ の音の言葉		/ʒi/ の音の言葉 (本土では「ぜ」・「せ」に変化)	
主（あるじ）	aruʒĭ	風（かぜ）	kaʒi
夜虹（夜にじ）	junuʒĭ	あぜ竹	aʒi-daki
鬮（くじ）	fuʒĭ	交叉（かせ）	gaʒi
始め（はじめ）	paʒĭmi	胼胝	kuʒi
刀自（とじ－妻）	tuʒĭ		
蛆（うじ）	uʒĭ		
本島（もとじま）	mutu-ʒĭma		

その音韻対応は以下のとおりです。

```
                   かせ
    本土        k-a-s-e
               ↑   ↑ ↑
    宮古島      g-a-ʒ-i
```

　宮古島方言の濁音の /g/ は本土では清音の /k/ に変化し、同じく宮古島方言の濁音の /ʒ/ は本土では清音の /s/ に変化しているだけです。そして宮古島方言の最後の母音の /i/ は、琉球方言と標準語の音韻対応の法則により /e/ に変化したものです。両者は明確な対応語と思われます。

　「じ」の甲類乙類の区別が万葉仮名にみられないのは、その区別が早くから失われたことによるものであり、その理由も「じ」の表記に使用された漢字の上古音―中古音における甲乙逆転率に関係しているのです。以下に「じ」の表記に使用された漢字とその上古音・中古音を示します（表42）。◎印がついているのは上古音―中古音で甲類乙類の関係が逆転している漢字です。

　「じ」の表記に使用された漢字：自士慈餌珥盡仕時寺耳字司貳兒茸爾緇之
　　志旨甚深　　　　　　　　　　（大野透『万葉仮名の研究』既出による）

　「じ」の表記に使用された漢字は全部で 22 漢字。そのうちの 14 漢字は、甲類乙類の関係が逆転しています。逆転率 63.6% です。「じ」の甲類乙類も

表 42 「じ」の表記に使用された漢字の中国原音

	上古音－中古音			上古音－中古音	
◎	「自」：	[dzied－dzii] 1074	◎	「司」：	[siəg－siei] 204
◎	「士」：	[dzĭəg－dzĭei] 291		「貳」：	[nier－ni] 430
◎	「慈」：	[dziəg－dziei] 483		「兒」：	[ŋieg－niě] 107
	「餌」：	[niəg－niei] 1490		「茸」：	[niuŋ－nioŋ] 1104
	「珥」：	餌と同音 837		「爾」：	[nier－niě] 809
	「盡」：	[dzien－dzĭěn] 381	◎	「緇」：	[thĭəg－thĭei] 1010
◎	「仕」：	[dzĭəg－dzĭei] 49	◎	「之」：	[tiəg－tʃiei] 24
◎	「時」：	[dhiəg－ʒiei] 600	◎	「志」：	[tiəg－tʃiei] 457
◎	「寺」：	[diəg－ziei] 370		「旨」：	[tier－tʃɪi] 590
◎	「耳」：	[niəg－niei] 1043		「甚」：	[dhiəm－ʒɪɛm] 850
◎	「字」：	[dziəg－dziei] 340		「深」：	[thiəm－ʃiəm] 747

漢字音を上古音から中古音へ切り替えたとき、簡単に崩壊したのです。

第5章　「四つ仮名」混同の真相
——第二の証拠

1　「た行」「だ行」の謎と「四つ仮名」

　宮古島方言が上代音韻の原形であることは第Ⅱ部第2章において証明されました。それは宮古島方言に存在する /ɿ/ の母音によるものでした。宮古島方言の /ɿ/ の特徴を再掲すると以下のようになります。
　(1) 宮古島方言の /ɿ/ は、/i/ と /u/ の中間の音である
　(2) 宮古島方言の /ɿ/ は、その始まりにおいて /s/ や /z/ のように響く
　第Ⅱ部第2章で述べたように、首里方言には「標準語の /u/ がしばしば /i/ と発音される」という現象が存在するのですが、その原因は宮古島方言の /ɿ/ の特徴のうちの (1) によるものでした。/ɿ/ は /i/ と /u/ の中間の音ですからイ段音に分化する可能性もあればウ段音に分化する可能性もある未分化な音なのです。上述する首里方言の変異はこの宮古島方言の /ɿ/ を原形として、本土においてそれを /u/ に分化させた言葉を首里方言は /i/ に分化させたということによるのです。そこから宮古島方言は標準語（上代語）と首里方言の原形であることが導き出されたのでした。
　ここで、宮古島方言は上代音韻の原形であるということについての第二の証拠を提示することになります。それもまた /ɿ/ に関係しています。すなわち、宮古島方言の /ɿ/ にはもう一つの特徴がありました。上記の (2) です。そしてこれが標準語の「た行」と「だ行」に存在する不思議な現象の理由なのです。
　「た行」と「だ行」に存在する不思議な現象とはなんでしょうか。それは「ち」は /tʃi/ と発音され、「つ」は /tsu/ と発音されており、「ぢ」は /ʒi/、「づ」は /zu/ と発音されていることです。

「た行」の子音は /t/ ですから、「た行」は本来ならば以下のようでなければなりません。

　　理論的な「た行」：/ta/・/ti/・/tu/・/te/・/to/
　　　　　　　　　　　　　　　↓　　↓
　　現　実　の「た行」：/ta/・/tʃi/・/tsu/・/te/・/to/

「ち」「つ」は、理論的には /ti/・/tu/ であるべきなのに、なぜか /tʃi/・/tsu/ となっているのです。また、「だ行」の子音は /d/ ですから、「だ行」は本来ならば以下のようでなければなりません。

　　理論的な「だ行」：/da/・/di/・/du/・/de/・/do/
　　　　　　　　　　　　　　　↓　　↓
　　現　実　の「だ行」：/da/・/ʒi/・/zu/・/de/・/do/

「ぢ」・「づ」は、理論的には /di/・/du/ であるべきなのに、なぜか /ʒi/・/zu/ となっているのです。そしてこの /ʒi/・/zu/ は「ざ行」の「じ」「ず」の音なのです。すなわち、/di/・/du/ であるべきはずの「ぢ」「づ」の音は「ざ行」の「じ」「ず」と同音になっているのです。「じ」と「ぢ」、および「ず」と「づ」、この四つの文字は古来「四つ仮名」と称せられて他の仮名とは別にとりあつかわれてきました。それは、本来別音であるべき「じ」と「ぢ」、および「ず」と「づ」のそれぞれが同音になっているからにほかなりません。なぜこのようなことになったのでしょうか。

そこで「た行」「だ行」の歴史をみてみることにしましょう。橋本進吉氏の『国語音韻史』に「奈良朝の言語の音韻組織」として次のような記述があります。

〔奈良朝の言語の音韻組織〕
　　チ・ヂ・ツ・ヅに當る音が、後世のものとは違つて、ti、di、tu、du であつたか、又は少なくともこれに近い音であつたらう。
　　　　室町時代になると、tʃi、dʒi、tsu、dzu となる。
（橋本進吉博士著作集第 6 冊『国語音韻史（講義集 1 ）』岩波書店、1966 年、164 ページ）

古代においては「ち」の音は理論どおりの /ti/（ティ）であり、「つ」の音は /tu/（トゥ）とされています。同じように古代においては「ぢ」は /di/ であり、「づ」は /du/ とされています。さらに中本正智氏の『日本語の原景』には次のように記述されています。

　　鎌倉時代から室町時代にかけて、イ、ウ段のタ行子音が tʃ、ts に変化したが、これと並行的に、ダ行のヂ、ヅの子音も dʒ、dz に変化した。その結果、ザ行のジ、ズの子音 ʒ、z とそれぞれまぎらわしくなり、ついに室町末期ごろにヂとジ、ヅとズとが同じ発音になって区別を失ってしまう。　（中本正智『日本語の原景』力富書房、1981年、60 ページ）

　この二つの記述からしますと「ち」「つ」「ぢ」「づ」の歴史は次のようなことになります。
　奈良時代以前には、「ち」「つ」は /ti/・/tu/ であった。それが鎌倉時代に /tʃi/・/tsu/ に変化した。一方、奈良時代以前には、「ぢ」「づ」は /di/・/du/ であったが、「ち」「つ」が鎌倉時代に /tʃi/・/tsu/ に変化したのにともなって /dʒi/・/dzu/ に変化した。そして「ざ行」の「じ /ʒi/」・「ず /zu/」と混同されるようになり、室町末期の頃に「じ /ʒi/」・「ず /zu/」と同音になった。
　以上の経過のうち、後半の部分、すなわち《/dʒi/・/dzu/ に変化した「ぢ」「づ」が、やがて「じ /ʒi/」・「ず /zu/」と混同されるようになり、ついには室町末期の頃に「じ /ʒi/」・「ず /zu/」と同音になった》という事象は、その構成音からして充分に納得できることです。しかしなぜ「ぢ」「づ」は奈良時代以前の /di/・/du/ から鎌倉時代に /dʒi/・/dzu/ に変化したのでしょうか。/di/・/du/ になぜ「ざ行子音」の /ʒ/・/z/ の音が混入することになったのでしょうか。非常に不思議なことではないでしょうか。しかし、いまだかつてそのことについて、充分な説明をなしえた論文はないのではないかと思います。
　「ち」「つ」の場合にも同じことがいえます。古代には /ti/・/tu/ であった音に、なぜ鎌倉時代になると余分な音（「ち」の場合は /ʃ/、「つ」の場合は

/s/)が混入することになったのでしょうか。

この問題は、《古代の日本語には甲類の「き」として /kĭ/ が存在したのと同じように、甲類の「ち」としての /tĭ/ が存在した》と考えることで解決します。すなわち、/ĭ/ には /s/ や /z/ の成分がありました。柴田武氏が /kĭ/・/pĭ/ と採録されている宮古島方言の音をネフスキー氏や平山輝男氏が /kˢĭ/・/pˢĭ/ と採録表記しているのはそのためです。この /kˢĭ/・/pˢĭ/ を /ksĭ/・/psĭ/ と書き改めることには、さほどの問題はないと思います。/ĭ/ に存在する /s/ の成分が、さらに強く強調されたと考えればよいのです。実際に伊波普猷氏は「琉球語の母音組織と口蓋化の法則」において「(宮古島方言の /ĭ/ は) 特に破裂音の子音と合して、音節を形づくる場合には、psĭ・bzĭ・ksĭ・gzĭ といつたやうに、ＳＺの響くのを感ずる」と述べていました。それと同じように /tĭ/ も /tˢĭ/ と書き直すことが可能であり、その /tˢĭ/ はさらに /tsĭ/ と書き直すことが可能なのです。このような経緯で「ち」の音に /s/ の成分が混入するようになったのです。そして /ĭ/ はその後、/i/ と /u/ に分裂しますから、/tsĭ/ は /tsi/ と /tsu/ に分裂することになります。こうしてできた /tsi/ と /tsu/ が現在の日本語の「ち」/tʃi/ と「つ」/tsu/ なのです (図23)。

中本正智氏は「鎌倉時代に /tʃi/・/tsu/ となった」と述べていますが、現在の「ち」の音である /tʃi/、そして「つ」の音である /tsu/ が出現するのは、/ĭ/ が /i/ と /u/ に分裂するときなのです。実際には第Ⅱ部第2章でみたように、/ĭ/ は後期上代音韻の時 (奈良時代) に /ĭ/ と /u/ に分裂し、その後期上代音韻の /ĭ/ が上代音韻の消滅のとき、すなわち平安時代初期に /i/ に変化していました。したがって現在の「つ」/tsu/ は、すでに後期上代音

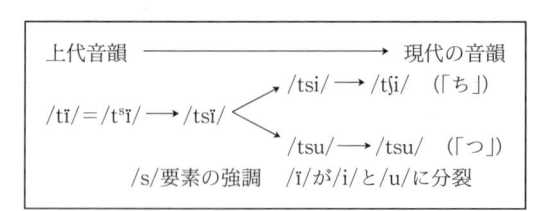

```
        上代音韻 ─────────→ 現代の音韻
                        ╱ /tsi/ ──→ /tʃi/  (「ち」)
/tĭ/ = /tˢĭ/ ──→ /tsĭ/ ╲
                          /tsu/ ──→ /tsu/  (「つ」)
        /s/要素の強調    /ĭ/が/i/と/u/に分裂
```

図23 上代音韻の「チ甲」/tĭ/ から現在の
「ち」/tʃi/ と「つ」/tsu/ が生じる

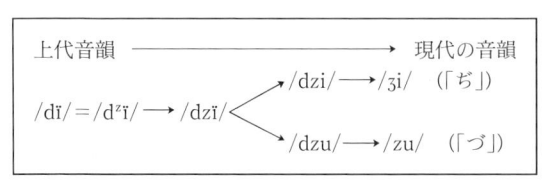

```
上代音韻 ─────────────────→ 現代の音韻
                              /dzi/ ──→ /ʒi/  (「ぢ」)
/dĭ/ = /dᶻĭ/ ──→ /dzĭ/ ⟨
                              /dzu/ ──→ /zu/  (「づ」)
```

図24　上代音韻の「ヂ甲」/dĭ/ から現在の
「ぢ」/ʒi/ と「づ」/zu/ が生じる

韻の時代（奈良時代）に存在しており、現在の「ち」/tʃi/ は平安時代初期にできたのです。いずれも、そのみなもとは甲類の「ち」/tĭ/ なのです。そしてもともとの /ti/（乙類の「ち」）・/tu/ の大部分は、それぞれ /te/・/to/ へ変化したのです。

　「ぢ」「づ」の音が「じ」「ず」の音と同音になったのも、「ち」の場合とまったく同じ経緯によるのです。すなわち古代の日本語には、甲類の「ぢ」としての /dĭ/ が存在したのです。/ĭ/ には /z/ の成分がありますから、前項で述べたのと同じ理由で /dĭ/ は /dᶻĭ/ と書き直すことが可能です。そしてこの /z/ がさらに強調されれば /dzĭ/ となります。このような経緯で「だ行」のなかに「ざ行子音」の /z/ が入り込むことになったのです。そして後世になると、/ĭ/ は /i/ と /u/ に分裂しますから /dzĭ/ は /dzi/ と /dzu/ に分裂することになります。こうしてできた /dzi/・/dzu/ が「じ /zi/」・「ず /zu/」と混同されるようになり、室町末期の頃に「じ /zi/」・「ず /zu/」と同音になったのです（図24）。

　/dzu/ は後期上代音韻の時代、すなわち奈良時代には存在し、/dzi/ は上代音韻が消滅したとき、すなわち平安時代初期にできたのです。そして、いずれも甲類の「ぢ /dĭ/」にそのみなもとがあるのです。

2　「ち」「ぢ」の万葉仮名に甲類乙類が存在しない理由

　「ち」の甲類乙類の区別が万葉仮名に存在しないのは、「し」・「じ」におけると同じように「ち」の表記に使用された漢字の音が上古音と中古音では甲類乙類の関係が逆転する漢字が多かったからでしょう。「ち」の表記に使用された万葉仮名は以下の19漢字です。そしてその上古音・中古音は表43の

表43 「ち」に使用された漢字の中国原音

上古音―中古音	上古音―中古音
◎「至」：[tied−tʃɪi] 1078	◎「馳」：[dɪar−dǐě] 1500
「知」：[tɪeg−tɪě] 903	◎「遅」：[dɪer−dɪi] 1327
「智」：[tɪeg−tɪě] 603	◎「恥」：[tʻɪəg−tʻɪei] 471
◎「致」：[tied−tɪi] 1079	「珍」：[tɪen−tɪěn] 836
◎「地」：[dieg−dii] 268	「直」：[dɪək−dɪək] 889
◎「値」：[dɪəg−dɪei] 83	「陳」：[dɪen−dɪěn] 1423
◎「治」：[dɪəg−dɪei] 721	「鎮」：[tɪen−tɪěn] 1387
「撅」：なし	「勅」：[tʻɪək−tʻɪək] 160
◎「筓」：[tʻɪəg−tʻɪei] 958	「秩」：[dɪet−dɪět] 935
◎「池」：[dɪar−dǐě] 710	

とおりです。

「ち」：至・知・智・致・地・値・治・撅・筓・池・馳・遅・恥・珍・
　　　直・陳・鎮・勅・秩　　　　（大野透『万葉仮名の研究』既出より）

「ち」の表記に使用された万葉仮名は19漢字。そのうち、藤堂明保編『学研　漢和大字典』で上古音・中古音の明確な漢字は18漢字です。そして、そのなかで上古音と中古音では甲乙が逆転している漢字は10漢字です（◎印の漢字）。したがって「ち」の表記に使用された万葉仮名の甲乙逆転率は55.6％であり、非常に高いのです。そのために「ち」の甲類乙類の区別も早くから失われたのです。

甲類の「ぢ」/dī/ と乙類の「ぢ」/di/ の区別が万葉仮名にみられないのも、まったく同じ理由によります。「ぢ」の表記に使用された漢字は以下の10漢字です。そしてその上古音・中古音は、表44のようになっています。

「ぢ」：治・持・地・遅・墀・膩・旎・尼・知・智
　　　　　　　　　　　　　（大野透『万葉仮名の研究』既出より）

「ぢ」の表記に使用された漢字は、全部で10漢字。そのうちの7漢字は上古音と中古音で甲類乙類の関係が逆転しています。すなわち、逆転率70％です。「ぢ」の甲類乙類の区別も漢字音を上古音から中古音へ切り替えたとき、簡単に崩壊したのです。

以上のように「た行」「だ行」に存在する謎、すなわち、

　　(1)「た」「て」「と」は /ta/・/te/・/to/ であるのに、なぜ、「ち」

表44 「ぢ」に使用された漢字の中国原音

上古音―中古音	上古音―中古音
◎治：[dɪəg－dɪei] 721	◎膩：[nɪed－nɪi] 1070
◎持：[dɪəg－dɪei] 527	◎㚄：[nɪer－nɪě] 585
◎地：[dieg－dii] 268	◎尼：[nɪer－nɪi] 381
◎遅：[dɪer－dɪi] 1327	◎知：[tɪeg－tɪě] 903
◎墀：[dɪer－dɪi] 288	◎智：[tɪeg－tɪě] 603

「つ」は /tʃi/・/tsu/ なのか
(2)「ぢ」「づ」はなぜ /di/・/du/ から、「じ /zi/」「ず /zu/」と同音になる原因となった /dzi/・/dzu/ へ変化したのか

　これらの謎は、《宮古島方言に存在する /ĭ/ が古代日本語にも存在し、甲類の「ち」としての /tĭ/、甲類の「ぢ」としての /dĭ/ が存在した》とみなしたとき、その /ĭ/ に存在する特徴により説明できるのです。これは、宮古島方言が上代音韻の原形であることの第二の証拠なのです。

3　宮古島方言の「ち」「ぢ」

　さて、次は宮古島方言の「ち」をみてみましょう。宮古島方言の母音構成は /a/・/i/・/ĭ/・/u/ の4母音構成ですから、宮古島方言の「た行」は理論的には /ta/・/ti/・/tĭ/・/tu/ であるはずです。そして実際に、宮古島方言には現在の日本語には存在しない /ti/・/tu/ の音があるのです。/ti/ は英語の tea（お茶）のティ、/tu/ は英語の two（二つ）のトゥの音です。これも宮古島方言が古代日本語の音韻を伝えている証拠の一つでしょう。そして母音の関係から /tĭ/ は甲類の「ち」であり、/ti/ は乙類の「ち」ということになります。

　ところがネフスキー採録の『宮古方言ノート』には、甲類の「ち」に相当する /tĭ/ の音がまったくありません。そこで標準語・上代語の「ち」は、宮古島方言ではどのように発音されているのかをみてみますと、表45のようになっています。

　標準語・上代語の「ち」は、宮古島方言では /cĭ/・/ti/ と発音されている

表45 標準語・上代語の「ち」の宮古島方言

標準語・上代語	宮古島方言	「ち」の発音型
斑（ぶち）	puti	「ち」=/ti/
落ちる	utiz	「ち」=/ti/
口（くち）	fucï	「ち」=/cï/
頬（かまち）	kamacï	「ち」=/cï/
勝（かち）	kacï	「ち」=/cï/
蜂（はち）	pacï	「ち」=/cï/
弾く（はぢく）	pacïkˢï	「ぢ」=/cï/

のです。宮古島方言は、標準語・上代語の「ち」を二類に発音しわけていることになります。そして /ï/ は甲類の母音であり、/i/ は乙類の母音ですから宮古島方言の /cï/ は甲類の「ち」であり、/ti/ は乙類の「ち」なのです。

理論からすれば、宮古島方言は「チ甲」を /tï/ と発音するはずですが、それが /cï/ になっています。それは、すでに述べたように /tï/=/tˢï/→/tsï/ の変化のあと、宮古島方言では /tsï/ が /cï/ に変化したことによるのでしょう。そして宮古島方言は本土方言とは異なり、/ï/ は /i/ と /u/ に分裂することはありませんから /cï/ は /cï/ のままで留まっているのです。

なお宮古島方言では /cï/・/ti/ の音は表46に示す言葉に使用されています。

「チ甲」に相当する宮古島方言の /cï/ は、標準語では「ツ」に変化しているものが多いようです。そして、乙類の「し」に相当する宮古島方言の /si/ が標準語では、ほとんどが「セ」に変化しているのと同じように、「チ乙」の /ti/ は、標準語ではほとんどが「テ」に変化しています。「斑（ぶち）宮古島方言 /puti/」の /ti/ と「落ちる」/utiz/ の /ti/ のみが /ti/ のままの「チ乙」の例です。江戸時代の石塚龍麿は「ち」に二類があるとしましたが（「知」と「智」による書きわけ）、明治時代の橋本進吉氏はこれを否定しまし

表46 宮古島方言の二類の「ち」(/cĭ/ と /ti/) の対立

/cĭ/ (チ甲)		/ti/ (チ乙)	
暁（あかつき）	akacĭkˢĭ	余り（あて）	ati
暑さ（あつさ）	acĭsa	宛える（あてがえる）	atigaiz
集まる（あつまる）	acĭmaz	あわてる	awatiz
罰（ばつ）	bacĭ	やがて	jagati
壷（つぼ）	cĭbu	かて（副食物）	kati
幾つ（いくつ）	ifucĭ	果て（はて）	pati
何時（いつ）	icĭ	斑（ぶち）	puti（毛の禿げたところ）
五つ（いつつ）	icĭ-cĭ	捨てる（すてる）	sĭtiz
松（まつ）	macĭ	早朝（つとめて）	sĭtumuti
夏（なつ）	nacĭ	育てる（そだてる）	sudatiz
初（はつ）	pacĭ	建てる（たてる）	tatiz
		手（て）	ti:
		照らす（てらす）	tirasĭ
		※以下、対応語のない言葉	
		明年	akiti:
		別々に	kitati
		後口、後にして	kusati
		分、持ち分	muti
		鍋の底の煤	nabi-tisps
		樋	ti:

た。しかしこの件に関しては、《「知」と「智」の漢字で書きわけられたか否か》は別として石塚龍麿のほうが正しいのです。

　次に宮古島方言の「ぢ」をみてみますと、まず /di/ の音の言葉には表47のようなものがあります。

　このなかには、宮古島方言の /di/ が標準語の「ぢ」に対応している言葉は一つもありません。ただ、「出来る」「出る」「ひでり」「袖」において、ようやく「で」に変化した /di/ として認めることができるだけです。その他の言葉では、明瞭に対応している標準語をもとめることができません。「捩る」の場合は、語頭子音が /y/ と /m/ で異なっているのですが、仮にこれを対応語としますと、標準語の「ぢ」を /di/ と発音している唯一の例になります。しかし、今のところ標準語の /y/ と宮古島方言の /m/ が対応するという説明はまだできていません。しかし、肝腎なことは宮古島方言には

表47 宮古島方言の /di/ の言葉

出来る（で<u>き</u>る）	dikiz
出る（<u>で</u>る）	idi・z
捩る（よ<u>ぢ</u>る）	mudiz
旱（ひ<u>で</u>り）	pˢïdiz
袖（そ<u>で</u>）	sudi
網篭	am-di・z
家族、やから	ja:di
孵化する	sïdiz
何卒	tanndi
あばた	amdi

/di/ の音があり、その母音は乙類母音の /i/ なので、これは乙類の「ぢ」であるということです。

　次に甲類の「ぢ」に相当する /dī/ ついて。理論からすれば、宮古島方言では甲類の「ぢ」は /dī/ となります。しかし、実際の宮古島方言にはこの音はありません。そして /dī/ であるべき音は、すべて /ʒï/ と発音されています。宮古島方言では、甲類の「ぢ /dī/」はすべて /ʒï/ と発音されており、甲類の「じ /ʒï/」と同音になっているのです。これは、宮古島方言が /dī/＝/dᶻï/→/dʒï/→/ʒï/ の変化をおこしたことによります。宮古島方言では早くから甲類の「じ /ʒï/」と甲類の「ぢ /dī/」の同音化が生じたのです。宮古島方言と本土方言の /dī/ の変化の経緯を対比させると図25のようになります。

　これまで再々述べてきたように、/ï/ は本土においては /i/ と /u/ に分裂しますから、甲類の「ぢ /dī/」は /dʒï/ に変化したあと、本土においては

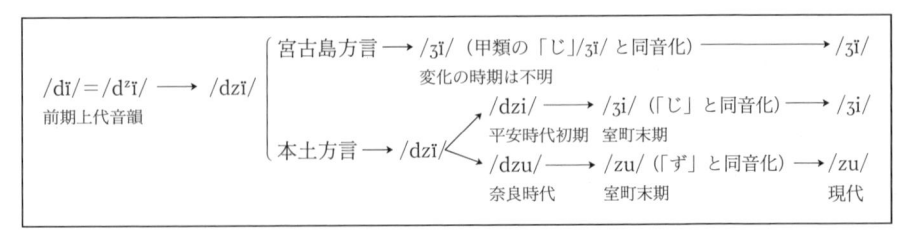

```
                          ┌ 宮古島方言 → /ʒï/（甲類の「じ」/ʒï/ と同音化）─────→ /ʒï/
                          │              変化の時期は不明
/dī/＝/dᶻï/ ──→ /dzï/ ┤              /dzi/ ──→ /ʒi/（「じ」と同音化）──→ /ʒi/
  前期上代音韻             │              平安時代初期　室町末期
                          └ 本土方言 → /dzï/ ─
                                         \    /dzu/ ──→ /zu/（「ず」と同音化）──→ /zu/
                                          奈良時代       室町末期                現代
```

図25　宮古島方言と上代語における甲類の「ぢ」/dī/ の変化の経緯

表 48　標準語の「じ」「ぢ」「ず」「づ」に対応する宮古島方言の /ʒï/ の言葉

「じ」としての /ʒï/		「ぢ」としての /ʒï/	
主（あるじ）	aruʒï	味（あぢ）	aʒï
夜虹（夜にじ）	junuʒï	地（ぢ）	ʒï:
鬮（くじ）	fuʒï	意地（いぢ）	iʒï
始め（はじめ）	paʒïmi	恥（はぢ）	paʒï
刀自（とじ―妻）	tuʒï	筋（すぢ）	sïʒï
蛆（うじ）	uʒï	氏（うぢ）	uʒï
本島（もとじま）	mutu-ʒïma		

「ず」としての /ʒï/		「づ」としての /ʒï/	
数（かず）	kaʒï	あきつ（蜻蛉）	akiʒï
葛（くず）	kuʒï	槌（つち）の一種	aja-ʒïcï
うまずめ（石女）	jaʒïmar'a	綱（つな）の一種	ffukara-ʒïna
かならず	kanaraʒï	水（みづ）	miʒï
…筈（はず）	paʒï	鎮む（しづむ）	sïʒïm
		静か（しづか）	sïʒïka
		鼓（つづみ）	cïʒïm

/dʒi/ と /dʒu/ に分裂します。そしてやがて /ʒi/・/ʒu/ となり、「じ /ʒi/」「ず /ʒu/」と同音になります。しかし、宮古島方言では /dʒï/ は /ʒï/ に変化したあと、そのままで留まります。同じように、本土方言では甲類の「じ /ʒï/」は /ʒi/ と /ʒu/ に分裂します。そして宮古島方言では、そのような変化はおこりませんから宮古島方言では「じ /ʒï/」は /ʒï/ のままです。したがって、宮古島方言の /ʒï/ は標準語の「じ」「ぢ」「ず」「づ」に対応することになります。宮古島方言の /ʒï/ が標準語の「じ」「ぢ」「ず」「づ」に対応する例としては表 48 にみるような言葉があります。

4　「四つ仮名」以外にも存在する　　「ざ行音」と「だ行音」の混同

「ざ行」と「だ行」にはもう一つの問題があります。「四つ仮名」の混同のほかにも「ざ行音」と「だ行音」は混同されているということです。その例として「涼し」の言葉があります。「涼し」は宮古島方言では /sïda:sï/ と発

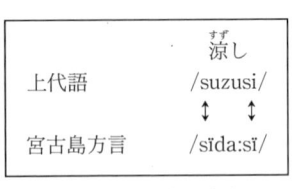

```
                        すず
                        涼し
         上代語        /suzusi/
                        ↕  ↕
         宮古島方言   /sïda:sï/
```

図26 「涼し」と宮古島方言の
     /sïda:sï/ の対応関係

音されているのです。「涼し」と宮古島方言の /sïda:sï/ は、りっぱな対応語です。それは図26の理由によります。それをくわしく述べてみましょう。

宮古島方言の /ï/ は上代語では /i/ と /u/ に分裂しますから宮古島方言の /sï/ は上代語では「し」と「す」に変化します。したがって「涼し」と宮古島方言の /sïda:sï/ の第1音節と第3音節は、明確な対応関係にあることがわかります。しかし、宮古島方言では第2音節が /da/ であるのに対して、上代語では /zu/ となっており、両者は「だ行」と「ざ行」の違いとなり、行そのものが異なります。宮古島方言の /sïda:sï/ と上代語の「涼し」は対応語だと思いつつも、当初、私はこれを説明することができませんでした。しかし「四つ仮名」が同音になるにいたった原因を突き止めることができたことをきっかけにして、両者はやはり対応語であるということがわかりました。

両者は対応語なのですが、それは /ï/ の母音によるものではありません。それでは両者はどのような理由で対応語になるのでしょうか？ それは「上代音韻と万葉仮名」に密接に関係している漢字の中国原音によるのです。「ざ行」「だ行」の表記に使用された万葉仮名は表49・50のとおりです。

これらの全漢字の上古音―中古音をここに示すのは、煩雑ですので巻末の

表49 「ざ行」の万葉仮名

ザ：射邪奘社蔵謝祥座奢佐左娑
ジ：自士慈餌珥盡仕時寺耳字司貳兒茸爾縋之志旨
ズ：受孺儒授殊聚須
ゼ：是筮噬世
ゾ甲：俗蘇
ゾ乙：曾叙序茹鋤賊存鐏所層

（大野透『万葉仮名の研究』既出より）

表50 「だ行」の万葉仮名

```
ダ：陏（陀）太娜儾隄他大騨馳囊多駄拖弾達談
ヂ：遅治地膩旎尼埿持知智
ヅ：豆頭逗圖弩砮莬都筑曇
デ：提泥代涅低田伝耐梯涅弟殿堤弖底
ド甲：度渡奴怒土
ド乙：杼騰耐㐬騰藤特止等登苔曇
```

（大野透『万葉仮名の研究』既出より）

表51 「ざ行」「だ行」の万葉仮名の語頭子音 (1)：
　　　中古音の場合

	z(ʒ)	dz(dʒ)	s	ʃ	tʃ	ts	n	d	t	y
ザ行	13	17	3	3	3	3	10			
ダ行							13	30	17	1

資料17・18に掲載します。そして、それぞれの漢字の語頭子音をみてみましょう。まず中古音での状況は、表51のようになります。なお [z] と [ʒ]、[dz] と [dʒ] のそれぞれは同音とみなします。

「ざ行」「だ行」の万葉仮名の語頭子音は、これを中古音でみると、[n] を共有していますが、それ以外は明瞭にわかれています。[d]・[t]・[y] はダ行に使用されていてザ行には使用されていません。[y] を除けばこれは当然のことでしょう。しかし第Ⅰ部でみたように、万葉仮名は上古音に依拠していました。そこでこれらの漢字の語頭子音を上古音でみてみますと表52のようになります。なお藤堂明保編『学研　漢和大字典』において「‥と同音」あるいは「‥の去声」となっているものは上古音不明として使用しませんでした。

上古音でみても、「だ行」の語頭子音は [d]・[t]・[n] だけで表記されています。ところが「ざ行」の万葉仮名とされている漢字のなかには、語頭子

表52 「ざ行」「だ行」の万葉仮名の語頭子音 (2)：
　　　上古音の場合

	dz	dh	s	ts	th	g	ŋ	n	d	t
ザ行	16	7	3	3	1	2	2	8	5	3
ダ行								10	32	14

第5章 「四つ仮名」混同の真相

表53　上古音の語頭子音が[d]・[t]でありながら
　　　「ざ行」の万葉仮名とされているもの

語頭子音[d]のザ行表記用漢字	語頭子音[t]のザ行表記用漢字
「ざ」：射 [diăg−dʒıă] 372 　　　謝 [diăg−ziă] 1235 「じ」：寺 [diəg−ziei] 370 「ぞ乙」：叙 [diag−zio] 198 　　　　序 [diag−zio] 417	「じ」：之 [tiəg−tʃıei] 24 　　　志 [tiəg−tʃıei] 457 　　　旨 [tier−tʃıi] 590

音[n]の漢字があるのは良いとしても、[d]の漢字が5個、[t]の漢字が3個あるのがわかります。それは表53の漢字です。

　この八つの漢字は、現在の通説では「ざ行」の万葉仮名とされています。しかし、それは表53で明らかなように、語頭子音が中古音では[z]・[tʃ]となっており、「ざ行音」の表記用漢字として適しているからなのです。現在の我々も、これを「ざ行」もしくは「さ行」で読んでいますが、それは平安時代（そしておそらく奈良時代）に漢字音を中古音に切り替えたことによるのです。第Ⅰ部における論証でみたように、万葉仮名は上古音に依拠していました。この八つの漢字を上古音でみますと、これらの語頭子音は[d]・[t]ですから、万葉仮名としては「だ行音」表記用の漢字でなければならないのです。

　以上のことは、「じ」の万葉仮名とされている「寺」によっても補強されます。「寺」が「だ行音」表記用漢字だったのではないかということは、「ト乙」の表記用漢字である「等」によって導かれます。巻末の資料6にみるように、「等」の中国原音は藤堂明保編『学研　漢和大字典』では
[təŋ−təŋ]（上古音　中古音）となっています。「等」が「ト乙」の表記用漢字であるのは、その上古音の語頭子音が[t]であるからなのです。そして藤堂明保編『学研漢和大字典』では「等」は《「竹＋音符寺」の形声文字》とされています。ということは上古音の時代には「寺」と「等」は同音だったようなのです。そして「等」が万葉仮名として「た行音」の表記に使用されていますから、同音の「寺」はおそらく「だ行音」の表記に使用されたと考えられるのです。万葉仮名の「射・謝・寺・叙・序・之・志・旨」の八つの漢字は「ざ行音」を表しているのではなく、「だ行音」を表しているのだと思います。

このような語頭子音の変化を来す漢字が「涼し」を意味する宮古島方言の /sīda:sī/ の /da:/ の音の表記に使用されていたのではないでしょうか。そして平安時代になりその漢字（射・謝など）を勅のとおりに中古音（漢音）で読み、発音すると「じ」もしくは「ず」となるのです。そのために宮古島方言の /sīda:sī/ は平安時代に「すずし」と表記され、発音されることになったのではないでしょうか。上代音韻の「ざ行」と「だ行」には、その表記に使用された漢字の中国原音の変化にともなう混同があると思います。

第6章 「い」の甲類乙類の存在
——/i/ と /z/

1 甲類の「い」としての宮古島方言の /z/

　さて、次に上代音韻否定論の方々が問題にされている「い」の甲乙二類の有無について。これも宮古島方言でみると、「い」には二つの音が存在します。その一つは日本全国で普遍的に発音されている「い」、すなわち /i/ の音です。

　宮古島方言における「い」の一類：/i/

　池(いけ)　　iki
　行(い)く　　ikï
　石(いし)　　isï
　犬(いぬ)　　iŋ

　そして「い」のもう一つの宮古島方言の音は、ネフスキー・平山輝男両氏が /z/ で採録されている音です。宮古島方言のこの /z/ を強いて片仮名で表記すれば「ズ」が一番近いと思います。しかし、この /z/ は以下に示すように「疣(いぼ)」・「魚(いを)」・「飯(いひ)」・「五十日(いそか)」・「入れる」等の言葉の「い」に対応していますからやはり「い」の一種なのです。これらの宮古島方言は表54のように採録されています。

　「疣(いぼ)」の本土方言と宮古島方言を比較してみましょう。本土方言の「疣」

表54　標準語の「い」に対応している宮古島方言の /z/ の言葉

	疣(いぼ)	魚(いを)	飯(いひ)	五十日(いそか)	入れる
本土方言	/ibo/	/iwo/	/ihi/	/isoka/	/ireru/
宮古島方言	/z:bï/	/zzu/	/z:/	/zsuka/	/zziz/

243

の「ぼ」/bo/ に対応する宮古島方言の音が、/bĭ/ であることについては異論はないと思います。これは第Ⅱ部第3章で述べたように、宮古島方言の /ĭ/ が後期上代音韻では /u/ に変化し、さらに /u/ から /o/ へ変化して /bo/ となったものです。したがって、本土方言の「疣(いぼ)」の「い」に対応している宮古島方言の音は、/z/ もしくは /z:/ ということになります。

疣
本土方言　　/ibo/
　　　　　↕ ↕
宮古島方言　/z:bĭ/

/z/ もしくは /z:/ は、あらためていうまでもなく /i/ とは別音です。すると宮古島方言は、標準語・上代語の「い」に対応する音として /i/ と /z/ の二つの音を有しているということになります。これまでの論述から /i/ はイ列音乙類の母音でした。したがって /i/ に対立する /z/ は、イ列音甲類の母音ということになるのです。

以上のように、宮古島方言には「あ行」の「い」にも二類の音があるのです。ただし「き」の二類の対立は、宮古島方言では /ĭ/：/i/ でした。「い」の二類の対立は /z/：/i/ なので「行」により対立の姿が異なるということになり、読者からの《/z/：/i/ の対立は「い」の甲類乙類の区別ではない》という反論が予想されます。しかし、ネフスキー氏や平山輝男氏が /z/ で採録されている宮古島方言の音は、/ĭ/ と同音なのではないでしょうか。伊波普猷氏も述べておられたように、/ĭ/ には /s/ や /z/ の成分がありました。その /z/ の成分が強調されたものが「い」の二類の一つとしての宮古島方言の /z/ なのではないでしょうか。また、/ĭ/ は /i/ と /u/ の中間の音でした。そこで「い」と「う」を同時に発音してみてください。慣れないうちはなかなか発音できないと思いますが、しばらく練習を繰り返していますとそれは「ズ」のような音になるはずです。ネフスキー氏や平山輝男氏は /z/ と /ĭ/ を別音としているのですが、これは同一の音ではないかと思います。実際にネフスキー氏が /z/ で採録されている言葉を平山輝男氏は /ĭ/ で採録されています。すなわち「余(あま)り」の宮古島方言をネフスキー氏は /ama・z/ と採録されているのですが、平山輝男氏はこれを /amaᶻĭ/ と採録されているので

す。「宮古島方言の /z/ イコール /ĭ/」の証拠のように思います。

以上により、古代日本語の「あ」「さ」「た」の各行にも甲類乙類が存在したのであり、それは甲類母音としての /ĭ/（/z/）と乙類母音としての /i/ の対立なのです。

2　甲類母音 /z/ のさらなる秘密
　　——宮古島方言の /z/ は /rĭ/・/pĭ/・/yĭ/・/wĭ/ の
　　　語頭子音が被覆され同音化したもの

しかし宮古島方言の /z/ は「い」の甲類の音というだけでなく、上代語ではさらにいろいろな音に変化しています。宮古島方言の /z/ は上代語ではどのような音になるのか、それをみてみましょう（表55）。

「光」「左」などの例から、宮古島方言の /z/ と上代語の「り」が対応して

表55　宮古島方言の /z/ と標準語・上代語の対応

上代語	宮古島方言	/z/ への対応音	上代語	宮古島方言	/z/ への対応音
上ぼる（あが<u>る</u>）	agaz	る	集ま<u>る</u>	acĭmaz	る
上ぼり（あが<u>り</u>）	agaz	り	集め<u>る</u>	acĭmiz	る
東（あが<u>り</u>）	agaz	り	あわて<u>る</u>	awatiz	る
挙げ<u>る</u>	agiz	る	言う（い<u>ふ</u>）	a・z	う（ふ）
あやか<u>り</u>	ayakaz	り	藍（あ<u>ゐ</u>）	a・z	ゐ
あやか<u>る</u>	ayo:kaz	る	鮎（あ<u>ゆ</u>）	a・z	ゆ
明か<u>り</u>	akaz	り	有<u>る</u>	a・z	る
赤蟻（あかあ<u>り</u>）	aka:z	り	歩く（あ<u>る</u>く）	azkˢĭ	る
飽き<u>る</u>	akaz	る	ばかり（程、位）	bakaz	り
余<u>る</u>	amaz	る	別<u>れ</u>	bakaz	れ
余<u>り</u>	amaz	り	忘れ<u>る</u>	bassiz	る
浴び<u>る</u>	amiz	る	渡<u>り</u>	bataz	り
浴びせ<u>る</u>	amsiz	る	割<u>る</u>	baz	る
粟糊（あわの<u>り</u>）	a:nuz	り	左（ひだ<u>り</u>）	psĭdaz	り
改め<u>る</u>	aratamiz	る	光（ひか<u>り</u>）	psĭkaz	り
洗い玉（あら<u>ひ</u>玉）	araz-dama	ひ	わかぎ<u>ら</u>（トカゲの一種）	baka-gzza	ら
当た<u>る</u>	ataz	る	宵（よ<u>ひ</u>）	/ju:z/	ひ
宛え<u>る</u>（あてがえる）（注意する）	atigaiz	る	祝ひ（いは<u>ひ</u>）	/ju:z/	ひ

いることは明瞭です。また「あがる」「当たる」などの例から「る」に対応していることも明瞭です。すなわち宮古島方言の /z/ は上代語の「ら行」にも対応しており、その際、おもに「り」「る」となるものが多いようです。

そのうえに、宮古島方言の /z/ は上代語の「は行」にも変化しています。表55のなかからとりだすと以下の言葉があります。

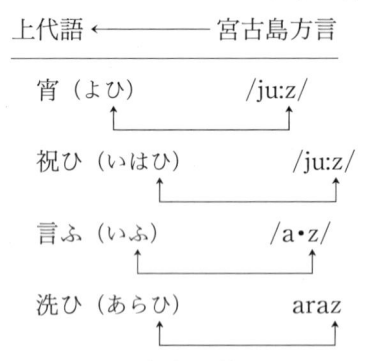

上代語 ←――― 宮古島方言

宵（よひ）　　　　　/juːz/

祝ひ（いはひ）　　　/juːz/

言ふ（いふ）　　　　/a・z/

洗ひ（あらひ）　　　araz

宮古島方言の /z/ は「い」のほかにも「り」「る」「ひ」「ふ」に対応しているのです。さらに、そのほかにも藍（宮古島方言 /a・z/）、鮎（宮古島方言 /a・z/）などの例があり、「ゐ」「ゆ」にも対応しています。宮古島方言の /ï/ は標準語では /i/ と /u/ に分裂しました。しかし宮古島方言の /z/ は、その /ï/ 以上に多様な変化をしめしており、/ï/ 以上に未分化な音のようにみえます。宮古島方言の /z/ は /ï/ とともに古代日本語の秘密を秘めた音のようです。

宮古島方言の /z/ は、なぜ上代音韻では「い」のほかにも「ら行」「は行」「や行」「わ行」の音に変化するのでしょうか？　その理由は、/z/ で発音されているこれらの宮古島方言の言葉はもともと /rï/・/pï/・/yï/・/wï/（宮古島方言では /bï/）だったのではないでしょうか。たびたび述べましたように、/ï/ には /s/ の成分と /z/ の成分がありました。そして、その /z/ の成分がことさら強調される環境では、語頭子音の /r/・/p/・/y/・/w/ をうち消してしまい、/z/ となるのではないでしょうか。そして語頭子音をともなわない裸の /ï/ も /z/ となるのではないでしょうか。宮古島方言の /z/ はもともと /rï/・/pï/・/yï/・/wï/ であったものが、それぞれの語頭子音が被覆されたために同音化したものであり、本来 /rï/ だった /z/ は万葉仮名で

「り」や「る」と表記されたのであり、同じように本来 /pĭ/ であった /z/ は「ひ」や「ふ」で表記されたということなのではないでしょうか。

　中期上代音韻である宮古島方言の /z/ の音を万葉仮名は「ら行」「は行」「や行」「わ行」に書きわけています。以上の推論のように宮古島方言の /z/ が、本来は /rĭ/・/pĭ/・/yĭ/・/wĭ/ の音であったものが同音化したものであるとしますと、万葉仮名は本来の音を反映していることになります。中期上代音韻たる宮古島方言では区別されない音が、万葉仮名では区別されているのです。すると万葉仮名は中期上代音韻の前、すなわち前期上代音韻の頃から使用されているということなのはないでしょうか。万葉仮名は、古代日本語に /rĭ/・/pĭ/・/yĭ/・/wĭ/ の音が存在した頃から使用されているのだと思います。

3　宮古島方言における「ひ」の甲乙二類の区別

　本書の「はじめに」で述べましたように、また第Ⅱ部の冒頭で《宮古島方言は「ぴ」を二類に発音しており、それは宮古島方言が古いことの証拠の一つである》として論理を組み立てました。また第Ⅱ部第3章では、宮古島方言の「ぴ」の二類の対立は「き」の二類の対立と同じように「/i/：/ï/ である」と述べました。しかしここまで、宮古島方言の二類の「ぴ」について、それ以上に触れなかったことについては、理由があります。それは上代語の「ヒ甲」の言葉の多くは、宮古島方言では /pĭ/・/pˢĭ/ と発音されていて多くにおいては問題はないのですが、一部が /z/ と発音されていること、上代語の「ヒ乙」の言葉に対応する宮古島方言の言葉は、ほとんど見あたらないこと、また、あっても異例になる（/pĭ/ と発音されている）ということです。この事実を「宮古島方言は上代音韻の原形である」ということ、そして「/pĭ/・/pˢĭ/ は /z/ とも表記されうる」ということが明確になる前に提示すれば宮古島方言の理解を困難なものにするので、これまでその詳細については避けてきたのです。しかし「宮古島方言は上代音韻の原形である」ということは明確になりましたから、ここで宮古島方言の「ぴ」の二類の対立の状況を提示しようと思います。

前項でみたように「/pï/・/pˢï/ は /z/ に変化する場合がある」ということがわかりました。これは大きな収穫です。したがって宮古島方言は上代語の「ヒ甲」を /pï/・/z/ で発音し、「ヒ乙」を /pi/ で発音するという構図を設定することができます。

　ところが《宮古島方言は上代語の「ヒ甲」を /pï/・/z/ で発音する》ということは大体において認めることはできるのですが、もう一方の《宮古島方言は上代語の「ヒ乙」を /pi/ で発音する》ということは、資料のうえから断言することができません。以下、「ヒ甲」「ビ甲」「ヒ乙」「ビ乙」に対応する宮古島方言をみてみましょう。

　表56にみるように、上代語の「ヒ甲」「ビ甲」の言葉に対応する宮古島方言は30語を認めることができました。そのうちの15語は /pˢï/・/bᶻï/ と発音されています。そして6語は /z/ と発音されています。/z/ イコール /pˢï/ ですから、30語中の21語は /pˢï/・/bᶻï/ と発音されていることになります。

　両氏の採録で、ともに異例となるもの、すなわち /pi/・/bi/ で発音されているのは6語です。「櫃(ひつ)」は複合語の「飯櫃」の場合にも /misï-bicï/ と発音されており異例です。「蒜(ひる)」は宮古島方言では、/piz/ と発音されていて異例です。この /piz/ は「にんにく」のことです。しかし /ʒïbïra/（「地の bïra」の意味）というと「韮(にら)」のことになり、この場合には /bï/ で発音されていて適合することになります。「かひな（腕）」「ゑまひ（笑み）」の２語の「ひ」は宮古島方言では子音がなく、単に /i/ と発音されていて、その結果、/kaina/・/amai/ のように二重母音の言葉になっています。「かひな（腕）」「ゑまひ（笑み）」に対応する宮古島方言の二重母音の姿を、仮になんらかの理由で /hi/ の子音が脱落したものとしますと、/i/ はイ列音乙類の母音ですから、この２語は異例となります。「くひな（鳥の名）」も /ku:bina/ と発音されていて、「ひ」の宮古島対応音は /bi/ となります。その母音は /i/ ですから明らかに異例です。「拾う」「広い」はネフスキー氏と平山輝男氏の採録が異なります。「開く」についてはネフスキー氏の採録はなく、平山輝男氏の採録では「開く」の「ひ」は /pu/ になっていて「ひ」ではなくなります。このように異例となる言葉・判定困難な言葉が若干存在しますが、宮古島方

表56 「ヒ甲」「ピ甲」の言葉に対応する宮古島方言

No.	「ヒ甲」の言葉	ネフスキー	平山輝男	「ヒ甲」=/pˢï/(/z/)
1	日（ひ）	pˢï:	pˢï:	◎
2	光（ひかり）	pˢïka・z	pˢïkaᶻï	◎
3	髭（ひげ）	pˢïgi	pˢïgi	◎
4	一つ（ひとつ）	pˢïtu	pˢïti	◎
5	えび（蝦）	ibᶻï		○
6	人（ひと）	pˢïtu	pˢïtu	◎
7	平（ひら）	pˢïsa	pˢïsa	◎
8	昼（ひる）	pˢïru	pˢï:	◎
9	貝（かひ）	ka・z	ku:	△
10	しび（魚の名）	sïbᶻï（貝の一種）	sïbᶻï	◎
11	旅（たび）	tabᶻï	tabᶻï	◎
12	遊び（あそび）	asïpˢï	asïpˢï	◎
13	鮑（あわび）	a:bᶻï	a:bi	△
14	引く（ひく）	pˢïkˢï	pˢïkˢï	◎
15	靡く（なびく）	nabikˢï	（−）	○
16	ひだす（育てやしなう−上宮記逸文）	pˢïdasï（炊ぐ）	（−）	○
17	拾う（ひろふ）	pso:	pˢïsu:	△
18	広い（ひろひ）	psu	pˢïsu	△
19	飯（いひ）	z̩:	（−）	○
20	宵（よひ）	ju:z	（−）	○
21	いはひ（祝）	ju:z	（−）	○
22	あまひ（微か）	ama・z（余り）	amaᶻï	◎
23	願い（ねがひ）	niga・z	（−）	○
24	開く（ひらく）	（−）	purakˢï	×
25	櫃（ひつ）	picï	（−）	×
26	蒜（ひる）	piz（にんにく）	piᶻï	×
27	野蒜（のびる）	nubiz		×
28	かひな（腕）	kaina	kaina	×
29	くいな（くひな）	ku:bina	（−）	×
30	ゑまひ（笑み）	amai	amai	×

◎：両氏とも「ヒ甲」=/pˢï/(/z/)で採録　　○：一人は「ヒ甲」=/pˢï/(/z/)で採録
△：両氏で採録型が異なる　　×：両氏とも「ヒ甲」=/pˢï/(/z/)ではない

表57 「ヒ乙」「ビ乙」の言葉に対応する宮古島方言

No.	「ヒ乙」の言葉	ネフスキー	平山輝男
1	恋い（こひ）	kui	（－）
2	火	psɿ:	psɿ:
3	干（ひ）	（－）	（－）
4	下樋（したび）	（－）	（－）
5	にきび	（－）	（－）
6	たけび（健）	（－）	（－）
7	ひゑね	（－）	（－）
8	みやび（風流）	（－）	（－）
9	うれしび	（－）	（－）
10	かなしび	（－）	（－）
11	ともしび	（－）	（－）
12	詫びる	abi•z（呼ぶ）？	（－）

言は「ヒ甲」「ビ甲」の多くを /psɿ/・/z/ と発音しているのがわかります。

　次に上代語で「ヒ乙」「ビ乙」とされている言葉と宮古島方言の対応をみてみましょう（表57）。上代語で「ヒ乙」「ビ乙」とされている言葉は非常に少なく、石塚龍麿の『仮字遣奥山路』に収録されている「ヒ乙」「ビ乙」の言葉のうち、地名・人名・国名を除いた「ヒ乙」「ビ乙」の言葉をすべて列記しますと、表57にみるようにわずかに12語のみです。しかし、このなかにはそれに対応する宮古島方言が、ほとんどないのです。上代語の「ヒ乙」「ビ乙」の言葉で明確に対応語として認めることのできる唯一の言葉が「火」なのですが、宮古島方言はこれを /psɿ:/ と発音していて異例になるのです。なお「火」は通説では「ヒ乙」とされているわけですが、宮古島方言の音と『説文解字』からすると「ヒ甲」であるということは第Ⅰ部で述べたとおりです。

　表57の最下段に示すように宮古島方言には /abi•z/ という言葉があり、その意味は「呼ぶ」・「声を立てる」・「呼び寄せる」などです。これが上代語の「詫びる」に対応しているとすれば、「ビ乙」の「詫びる」を /bi/ と発音しているので「ビ乙」に適合していることになります。しかし、両者を対応語とするにはかなり無理があると思います。ネフスキー氏や平山輝男氏は

表58　宮古島方言で［pi］と発音される言葉
（対応する標準語なし）

No.	言葉	ネフスキー	平山輝男
1	笛	pi:	（―）
2	少し	pi:	pi:tʃa
3	削る	pidʒĭ	kittsĭ
4	山羊（やぎ）	pinʒa（ひつじ）	pinᵈza
5	逃げる	piŋgi・z	pingizĭ
6	薄い	pissa	pˢĭsĭ
7	行く	pi・z／ikˢĭ	ikˢĭ
8	蝶々	pabira	（―）

「干」を採録していませんが、宮古島出身の與儀達敏氏が『宮古島方言研究』において「干る」の「ひ」を /pi/ と採録されています。これが「ヒ乙」を /pi/ と発音する宮古島方言の唯一の例のように思います。與儀達敏氏の『宮古島方言研究』は 1933 年創刊の月刊誌『方言』（春陽堂）の第 4 巻（1934 年後半）第 8 号に掲載されています。1934 年後半の第 7〜12 号をまとめたものが後に『方言　第 7 巻』として春陽堂より 1974 年に出版されています。

　以上のように、上代語の「ヒ乙」に対応する宮古島方言の言葉は非常に稀で、わずか 2 語（「火」と「干る」）にしかすぎず、そのうえ、理論どおりに「ヒ乙」を /pi/ と発音するのは、そのうちの 1 語（「干る」）のみなのです。そのために《宮古島方言の二類の「ピ」は上代音韻そのものである》ということの証拠に使用することができなかったのです。

　宮古島方言が理論どおりに「ヒ乙」を /pi/ と発音している言葉としては「干」以外には、ほとんど認めることはできません。しかし、宮古島方言には /pi/ と発音する言葉は結構存在するのです。それは表 58 に示す言葉です。

　宮古島方言には /pĭ/ の音のほかに /pi/ の音もあるのです。/pi/ が「ぴ」であることは、いうまでもないことです。宮古島方言は「ひ」（日本古代においては「ぴ」）を /pĭ/ と /pi/ の二類に発音しわけているのです。この /pĭ/：/pi/ の対立の図式は「き」の甲類乙類の対立、すなわち /kĭ/：/ki/ と同じです。したがって宮古島方言の /pĭ/：/pi/ の対立も上代音韻の甲類

の「ヒ」と乙類の「ヒ」の対立なのです。

4 「み」の甲類乙類は宮古島方言には存在しない

橋本進吉氏の再発見された上代音韻は、イ列音の「き」「ひ」「み」が二類にわかれているということでした。これまでみてきたように、イ列音の甲類乙類の違いは母音 /ï/ と /i/ の違いです。これを「み」にあてはめれば甲類の「み」は /mï/、乙類の「み」は /mi/ となります。そして宮古島方言では、/mï/ を発音することは非常に容易です。/kˢï/ や /pˢï/ を発音する要領で「み」を発音すればよいからです。これを具体的に表現すれば《「み」と「う」を同時に発音する音》となります。ところがなんとも不思議なことに、現実の宮古島方言には /mï/ の音がないのです。そのために宮古島方言では「み」の甲乙二類の区別は困難です。「み」について宮古島方言の状況をみてみましょう。

大野晋氏の『日本語をさかのぼる』(岩波新書、1974年) には「ミ甲」「ミ乙」の言葉として表59にあげる言葉が例示されています (「ミ甲」42語、「ミ乙」12語)。しかしこれらの言葉のなかには、それに対応する宮古島方言が存在しないものが多数あります。また表59に例示されている言葉のほかにも「ミ甲」の言葉があります。そこで「ミ甲」の言葉のなかから33語を選別して、その宮古島方言の発音をみてみると表60のようになります。

宮古島方言は上代語の「ミ甲」を /mi/、もしくは /m/ と発音していることがわかります。この /mi/ の音は、標準語の「み」の音と同じです。/m/

表59 「ミ甲」「ミ乙」の上代語

「ミ甲」：網、うつせみ、うつそみ、海、君、形見、上 (かみ)、鏡、堤、命、弓、水、宮、都、みそら、みなと、涙、山祇 (やまつみ)、海祇 (わたつみ)、峯、悲しみ、しみみに、しみ、高み、近み、遠み、帰り見、狩りみ、響み (とよみ)、乱れ、見る、畳、緑子、苦しみ、速み、満ち、御子、えみし、臣、耳、摘み、畏み
「ミ乙」：身、実、神、島廻 (しまみ)、廻 (たみ)、闇、のみ (助詞)、だみ (以内)、皆、ごみ (一緒)、廻る (みる)、満 (ととみ)

(大野晋『日本語をさかのぼる』岩波新書、1974年、104ページより)

表60　宮古島方言における「ミ甲」の発音

No.	「ミ甲」の言葉	ネフスキー	平山輝男
1	み（御）	mi	（－）
2	みづ（水）	miʒĭ	mi^dzĭ
3	みね（峯）	mmi	（－）
4	みみ（耳）	mim	mim
5	みる（海松）	mi・z	（－）
6	みや（宮）	m'a:	（－）
7	みやこ（都、宮古）	m'a:ku	（－）
8	あみ（網）	am	am
9	うみ（海）	im	im
10	くみ（組）	fum	（－）
11	しみ（染み）	（－）	sĭm・
12	すみ（墨）	sĭm	sĭm
13	なみ（波）	nam	nam
14	やみ（病み）	jam	
15	ゆみ（弓）	jum	（－）
16	かがみ（鏡）	kagam	kagam
17	かすみ（霞）	kasĭm	（－）
18	たたみ（畳）	tatam	tatami
19	はさみ（挟み）	pasam	pasam
20	みだれる（乱れる）	mdariz	（－）
21	みちる（満ちる）	mcĭ	（－）
22	みる（見る）	mi:z	mi:^zĭ
23	なみ（並）	（－）	（－）
24	かみ（髪）	（－）karaʒĭ	（－）karaʒĭ
25	とよみ（動騒）	（－）	tuyum
26	かみ（上）	（－）wa:bi	（－）
27	たのみ（頼み）	（－）	（－）
28	とどみ（極）	（－）	（－）
29	みどり（緑）	miduźźiru	
30	みなと	（－）	
31	みじかい（短い）	（－）	（－）
32	こなみ（前妻）	ku:naz	（－）
33	いみ（忌み）	imiz/ibi	

表 61　宮古島方言における「ミ⁽ᶻ⁾」の発音

No.	「ミ⁽ᶻ⁾」の言葉	ネフスキー	平山輝男
1	み（身）	miz	mi⁽ᶻ⁾ĭ
2	み（実）	m̩・ta／na・z	m:ta
3	かみ（神）	kam	kam
4	やみ（闇）	ju:m	（－）
5	みな（皆）	m̩na	（－）
6	みる（廻る）	（－）	（－）
7	のみ（助詞）	（－）	（－）
8	だみ（以内）	（－）	（－）
9	ごみ（一緒）	（－）	（－）
10	ととみ（満み）	（－）	（－）
11	たみ（回る）	（－）	（－）
12	とどみ（留）	（－）	（－）

は「む」に近いが、「む」ではありません。母音をまったくともなわない /m/ なのです。本土でも戦前までは「梅」を /mme/、「馬」を /mma/ と発音していたようですが、それと同じ /m/ です。そして不思議なことに、ここには /mĭ/ が一つもありません。

　次に上代語の「ミ⁽ᶻ⁾」は宮古島方言ではどのように発音されているのかをみてみましょう（表61）。

　上代語の「ミ⁽ᶻ⁾」の言葉に対応する宮古島方言はわずかに5語を認めるのみです。そのうちの「み（実）」・「みな（皆）」の2語は /m̩/、「かみ（神）」・「やみ（闇）」の2語は /m/、そして「み（身）」が /mi/ と発音されています。上代音韻の乙類の「み」は宮古島方言では /m̩/・/m/・/mi/ と発音されているのです。そしてここにも /mĭ/ はありません。/m/ と /mi/ は「ミ⁽甲⁾」のほうにもありましたから、宮古島方言は「ミ⁽甲⁾」と「ミ⁽ᶻ⁾」の発音に関しては混乱しているのです。というよりも宮古島方言は、「み」の音を甲類乙類には区別していないようにみえます。実に意外な事実です。

　宮古島方言は、万葉仮名には認めることのできなかった「あ行」「さ行」「た行」のイ列音をも二類に区別しているのに、なぜ「ま行」においてはそ

表62　上代語・標準語の /n/・/m/ を宮古島方言が逆に発音する言葉

1	上代語・標準語の /n/ を宮古島方言が /m/ で発音する言葉	
	にら（韮）	/mizza/
	にひ（新）	/miz/
	みね（峯）	/mmi/
	にくい（憎い）	/mifu/
2	上代語・標準語の /m/ を宮古島方言が /n/・/ŋ/ で発音する言葉	
	みのる（実る）	/nauz/（/mmiz/）
	まね（真似）	/n'a:bi/
	み（実）	/naz/
	いまだ（未だ）	/nna:da/
	もう少し	/nna'pi/（「もう」=/nna'/、「少し」=/pi:/）
	みぎ（右）	/ŋgzï/
	むかで（百足）	/ŋkaʒi/
	むかえ（迎え）	/ŋkai/
	むかし（昔）	/ŋk'a:ŋ/
	みき（神酒）	/ŋ-kˢï/
	むかう（向かう）	/ŋko:/

の区別をしないのでしょうか？　本書ではその理由を明らかにすることはできません。それに関係するのかどうかわかりませんが、「み」の甲乙二類の区別について宮古島方言を調べていて気が付いたことがあります。上代語・標準語の /n/・/m/ を宮古島方言が逆に発音する言葉がかなりの数存在するのです（表62）。

　表62でみるように、宮古島方言には現在の標準語の /m/ と /n/ の混同が存在するのです。この /m/ と /n/ の混同は上代語にも存在します。「うみ（海）」の「み」は複合語では「うなはら（海原）」や「うなかみ（海上）」となり、「な」に変化しています。それだけでなく現在の日本語にもみられます。平仮名の「ん」で表記される音を詳細に観察すると、その音は /m/ である場合と /n/ である場合があります。しかし現在の我々はそれを意識しておらず、みな同じ「ん」だと思っています。橋本進吉氏が次のように述べています。

　　又、アンナ（annna）アンマリ（ammari）サンガイ（saŋŋai）のンの音は、単音としては、それぞれ mnŋ であつて、各違つた音であるのに、

我々は皆同じ音だと思つてゐる。さうして、ンの場合の如きは、時として、その単音としての音の相違は決して意味の相違を示してゐない事は、「本の」（ホンノ―honnno）「本も」（ホンモ―hommmo）「本が」（ホンガ―noŋŋa）の例に於て、ホンのンがそれぞれ違つた音であるにかゝはらず、「ホン」は何れの場合にも「本」の意味を有する事によつても明かである。

　　（橋本進吉博士著作集第3冊『文字及び仮名遣の研究』岩波書店、1949年、54ページ）

　これも /m/ と /n/ の混同の一例です。
　宮古島方言の「み」に甲類乙類の区別が存在しないのは、初原期の日本語における /m/ と /n/ の混同やその後の両音の分化に関係があるのではないでしょうか。第Ⅰ部で述べたように、「の」の表記に使用された漢字の甲乙逆転率はもっとも低いので、遅くまで甲類乙類の区別が保たれたことが期待されるのですが、実際は「の」の甲類乙類の区別は早い時期から混乱していました。その理由もあるいは /m/ と /n/ の混同や分化に関係しているのではないでしょうか。

第7章　宮古島方言から古代日本語を考える

1　古代日本語の「か行」「は行」の子音について

　ここでは宮古島方言の音をもとに、古代日本語の「か行」「は行」の子音について考えてみたいと思います。

　古代日本語の「は行子音」は /p/ であり、それが奈良時代前後の頃に /p/ → /f/ に変化し、さらに江戸時代初期～中期に /f/ から /h/ へ変化して、現在みるように「は行子音」は /h/ になりました。ただし「は行」は現在でも /ha/・/çi/・/fu/・/he/・/ho/ と発音されていて、段によって幾分違いがあります。「ふ」が /fu/ と発音されているのは前代の名残なのでしょう。

　ところで「は行子音」はなぜ、/p/ から /f/ に変化したのでしょうか。それについては従来、/p/ を発音するときの上下の唇の重なりを少しゆるめるようになった結果だとされています。/p/ を発音するためには上下の唇をしっかりと重ねる必要がありますが、唇の重なりをゆるめると確かに /f/ になります。上下の唇をしっかり重ねる労力を減らして唇の重なりをゆるめ、その結果、/p/ は /f/ に変化したとされているのですが、はたして理由はそれだけなのでしょうか？

　漢字が日本に導入された頃の日本語には、/h/ の音がありませんでした。そのために古代倭人は「漢 /han/」・「歓 /huan/」などの漢字を中国原音のとおりの /h/ で発音することができず、この /h/ を /k/ におきかえて発音した（読んだ）のです。なぜ古代倭人は /h/ を /k/ におきかえたのかといいますと、/h/ の調音点と /k/ の調音点が近接しているからです。/h/ は喉音といわれ、その調音点は喉頭部にあります。そして /k/ は牙音もしくは舌根音といわれ、その調音点は舌根部です。両音は調音点、すなわち音をつく

る位置が近いのです。ちなみに /s/・/t/ は舌先音あるいは舌頭音であり、その調音点は舌先・舌頭です。そして /p/・/m/ は唇音であり、その調音点は唇です。古代倭人には /h/ の音がなく、「漢 /han/」・「歓 /huan/」などの漢字を中国原音のとおりに /h/ で発音できないにしても、これらの漢字をなんらかの音で読み、かつ発音しないといけないのです。そのとき、古代倭人は /h/ の調音点に近い /k/ をその代用音としたのです。その結果として、古代から現代にいたるまでの日本人はこれらの漢字を「かん」と読んでいるわけです。

あらためていうまでもなく、日本語における /f/ や /h/ は奈良時代前後、もしくはそれ以降の音なのです。ところが宮古島方言には /p/ の音とともに /f/ の音があります。その代表は「船」を /funi/ と発音していることです。私はこの事象に長いこと悩まされました。宮古島方言に /f/ の音があるということは、「宮古島方言が本土方言から分岐したのは奈良時代以降である」ということを示しているようにみえたからです。宮古島方言は琉球方言の一つであり、その琉球方言は日本語の方言です。そして日本語に /f/ の音が出現するのは、奈良時代前後もしくはそれ以後のことですからそうなります。

宮古島方言が「は行」を /f/ で発音する言葉を列挙しますと以下のような言葉があります（例は語頭音のみ）。

	宮古島方言			宮古島方言
筆（ふで）	fudi		袋（ふくろ）	fukuru
ほゝづき	fu:ʒĭki		踏む（ふむ）	fum
冬（ふゆ）	fuyu		風呂（ふろ）	furu
芙蓉（ふよう）	fuyo:		塞ぐ（ふさぐ）	fusagˢĭ
深い（ふかい）	fuka		伏す（ふす）	fusĭ
蒸かす（ふかす）	fukasĭ		二つ（ふたつ）	futa:cĭ
葺く（ふく）	fukˢĭ		額（ひたい）	futai
吹く（ふく）	fukˢĭ		二日（ふつか）	fucĭ-ka
ふく（肺）	fuku		降る（ふる）	fuz

このなかには、後代になって本土から流入したと思われる言葉も確かにありますが、それにしても結構な数の言葉が /f/ で発音されているのです。ただ、ここで興味深いことは、宮古島方言が「は行音」を /f/ で発音している言葉のほとんどは「ふ」であるということです。「ふ」以外の「は行音」で /f/ と発音されているのは「額(ひたい)」の「ひ」だけです。

　またそのほかにも、宮古島方言には /f/ の音があります。それは「か行子音」の /k/ がしばしば /f/ と発音されているのです。宮古島方言が「か行子音」を /f/ と発音する例は豊富に存在します。

	宮古島方言		宮古島方言
子（こ）	ffa	釘（くぎ）	fugᶻï
暗い（くらい）	ffa	雲（くも）	fumu
肥え（こえ）	ffai	汲む（くむ）	fum
鍬（くわ）	ffacï	熊蜂（くまばち）	fuma-bacï
越える（こえる）	ffiz	鞍（くら）	fura
黒い（くろい）	ffu	臭い（くさい）	fusa
括る（くくる）	ffuz／fudʒï	草（くさ）	fusa
呉れる（くれる）	fi:z	櫛（くし）	fusï
食う（くふ）	fo:	糞（くそ）	fusu
鯨（くぢら）	fudʒa	薬（くすり）	fusuz
首（くび）	fugᶻï	口（くち）	fucï

　宮古島方言には、どう考えても「か行」に由来する /f/ が存在しています。そして「は行」の場合と同じように「ウ段音」の「く」を /fu/ と発音してる例が多いのも認められます。「か行子音」を /f/・/h/ で発音するのは、宮古島方言だけの現象ではありません。第II部第1章に引用した橋本四郎氏や中本正智氏の文にみられるように、奄美方言や沖縄北部方言でも「か行子音」を /f/・/h/ で発音しています。いずれにしても、宮古島方言には「か行」に由来する /f/ と「は行」に由来する /f/ が存在しており、それも極少数というのではなく、かなり豊富に存在するのです。

　私はなんとなく「琉球方言が本土方言から枝分かれしたのは、橋本四郎氏

の言語年代学的分析により導き出された西暦2～3世紀などよりも遥かに遠い大昔のことだろう」と思っていました。しかしそれとは裏腹に、本書を手がけるまでの私には《宮古島方言には「は行」の /f/ が存在する》という事実が厳然として立ちはだかり、私の希望的推測を頑強に否定していたのです。

しかし、前章までの論述により、宮古島方言は上代音韻の原形であるということが導き出されました。「宮古島方言には /f/ があるから新しいんだ」とする必要はなくなったのです。

そこで「宮古島方言は古い」という認識に立ってこの現象をみるとどうなるのでしょうか？ そこから導き出されることは古代日本語の「は行子音」は /pf/ だったのではないかということです。

古代日本語の「は行子音」は /pf/ だったが、本土では奈良時代前後の頃にそれがすべて /f/ に変化した。「は行子音」は、もともと /pf/ だったので /f/ への変化も容易だったということなのではないでしょうか。そして宮古島方言ではア列音・イ列音の /pf/ は /p/ に変化したが、ウ列音のみは /f/ に変化した、ということなのではないでしょうか。

古代日本語の「は行子音」

/pf/ ─→ 本土方言：すべて /f/ へ変化

　　　　→ 宮古島方言：ア列音・イ列音は /p/ へ変化し、ウ列音のみは /f/ へ変化した

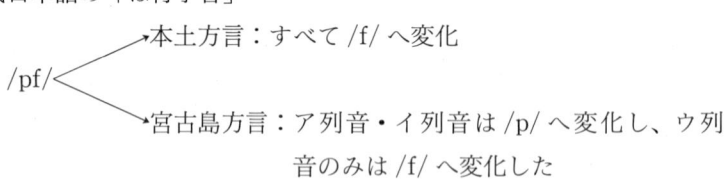

「か行子音」についても同じようなことが考えられます。古代日本語の「か行子音」は /kf/ だったのではないでしょうか。本土では、奈良時代前後の頃にそれがすべて /k/ に変化した。しかし、宮古島方言ではア列音・イ列音の大部分は /k/ に変化し、ウ列音のみは /f/ に変化した。

古代日本語の「か行子音」

/kf/ ─→ 本土方言：すべて /k/ へ変化

　　　　→ 宮古島方言：ア列音・イ列音の多くは /k/ へ変化し、ウ列音のみは /f/ へ変化した

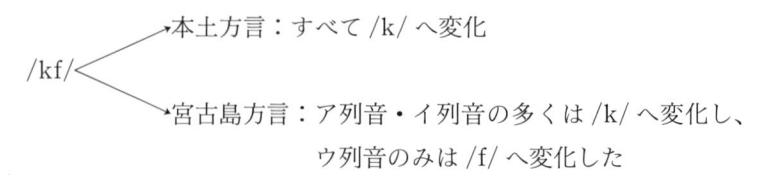

琉球方言には /k/ を /h/ で発音する方言がありますが、これは明治以降の本土の影響で「は行子音」が /f/ から /h/ へ変化したことにともなう副次的な変化ではないかと思います。
　以上の仮定は、宮古島方言もけっして原初の日本語の姿というのではなく、その第二段階あるいは第三段階の変化した姿だということを導きます。これは第Ⅱ部第3章の古代日本語の母音に関する考察により「上代音韻には前期・中期・後期の3期があり、宮古島方言は中期上代音韻ではないか」とする推測とも合致します。

2　古代日本語では二重母音はきわめて稀である
　　　——万葉仮名表記のルールの可能性

　古代日本語における二重母音について宮古島方言から考えてみましょう。奈良時代や平安時代の日本語では二重母音は極力避けられており、それが古代日本語の特徴の一つとされています。その当時の二重母音の語としては「櫂 /kai/」「老い /oi/」「儲く /mauku/」などの言葉があることはありますが、そのような言葉は非常に稀で、この3語だけなのではないかと言われているくらいです。しかし、宮古島方言においては二重母音の言葉は、けっして稀ではないのです。ネフスキー『宮古方言ノート』の前半から大雑把にとりだしても表63のような言葉があります。
　宮古島方言で二重母音の言葉となっているこれらの言葉の多くは、歴史的仮名遣いでは「ひ」・「へ」などの「は行音」になるものが多いのがわかります。
　ここで「前」という言葉について考えてみましょう。宮古島方言では、「前」は /mai/ と発音されていて二重母音の言葉になっています。一方、「前」は歴史的仮名遣いでは「まへ」です。これを音声記号で書けば /mahe/ となります。そして /mahe/ から語中の /h/ が脱落すると現在の発音の「前」/mae/ になります。このように語中の /h/ は、脱落しやすいことは事実です。そして、これは語中・語尾の「は行音」の変遷として夙に有名な事項です。しかし、上代語では「は行子音」は /p/ だったわけですから、

表63 宮古島方言における二重母音の言葉

	宮古島方言	意味		宮古島方言	意味
1	ai	間（あひ）	10	kaisĭkĭ	小皿、貝殻（かひ）
2	ai-ʒu:	和物（あえもの）（あへーもてなし）	11	kaisĭma	裏
3	ʒau	善い	12	kaiz	返る（かへる）、倒れる
4	ʒau	門	13	kui	声（こゑ）
5	ffai	肥料	14	kui	乞い（こひ）
6	ffail	肥える（「え」はヤ行の「え」）	15	kui·z	越える（「え」はヤ行の「え」）
7	kai (kai-ta)	彼、あれ（彼等）	16	mai	前（まへ）
8	kaina	肱（かひな）	17	mai	舞い（まひ）
9	kaisĭ	返す（かへす）	18	maicĭkufu	みみづく

「前 /mahe/」は /mape/ でなければなりません。問題はここなのです。上代語では「前 /mahe/」はほんとうに /mape/ と発音されていたのでしょうか。とてもそのようには思えないのです。さらに宮古島方言では「前」は /mai/ であり、二重母音の言葉なのです。もしもその原形が /mapi/ であったとしますと、なぜ宮古島方言では語中の /p/ は脱落したのでしょうか。/p/ の音は /h/ とは異なり、容易には脱落しない音なのではないでしょうか。以上の二点をもとにすると、原初の日本語における二重母音については再考が必要になります。

　上代語に二重母音の言葉がほとんど存在しないのは、万葉仮名による上代語の表記上のルールにすぎないのではないでしょうか。語頭に子音のない漢字、すなわち母音で始まる漢字は中国語、特にその上古音では必ず声門破裂音になっています。声門破裂音とは一旦声門を閉鎖しておいてから（息をこらえておいてから）、それを一気に吐き出すことでつくられる音の事です。以下にその例を示します。

　　阿：[・ag] 1414

　　伊：[・ɪðr] 52

　　汚：[・uag] 708

　　衣：[・ɪər] 1173

　　於：[・ag] [・ɪag] 583

語頭の［・］は、それが声門破裂音であることを示す国際音声記号です。
　日本語における声門破裂音は、びっくりしたときに発する「オ！」などのみであり、普通一般の単語には存在しません。そのために声門破裂音の漢字は、古代倭人には異様なものにみえたのではないでしょうか。そして、これが上代語を漢字で表記する際に問題とされ、語中に声門破裂音の漢字がくることを避けさせたのではないでしょうか。声門破裂音は息をこらえておいてから発する音ですから、当然その前で音に区切りが生じてしまうことになります。そうしますと、単語が単語でなくなってしまうのです。これを現代日本語を例にとって説明しましょう。「こい」の音を聞けば、我々はすぐに「恋い」を連想します。時には「鯉」である場合もあるでしょう。どちらが正しいのかは話の前後で判断されるわけです。しかしこれを「こ・い」と区切って発音しますと、これが「恋い」もしくは「鯉」のことだとは誰も思わないでしょう。「あおい」の場合は一層明瞭です。「あおい」を聞けば、我々はすぐに「青い」や「葵」を連想します。しかし、「あ・おい」ではそのような連想はまったく生じません。このように単語の中に区切りをつけると、それは単語ではなくなってしまい、意味が不明になるのです。そのために声門破裂音の漢字は、語中に使用されなかったのではないでしょうか。語中に声門破裂音の漢字を使用できないとなると、その表記には当然「あ行音」以外の漢字を使用することになります。その結果として《万葉仮名で表記されている上代語には、二重母音は存在しない》という姿になったのではないでしょうか。そして《語中の母音を表記するためには、「は行音」の表記用漢字を使用する》ということが上代語を万葉仮名で表記する際のルールの一つだったのではないでしょうか。

第8章　宮古島方言と八重山方言

　琉球方言のうち、宮古島方言・八重山方言・与那国方言の3方言は、先島方言としてまとめられます。このうち与那国方言は「は行子音」を /h/ で発音しているので、新しい方言になります。一方、八重山方言は宮古島方言と同じように「は行子音」を /p/ で発音しており、「き」「ぎ」そして「ぴ」「び」も宮古島方言と同じように二類に区別しています。さらに八重山方言は、宮古島方言と同じように上代音韻甲類の母音を /ï/、乙類の母音を /i/ で発音しています。したがって、八重山方言は宮古島方言と同じくらいに古形の方言であり、上代音韻の原形といえるのです。それでは両方言のうち、どちらがより古形の方言なのでしょうか？　それは宮古島方言のほうになります。中本正智氏は、琉球各地の方言を首里方言との近縁度から図27に示すように八段階に分類されています。

　中本正智氏の作成された図をみますと琉球方言のうち、首里方言の影響のもっとも少ないのが宮古島方言であることがわかります。

　中本正智氏は首里方言の影響の度合いに関して、何をもって宮古島方言と八重山方言を区別されたのでしょうか。それは、おそらく次のことではないかと思われます。首里方言では、動詞の終了形は /ung/ で終わります。チェンバレン採録の首里方言から例をあげると、表64のようなものがありま

表64　首里・八重山・宮古島方言の動詞の終了形

	開ける	上がる	書く	貸す
首里方言	achung	agayung	kachung	karashung
八重山方言	ak'iruŋ	agaruŋ	kakuŋ	karasïŋ
宮古島方言	aki・z	aga・z	kakï	karasï

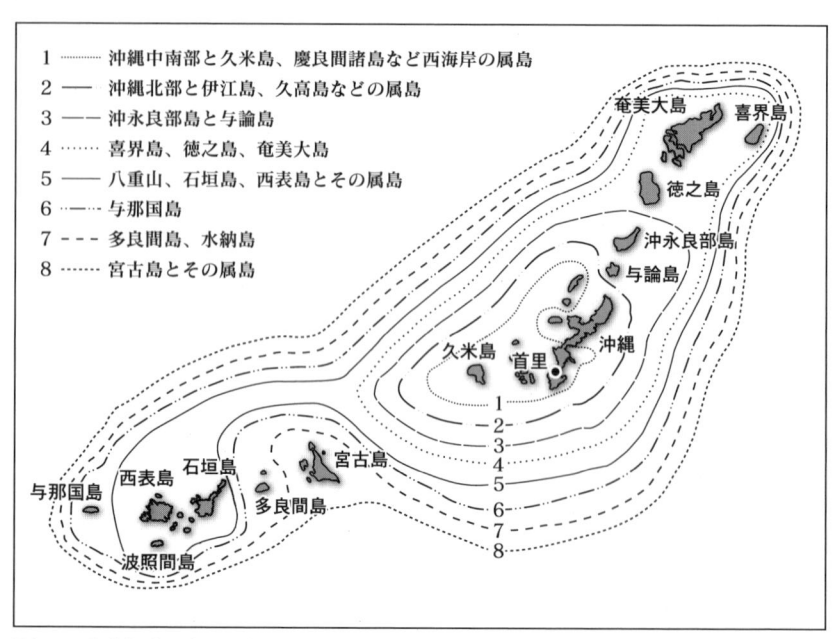

```
1 ……… 沖縄中南部と久米島、慶良間諸島など西海岸の属島
2 ─── 沖縄北部と伊江島、久高島などの属島
3 ─── 沖永良部島と与論島
4 ……… 喜界島、徳之島、奄美大島
5 ─── 八重山、石垣島、西表島とその属島
6 ⋯⋯ 与那国島
7 ─ ─ 多良間島、水納島
8 ……… 宮古島とその属島
```

図27　琉球各地の方言と首里方言の近縁度（中本正智『日本語の原形　日本列島の言語学』力富書房、1981年、220ページより）

す。八重山方言は宮良當壮氏の『八重山語彙』です。

　八重山方言の動詞の終了形は、首里方言に非常に類似した /uŋ/ 型になっています。しかし、宮古島方言では /z/ もしくは /ï/ となっていて異なるのです。これにより、宮古島方言は首里方言の影響のもっとも少ない方言とされているのだと思います。

　すでにみたように、首里方言には古代日本語の「は行子音」の /p/ がほとんどありません。そして甲類の「き」を /tʃi/ と発音しており、古代日本語の音韻から大きく変化しています。古代日本語の動詞の終了形が /ung/ 型であったということもないでしょう。首里方言は、原初の日本語から多くの点で変化を遂げた新しい形の方言なのです。八重山方言は、宮古島方言よりもその新しい形の首里方言に近いのです。したがって、宮古島方言のほうが八重山方言よりも古形の方言なのです。

　最後に、宮古島方言の「は行子音」について。宮古島方言は、集落によりいくらか違いがあります。そして、宮古島方言のすべてが「は行子音」を

/p/ で発音しているわけではありません。宮古島方言のなかにも「は行子音」を /h/ で発音している方言があるのです。宮古島方言を /p/ 音方言と /h/ 音方言にわけると表65のようになります。

宮古島方言のなかで「は行子音」を /h/ で発音しているのは、池間・佐良浜・西原の3集落のみです。この3集落はなぜ /h/ 音なのでしょうか。

それは、以下の理由によります。この3集落の根は一つなのです。最初、1720年に池間村（池間島）から伊良部島に分村がおこなわれ、字池間添ができました。その池間添に前里添が拡張造成されて、現在の佐良浜となりました（『伊良部村史』）。なお、伊良部島の方言は、もとからあった伊良部地区の方言と新しくできた佐良浜地区の方言にわけられます。さらに1874年（明治7）には、佐良浜と池間村の両方から平良市の北方に分村が進められ、西原集落が誕生しました（『平良市史』）。そのために、これらの3集落は同じ方言・同じ発音なのです（図28参照）。

宮古島方言におけるこのような状況は、日本語における「は行子音」の変遷を考えれば、倭人語を話す人々の宮古島への流入は一波だけだったのではなく、時代を変えて第二波があった、と考えるべきだと思います。宮古島方言の中の「p系方言群」は日本語の「は行子音」がまだ /p/ 音であった時代

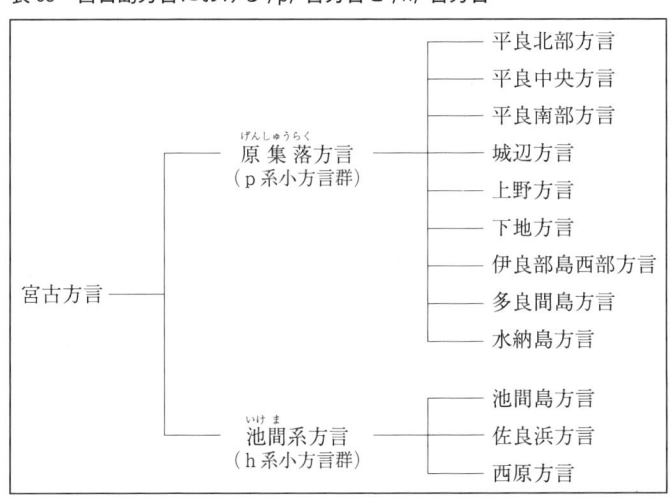

表65　宮古島方言における /p/ 音方言と /h/ 音方言

```
宮古方言 ─┬─ 原集落方言 ─┬─ 平良北部方言
          │ （p系小方言群）├─ 平良中央方言
          │               ├─ 平良南部方言
          │               ├─ 城辺方言
          │               ├─ 上野方言
          │               ├─ 下地方言
          │               ├─ 伊良部島西部方言
          │               ├─ 多良間島方言
          │               └─ 水納島方言
          └─ 池間系方言 ─┬─ 池間島方言
            （h系小方言群）├─ 佐良浜方言
                          └─ 西原方言
```

（新里博『宮古古諺音義』渋谷書言大学事務局、2003年、550ページより）

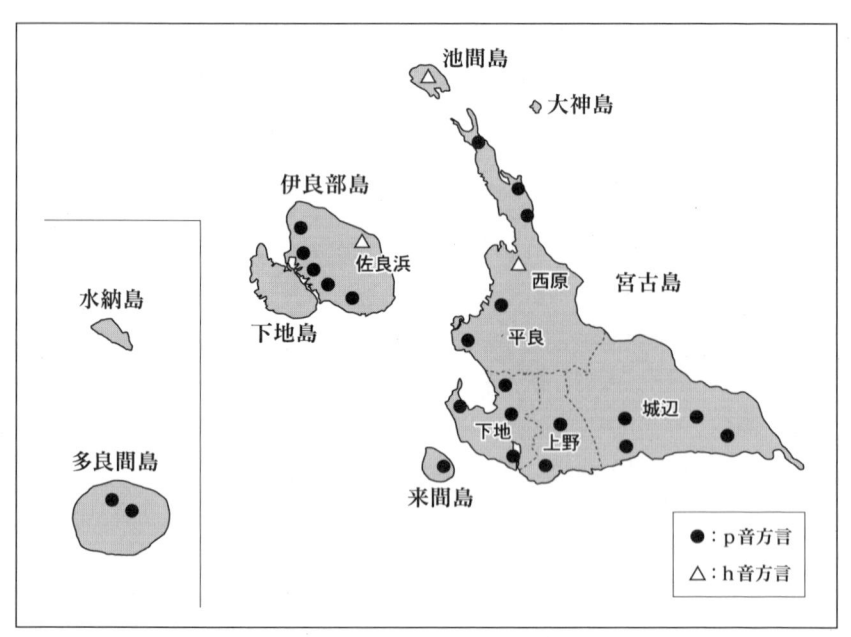

図28　宮古群島図

に流入したものであり、時代が下り（それが何百年後のことなのかは不明ですが）、日本語の「は行子音」が /f/ 音に変化した時代に渡来の第二波として、/f/ 音の人々が池間島に流入したのでしょう。ただし池間系方言にも /ĭ/ と /i/ の母音がありますから、渡来の第二波は古代日本語から /ĭ/ の母音が消滅する前、すなわち奈良時代前後の頃ではないでしょうか。あるいは池間系方言の先祖は、沖縄本島の人たちという可能性もあります。その可能性を示唆するのは以下の事項です。沖縄本島方言では「キ甲」を「ち /tʃi/」と発音しますが、それにともなって「ギ甲」の /gĭ/ も /ʒi/ と発音されていて、子音が /g/ から /ʒ/ に変化しています。そして池間系方言は「ギ甲」の /gĭ/ を /ʒĭ/ と発音していて、那覇・首里方言と同じように子音が /g/ から /ʒ/ に変化しているのです。池間系方言の先祖は、沖縄本島の人たちという可能性があるのです。その場合は、沖縄本島から池間島への渡来は、鎌倉末期以前ということになると思います。どちらなのか、そしていつ頃のことなのか不明ですが、池間島には先祖がどこからきたのかについての口碑・伝

268　II 宮古島方言の秘密

承が存在しないことからすると、いずれにしてもその記憶が消滅してしまうような非常に古い時代のことだと思います。

　現代の池間系方言において「は行子音」が /h/ 音であるのは、明治以降の本土の発音の影響によるものではないでしょうか。池間系の人々は、すでに /f/ 音であったので、明治以降の本土の人々との接触で容易に /f/ 音を /h/ 音に置き換えることができたのだと思われます。一方、原集落(げんしゅうらく)方言の場合は、本土の人々の /h/ 音に接触しても、感覚的に /p/ ──→/h/ の間の隔たりが大きくて結局、/h/ 音化がおこらずに /p/ 音のままに留まっているのではないでしょうか。宮古島方言を日本語の最古の方言として使用する場合には、池間・佐良浜・西原の3集落以外の方言を使用しなければならないのです。

資料1　「ヒ甲」「ヒ乙」の万葉仮名の上古音と中古音

「ヒ甲」に使用された漢字	「ヒ乙」に使用された漢字
上古音―中古音	上古音―中古音
1 「比」：[pier―pii] 698	1 「非」：[pɪuər―pɪuəi] 1457
2 「毘」：[bier―bii] 698	2 「斐」：[pʻɪuər―pʻɪuəi] 576
3 「臂」：[pieg―pič] 1071	3 「悲」：[pɪuǎr―pɪui] 478
4 「卑」：[pieg―pič] 182	4 「肥」：[bɪuər―bɪuəi] 1055
5 「譬」：[pʻiǒg―pʻič] 1241	5 「飛」：[pɪuər―pɪuəi] 1485
6 「避」：[bieg―bič] 1340	6 「被」：[bɪar―bič] 1179
7 「妣」：[pier―pii] 323	7 「彼」：[pɪar―pič] 442
8 「必」：[piet―piět] 456	8 「秘」：[pied―pii] 935
9 「賓」：[pien―piěn] 1262	9 「妃」：[pʻɪuər―pʻɪuɪ] 322
10 「嬪」：[bien―biěn] 338	10 「費」：[pʻɪuəd―pʻɪuəi] 1257
11 「篇」：[pʻian―pʻiɛn] 968	11 「備」：[bɪuǒg―bɪui] 91
＊「裨」：卑と同音	

資料2　「ミ甲」「ミ乙」の万葉仮名の上古音と中古音

「ミ甲」に使用された漢字	「ミ乙」に使用された漢字
上古音―中古音	上古音―中古音
1 「彌」：[miěr―miě(mbiě)] 弥 433	1 「未」：[mɪuəd―mɪuəi(mbɪuəi)] 624
2 「美」：[mɪuər―mɪui(mbɪui)] 1028	2 「味」：[mɪuəd―mɪuəi(mbɪuəi)] 226
3 「瀰」：[mier―miě(mbiě)] 781	3 「微」：[mɪuər―mɪuəi(mbɪuəi)] 449
4 「弭」：[miěr―miě(mbiě)] 434	4 「尾」：[mɪuər―mɪuəi(mbɪuəi)] 382
5 「寐」：[miuǒd―miui(mbiui)] 365	5 「密」：[mɪět―mɪět(mbɪět)] 363
6 「眉」：[mɪuǎr―mɪui(mbɪui)] 893	
7 「民」：[miǒn―miěn(mbiěn)] 701	
8 「敏」：[miǒn―mɪěn(mbɪěn)] 567	
＊「湄」：眉と同音	

資料3 「ヘ甲」「ヘ乙」の万葉仮名の上古音と中古音

「ヘ甲」に使用された漢字	「ヘ乙」に使用された漢字
上古音—中古音	上古音—中古音
1 「俾」：[pʻeg—pʻei] [pieg—pič] 85	1 「閇」：[per—pei] 閉 1399
2 「弊」：[biad—biɛi] 429	2 「倍」：[buəg—buəi] 84
3 「幣」：[biad—biɛi] 411	3 「陪」：[buəg—buəi] 1425
4 「敝」：[biad—biɛi] 571	4 「拝」：[puǎd—puʌi] 522
5 「覇」：[pǎg—pǎ] [pʻǎk—pʻʌk] 1453	5 「沛」：[pʻad—pʻai] 715
6 「陛」：[ber—bei] 1420	6 「背」：[puəg—puəi] 1059
7 「蔽」：[piad—piɛi] 1132	7 「杯」：[puəg—puəi] 636
8 「鞞」：[peŋ—peŋ] [beg—bei] 1462	8 「珮」：[buəg—buəi] 838
9 「返」：[pɪuǎn—pɪuʌn] 1309	9 「俳」：[bɜ̌r—bʌi] 84
10 「邊」：[pān—pen] 1306	
11 「遍」：[pian—piɛn] 1330	
12 「弁」：[bɜ̌n—bʌn] [bɪan—bɪɛn] 428	
13 「平」：[biǎŋ—bɪʌŋ] 412	
14 「反」：[pɪuǎn—pɪuʌn] 194	
15 「伯」：[pǎk—pʌk] 65	

資料4 「メ甲」「メ乙」の万葉仮名の上古音と中古音

「メ甲」に使用された漢字	「メ乙」に使用された漢字
上古音—中古音	上古音—中古音
1 「賣」：[měg—mǎi] 売 293	1 「米」：[mer—mei] 975
2 「謎」：[mer—mei] 1236	2 「梅」：[muəg—muəi] 649
3 「馬」：[mǎg—mǎ] 1498	3 「毎」：[muəg—muəi] 697
4 「明」：[mɪǎŋ—mɪʌŋ] 594	4 「昧」：[muəd—muəi] 599
5 「面」：[mian—miɛn] 1458	5 「妹」：[muəd—muəi] 327
6 「綿」：[mian—miɛn] 1007	＊「浼」：毎と同音
＊「咩」：[—]	

資料5 「ソ甲」「ソ乙」の万葉仮名の上古音と中古音

「ソ甲」に使用された漢字	「ソ乙」に使用された漢字
上古音―中古音	上古音―中古音
1 「蘇」：[sag―so] 1141	1 「思」：[siəg―siei] 464
2 「素」：[sag―so] 987	2 「曾」：[dzəŋ―dzəŋ][tsəŋ―tsəŋ] 614
3 「祖」：[tsag―tso] 923	3 「諸」：[tiəg―tʃɪo] 1224
4 「宗」：[tsoŋ―tsoŋ] 353	4 「叙」：[ȡiag―zio] 198
5 「泝」：[sag―so] 720	5 「所」：[sĭag―ʂĭo] 507
6 「巷」：[ɦuŋ―ɦɔŋ] 403	6 「贈」：[dzəŋ―dzəŋ] 1266
7 「嗽」：[sug―səu][suk―suk] 250	7 「増」：[tsəŋ―tsəŋ] 286
	8 「噌」：[tsʂəŋ―tʂəŋ] 251
	9 「層」：[dzəŋ―dzəŋ] 386
	10 「則」：[tsək―tsək] 148
	11 「賊」：[dzək―dzək] 1259
	＊「僧」：[?…səŋ] 94
	＊「疏」：疎と同音

資料6 「ト甲」「ト乙」の万葉仮名の上古音と中古音

「ト甲」に使用された漢字	「ト乙」に使用された漢字
上古音―中古音	上古音―中古音
1 「刀」：[tɔg―tau] 134	1 「止」：[tiəg―tʃɪei] 684
2 「斗」：[tug―təu] 576	2 「等」：[təŋ―təŋ] 961
3 「度」：[dag―do] 419	3 「登」：[təŋ―təŋ] 875
4 「土」：[t'ag―t'o] 266	4 「騰」：[dəŋ―dəŋ] 1507
5 「妬」：[tag―to] 327	5 「台」：[ȡiəg―yiei][dəg―dəi] 206
6 「都」：[tag―to] 1347	6 「得」：[tək―tək] 447
7 「吐」：[t'ag―t'o] 211	7 「徳」：[tək―tək] 451
8 「覩」：[tag―to] 賭 1264	8 「澄」：[ȡɪəŋ―ȡɪəŋ] 774
9 「屠」：[dag―do] 385	9 「藤」：[dəŋ―dəŋ] 974
10 「杜」：[dag―do] 629	0 「鄧」：[dəŋ―dəŋ] 1350
11 「圖」：[dag―do] 261	＊「苔」：台臺と同音
12 「徒」：[dag―do] 446	＊「縢」：騰と同音
13 「塗」：[dag―do] 284	

資料7 「ノ甲」「ノ乙」の万葉仮名の上古音と中古音

「ノ甲」に使用された漢字	「ノ乙」に使用された漢字
上古音―中古音 1 「努」：[nag―no(ndo)] 158 2 「濃」：[nɪuŋ―ɲıoŋ(ndɪoŋ)] 777 3 「怒」：[nag―no(ndo)] 465 4 「弩」：[nag―no(ndo)] 433 5 「農」：[noŋ―noŋ(ndoŋ)] 1305 6 「奴」：[nag―no(ndo)] 320	上古音―中古音 1 「乃」：[nəg―nəi] 26 2 「能」：[nəg―nəi] 1061 * 「廼」：なし

資料8 「モ甲」「モ乙」の万葉仮名の上古音と中古音

「モ甲」に使用された漢字	「モ乙」に使用された漢字
上古音―中古音 「毛」：[mɔg―mau] 699	上古音―中古音 「母」：[muəg―məu] 697

資料9 「ヨ甲」「ヨ乙」の万葉仮名の上古音と中古音

「ヨ甲」に使用された漢字	「ヨ乙」に使用された漢字
上古音―中古音 1 「用」：[dɪuŋ―yioŋ] 853 2 「欲」：[giuk―yiok] 680 3 「容」：[giuŋ―yioŋ] 360 4 「庸」：[dɪuŋ―yioŋ] 422 * 「㖨」：なし	上古音―中古音 1 「已」：[dɪəg―yiei] 401 2 「与」：[ɦiag―yio] 15 3 「余」：[dɪag―yio] 65 4 「予」：[dɪag―yio] 32 5 「預」：[dɪag―yio] 1472 6 「誉」：[giag―yio] 1218

資料10 「ロ甲」「ロ乙」の万葉仮名の上古音と中古音

「ロ甲」に使用された漢字	「ロ乙」に使用された漢字
上古音—中古音	上古音—中古音
1 「路」：[glag—lo] 1277	1 「里」：[lɪəg—lɪei] 1360
2 「魯」：[lag—lo] 1525	2 「呂」：[glɪag—lɪo] 222
3 「盧」：[hlag—lo] 888	3 「侶」：[lɪag—lɪo] 79
4 「婁」：[lug—ləu] 333	4 「慮」：[lɪag—lɪo] 492
5 「樓」：[lug—ləu] 楼 663	5 「閭」：[glɪag—lɪo] 1407
6 「露」：[glag—lo] 1453	6 「廬」：[lɪag—lɪo] 426
7 「六」：[lɪok—lɪuk] 113	7 「理」：[lɪəg—lɪei] 839
* 「漏」：楼の去声	8 「稜」：[ləŋ—ləŋ] 939
	9 「勒」：[lək—lək] 163
	10 「綾」：[lɪəŋ—lɪəŋ] 1007

資料11 『語音翻訳』のなかの「は行音」の言葉

No.	言葉	ハングル音	p・f・h	No.	言葉	ハングル音	p・f・h
1	一つ	putɪtsü	p	14	冬	fuyu	f
2	大（おほ）	upu	p	15	蒜	fɪru	f
3	多	upushi	p	16	足（ひざ）	fisha	f
4	淡さ	apasha	p	17	筋（はし）（箸）	fashi	f
5	醎（塩辛い）	shipukarasa	p	18	篩	furui	f
6	手指	uipi	p	19	帚	foːki	f
7	羊	pitsüdja	p	20	火	fɪ	f
8	老鼠（老人）	oyapichu	p	21	柱	fâya	f
9	人	fɪchu	f	22	鼻	fana	f
10	晴れて	farɪti	f	23	歯牙	fâ	f
11	降って	futi	f	24	花	fana	f
12	昼	firu	f	25	蛇	famu	f
13	春	faru	f				

資料12 『中山伝信録』（徐葆光1721年）のなかの「は行音」の言葉

No.	中国語	日本語(琉球語)	対音琉球語	中原音韻―現代北京音	p・f・h
1	人		必周	必：[piəi―pi(bi)]	p
2	殺	縊（くび）る（くびき？）	枯必起	必	
3	蝦		一必	必	
4	昼		皮羅	皮：[pʻi―pʻi]	p
5	羊		皮着	皮	p
6	走		迫姑一甚(はやくいけ？)	迫：[po―pʻo]	p
7	寒	ひじゅるさん	辟角羅煞	辟：[piəi―pi]	p
8	醶的	塩からい	什布喀煞(しぶからさん)	布：[pu―pu]	p
9	冬瓜		失布衣	布	p
10	鍋		那脾	脾：[pʻi―pʻi]	p
11	木梳	櫛	沙八己	八：[pa―pa]	p
12	上緊走	速く行け？	排姑亦隱	排：[pʻai―pʻai]	p
13	狹	いばさん	一伯煞	伯：[pa―pa]	p
14	蛤蜊		克培	培：[pəu―pəu]	p
15	海獅		子菩拉（ちんぽらー）	菩：[fu―fu]、または[pʻu―pʻu]	p/f
16	日		飛	飛：[fəi―fəi]	f
17	星		夫矢	夫：[fu―fu(feːn)]	f
18	晴	晴れて	法力的	法：[fa―fa(fǎ)]	f
19	戥子	量り	法介依（はかい）	法	f
20	淡的	あはさん	阿法煞	法	f
21	下雨	(雨が)降って	阿梅福的（あみふて）	福：[fu―fu(fú)]	f
22	鍋蓋		福大（ふた）	福	f
23	初二	ふつか	福子介	福	f
24	左		分塔力	分：[fən―fən(feːn)]	f
25	髭		非几	非：[fəi―fəi(feːi)]	f
26	蒜		非徒	非	f
27	潤	ふぃるさん	非羅煞	非	

No.	中国語	日本語(琉球語)	対音琉球語	中原音韻―現代北京音	p・f・h
28	臂		非之	非	
29	南	はえ	灰	灰：[huəi―huəi]	h
30	冬		灰啃	灰	h
31	春		哈羅	哈：[huəi―huəi]	h
32	傷風	鼻ひき	哈那失儿	哈	
33	雷	ふでい	賀的	賀：[ho―hə(hè)]	h
34	篷	帆	賀	賀	
35	灰	(ほこり)	活各力（ほこり）	活：[huo―huə]	h
36	冷	ひやさん	晦煞（ひやさ）	晦：[huəi―huəi]	h
37	大	おほ→うふ	五晦煞	晦	
38	掃帚		火気	火：[huo―hua]	h
39	多	うふさん	屋火煞	火	
40	鼻		豁納（はな）	豁：[huo―huə]	h
41	船		胡你（ふに）	胡：[hu―hu]	h
42	船		莆泥	莆：[―――]	
43	桅	柱？	花時	花：[hua―hua(hua:)]	h
44	叔父		屋多渾局	渾：[huən―huən]	h
45	脱衣	(着物を)はずす	(軽)化子栄	化：[hua―hua]	h
46	肥	肥えて	滑的	滑：[hua―hua]	h
47	靴	履き物	呵牙	呵：[ho―hə]	h
48	花		瞎那（はな）	瞎：[hia―šia]	s (h?)
49	葉		瞎	瞎	s (h?)
50	二十日	はつか	瞎子介	瞎	s (h?)

資料　277

資料13：チェンバレン『琉球語の文法と辞典』のなかの「は行音」の言葉

(1) /p/ の言葉　8

1	pa:pa:	祖母
2	pe:ching	親雲上
3	appi	それっぽち
4	bappe:	間違い
5	kuppi	これだけ
6	m'pana	鼻の敬語
7	shipu	ずぶぬれの
8	tsimpe:	つば

(2) /f/ の言葉　61

1	fa	方向	32	fu:	返事（はい！）
2	fa:	葉	33	fuchung	吹く
3	fafa	母	34	fudi:	稲光雷
4	faru	春	35	fudu	量、それだけ
5	fe:	灰	36	fuka	そと
6	fe:	蠅	37	fukui	ほこり
7	fe:	肺	38	furi	みかけ
8	fe:kazi	南風	39	furi-mung	狂人、馬鹿
9	fe:rinchi	入り込んで	40	furu	豚舎
10	fe:sang	速い、早い	41	fu:shang	〜したい
11	fe:yung	流行る	42	fushi	星
12	fi:	火、明かり	43	fushiyung	防ぐ
13	fi:	陽	44	fushung	干す
14	fichui:	一人、孤独	45	futatsi	二つ
15	fichung	引く	46	futsika	二日
16	fijai	左	47	fuyung	掘る
17	fiji	髭	48	afi:	兄
18	fi:ji:ge:	肱	49	gu:fa:	こぶ
19	fikari	明瞭、輝き	50	gu:fu	こぶ
20	fikusang	低い	51	ife:	少し
21	fi:ng	経る	52	i:fu	砂利、砂丘
22	finjiyung	逃げる	53	kafu:shi	ありがとう
23	fira	坂	54	katafa-mung	かたわ者
24	firu	昼、日中	55	na:fa	那覇
25	firugi:ng	広げる	56	na:fing	もう少し、もっと
26	firusang	広い	57	nife-de:biru	ありがとうございます
27	fi:sang	寒い	58	niji-funi	今出ようとしている船

278

28	fisha	足、ひざ		59	ufe:	少し
29	fishi	暗礁		60	ufushang	多い
30	fita	下手		61	ufu	大
31	fu:	帆				

(3) /h/ の言葉　51

1	ha:	歯		27	hasanung	挟む
2	haba	幅		28	hashi	橋
3	haberu	蝶		29	hashiru	戸
4	habu	毒蛇		30	hasshishi	歯ぐき
5	hacha:	蜂		31	hataki	畑
6	hachung	吐く		32	hatarachung	働く
7	hadzichi	入れ墨		33	ha:-tui	鶏
8	ha-gama	カマド		34	hayami:ng	速める
9	hago:sang	汚い		35	ha:ye:	速く
10	ha:i	針		36	hazi	…であるはず
11	hai-mma	走り馬		37	hazikashiung	恥ずかしい
12	ha:iya	柱		38	hibichi	響き
13	hajimayung	始まる		39	ho:	方向
14	hajimi:ng	始める		40	hu:	頬
15	haka	墓		41	humiyung	誉める
16	hamayung	専念する		42	huna-to	船乗り
17	hana	花		43	huni	船
18	hana	鼻		44	huni	骨
19	hanashi	話し、会話		45	huri-mung	狂人、バカ
20	hangjana-shi-me:	祖母		46	huru	豚舎
21	hani	羽		47	hu-yakari	別れ、いとまごい
22	hara	腹		48	huyung	降る
23	harayung	払う		49	hya:	やつ、悪漢
24	haru	春		50	kunu-hya:	こいつ
25	haru	野原		51	uho:ku	大いに、たくさん
26	hasamari:ng	挟まれる、囲まれる				

資料14：「き」「ぎ」の甲類乙類の言葉

「キ甲」・「ギ甲」の言葉		「キ乙」・「ギ乙」の言葉
来（き）	鱸（すず<u>き</u>）	木（<u>き</u>）
着（<u>き</u>）	襷（たす<u>き</u>）	城（<u>き</u>）
酒（<u>き</u>）	急居（つ<u>き</u>う）	霧（<u>き</u>り）
「けり」の意味の「<u>き</u>」	椿（つば<u>き</u>）	岸（<u>き</u>し）
聞く（<u>き</u>く）	常磐（と<u>き</u>は）	岫（く<u>き</u>）
昨夜（<u>き</u>そ）	錦（に<u>し</u>き）	月（つ<u>き</u>）
君（<u>き</u>み）	箒（はは<u>き</u>）	槻　（つ<u>き</u>）
肝（<u>き</u>も）	明らか（あ<u>き</u>らか）	尽き（つ<u>き</u>）
衣（<u>き</u>ぬ）	頂（いただ<u>き</u>）	披（ま<u>き</u>）
切る（<u>き</u>る）	汚し（<u>き</u>たなし）	避（よ<u>き</u>）
秋（あ<u>き</u>）	幾許（こ<u>き</u>ばく、こ<u>き</u>だく）	幾許（こ<u>き</u>だ）
息（い<u>き</u>）	幾許（そ<u>き</u>だく）	御調（み<u>つき</u>）
沖（お<u>き</u>）	防人（さ<u>き</u>もり）	あしひ<u>き</u>
牡蠣（か<u>き</u>）	盃（さか<u>づき</u>）	墓（おく<u>つき</u>）
垣（か<u>き</u>）	敷妙（し<u>き</u>たへ）	百敷き（ももし<u>き</u>）
洞（く<u>き</u>）	ししきは（矢の羽名）	脇机（わ<u>きづき</u>）
釘（く<u>ぎ</u>）	皇祖（すめろ<u>き</u>）	起き（お<u>き</u>）
先（さ<u>き</u>）	腕（たたむ<u>き</u>）	杉（す<u>ぎ</u>）
幸（さ<u>き</u>）	神籬（ひもろ<u>き</u>）	過ぎる（す<u>ぎ</u>る）
崎（さ<u>き</u>）	まくな<u>き</u>（虫の名）	水葱（な<u>ぎ</u>）
鋤（す<u>き</u>）	紫（むらさ<u>き</u>）	萩（は<u>ぎ</u>、を<u>ぎ</u>）
関（せ<u>き</u>）	山吹（やまぶ<u>き</u>）	うは<u>ぎ</u>（草の名）
時（と<u>き</u>）	慣（い<u>き</u>どほる）	柳　（やな<u>ぎ</u>）
巻き（ま<u>き</u>）	<u>き</u>さりもち	やつ<u>ぎ</u>（馬具？）
雪（ゆ<u>き</u>）	酒宴（さかみ<u>づき</u>）	蓬（よも<u>ぎ</u>）
脚（わ<u>き</u>）	たま<u>き</u>はる	以上26語
蜻蛉（あ<u>き</u>づ）	愛（はし<u>き</u>よし）	
齊（いつ<u>き</u>）	鴫（し<u>ぎ</u>）	
息吹（いふ<u>き</u>）	和（な<u>ぎ</u>）	
翁（お<u>き</u>な）	麦（む<u>ぎ</u>）	
昨日（<u>き</u>のふ）	兎（うさ<u>ぎ</u>）	
極（<u>き</u>はむ）	顎（お<u>ぎ</u>ろ）	
競（<u>き</u>ほひ）	限り（か<u>ぎ</u>り）	
浄（<u>き</u>よし）	雉（<u>き</u>ぎし）	
嫌ひ（<u>き</u>らひ）	剣（つる<u>ぎ</u>）	
雉（<u>き</u>ぎし）	渚（な<u>ぎ</u>さ）	
研（<u>き</u>さけ）	握り（に<u>ぎ</u>り）	
甑（こし<u>き</u>）	あ<u>ぎ</u>とひ	
さざ<u>き</u>（鳥の名）	陽炎（か<u>ぎ</u>ろひ）	
樒（し<u>き</u>み）	時鳥（ほとと<u>ぎ</u>す）	
薄（すす<u>き</u>）	以上81語	

資料 15　宮古島語方言 /i/→上代音韻 /e/ の例（◎印はエ列音甲類）

1	taki	竹（たけ乙）		22	mi:	目（め乙）
2	agiz	挙げる、上げる		23	◎ mi	女（め甲）
		＊揚巻の「げ」は乙		24	miʒɨrasɨ	珍し（めずらし）
3	aki	明け（あけ乙）		25	mo:kiz	儲ける（設け乙）
4	akiz	開ける（あけ乙）		26	nabi	鍋（なべ乙）
5	ami	雨（あめ乙）		27	nagiz	投げる（なげ乙）
6	apara-gi	天晴れげ乙な -gi …気な		28	narabiz	並べる（ならべ乙）
7	bakiz	分ける（わけ乙る）		29	ŋgiz	逃げる（にげ乙）
8	imi	夢（いめ乙）		30	paʒɨmi	始め（はじめ乙）
9	yakiz	焼ける（やけ乙る）		31	◎ pira	箆（へ甲ら）
10	kagi	影（かげ乙）		32	pˢɨgi	髭（ひげ乙）
11	kakiz	掛ける（かけ乙る）		33	pˢɨtu-dasɨki	人助け（たすけ乙）
12	kakiz	駆ける		34	saki	酒（さけ乙）
		＊翔るの「け」は乙		35	tairagiz	平らげる（たひらげ乙）
13	kami	甕（かめ乙）		36	taki	竹（たけ乙）
14	kami	亀（かめ乙）		37	taki	嶽（たけ乙）
15	ki:	毛（け乙）		38	tami	為（ため乙）
16	-ki	け乙（…気、…らしい）		39	tutumiz	求める（もとめ乙）
17	kivsɨ	煙（け乙ぶり）		40	cɨkiz	付ける、着ける（つけ乙）
18	kumi	米（こめ乙）		41	u:ki	桶（をけ乙）
19	kumiz	込める（こめ乙る）		42	ukiz	受ける（うけ乙）
20	makiz	負ける（まけ乙）		43	waki	訳、意味（わけ乙）
21	mami	豆（まめ乙）				

＊宮古島語方言 /i/→上代音韻 /e/ の例で甲乙どちらか不明の言葉

kanami	要（扇の）		kita	桁
aka-misɨ	赤飯		kiz	蹴る
anndaki-nu	それだけの		kubi	壁
aratamiz	改める		miki	…めき、…らしい
acɨmiz	集める			＊ mikˢɨ …めく
-daki	…だけ、位、程		psugiz	広げる
jumi	嫁		puki	ふけ、埃
juni	稲、粟		sɨdiz	孵化（すで）る
karagiz	巻き上げる（からげる）		taki	丈（背丈のたけ）
kati	かて（副食物）		tamisɨ	試す
kimiz	定（き）める		tamiz	矯める

資料16　宮古島語方言 /u/→上代音韻 /o/ の例

(1) オ列音乙類となるもの

1	ama-gui	雨乞い（こ乙ひ）	38	…nu	…の（の乙）
2	kumi	米（こ乙め）	39	nubuz	登る、上る（の乙ぼ乙り）
3	butu	夫（をひと乙の音便形）	40	nukˢï	退（のく）
4	bututuz	一昨日（を乙と乙つひの転）			＊同根の「残き」は「の乙」
5	butuz	踊り、踊る（を乙ど乙り）	41	nukuz	残り、残る（の乙こ乙り）
6	iru	色（いろ乙）	42	num	鑿（の乙み）
7	ju:	世（よ乙）	43	num	飲む（の乙み）
8	jukaz	良く、能く（よく乙）	44	nu:siz	乗せる（の乙せ）
9	juku:	憩う（いこ乙へ）	45	nuz	糊（の乙り）
10	jul	寄る、選（よ）る（よ乙り）	46	nu:z	乗る（の乙り）
11	jum	読む（よ乙み）	47	pˢïtu	人（ひと乙）
12	jusu	他人（よ乙そ乙）	48	pˢïtu-	一（ひと乙）
13	ju:cï	四つ（よ乙）	49	suku	底（そ乙こ乙）
14	ku:	此（こ乙こ乙）	50	tu:	十（と乙）
15	ku:	乞う（こ乙ひ）	51	tubasï	飛ばす（と乙ばし）
16	kuʒu	去年（こ乙ぞ乙）	52	tubᶻï	飛ぶ（と乙び）
17	kui	声（こ乙ゑ）	53	tuyum	鳴響（とよ）む（と乙よ乙み）
18	kukunu-cï	こ乙こ乙この乙つ	54	tukˢï	時（と乙き）
19	kukuru	心（こ乙こ乙ろ乙）	55	tuku	床（と乙こ乙）
20	kumi	米（こ乙め）	56	tukuru	所（と乙こ乙ろ乙）
21	kumiz	込める（こ乙め）	57	tumaz	止まる、泊まる（と乙まり）
22	kumuz	籠もる（こ乙も乙り）	58	tumiz	求める（も乙と乙め）
23	kunu	こ乙の乙	59	tumu	艫（と乙も乙）
24	kunum	好む（こ乙の乙み）	60	tusï	年（と乙し）
25	kupaz	凍える（凍い―こ乙い）	61	tu:sï	通す（と乙ほ乙し）
26	kurusi	殺す（こ乙ろ乙し）	62	tutuno:	整う（と乙と乙の乙ひ）
27	kusï	腰（こ乙し）	63	tuz	鳥（と乙り）
28	kusïkˢï	甑（こ乙しき）	64	utusï	落とす（お乙と乙し）
29	kutu	事（こ乙と乙）	65	utu	弟（お乙と乙）
30	kutu	琴（こ乙と乙）	66	usu	遅い、晩い（お乙そ乙し）
31	kutuba	言葉（こ乙と乙ば）	67	urusï	卸す（お乙ろ乙し）
32	ku-tusï	今年（こ乙と乙し）	68	udurukˢï	驚く（お乙ど乙ろ乙き）
33	mʒu	溝（みぞ乙）	69	umuti	表（お乙も乙て）
34	munu	物（も乙の乙）	70	upu	大（おほ）（―）
35	tutumiz	求める（も乙と乙め）			＊大君（お乙ほ乙きみ）
36	mucï	持ち（も乙ち）	71	yamatu	大和（やまと乙）
37	nnucï	命（いの乙ち）	72	ya-mutu	家本、本家（も乙と乙）

282

(2) オ列音甲類となるもの

1	aka-gu	赤子（こ甲）		23	mayu	眉（まよ甲）
2	ama-du	雨戸（と甲）		24	muil	萌える（も甲え）
3	ara-tu	荒砥（と甲）		25	mumu	股（も甲も甲）
4	fumu	雲（くも甲）		26	mumu	百（も甲も甲）
5	fusu	糞（くそ甲）		27	muz	森（も甲り）
6	isu	磯（いそ甲）		28	muz	萌える（も甲え）
7	isugᶻï	急ぐ、急ぎ（いそ甲ぎ）		29	muz	守る、子守する（一）
8	su	十（そ甲）				＊守部（も甲りべ）
9	icïfu	いとこ甲		30	nu:	野（の甲）
10	jadu	戸（と甲）		31	nunu	布（ぬの甲）
11	jadu	宿（やど甲）		32	patu	鳩（はと甲）
12	ju:	夜（よ甲）		33	pudu	程（ほど甲）、丈
13	ju:	宵（よ甲ひ）		34	satu	里（さと甲）
14	juzsa	…よ甲りは		35	sudi	袖（そ甲で）
15	kagu	籠（こ甲）		36	sura	梢、頂、末、空（そ甲ら）
16	ksïmu	肝（きも甲）		37	tuʒï	妻（と甲じ）
17	ku	子（こ甲）		38	tugᶻï	研ぐ（と甲ぎ）
18	ku:	粉（こ甲）		39	tuma	苫（と甲ま）
19	kuiz	越える（こ甲え）		40	tunaiz	唱える（と甲なへ）
20	ku:naz	後妻（こ甲なみ）		41	uguna:z	集まる（うご甲なわる）
21	kuvva	腓（こ甲むら）		42	ugukˢï	動く（うご甲く）
22	madu	窓（まど甲）		43	cïtu	つと甲、みやげ

＊宮古島語方言 /u/ → 上代音韻 /o/ の例で甲乙どちらか不明の言葉

atu	跡、後（あとの「と」には甲と乙あり）		nuʒïkˢï	覗く（狩俣村）
duru	泥		num	蚤
guma	胡麻		nuru:	呪う
guma	細かい		pu:	帆
jugurasi	汚す		puka	外（ほか）
juku	欲		puz	掘る
jumi	嫁		puni	骨
ksïttu	屹度		pusï	星
kubasïm'a	こぶしめ（烏賊の一種）		pusu	臍
ku:v	昆布		sïmu	下（上代では不明）
ku:su	胡椒		sïtumuti	朝（つとめて）
mikumu	見込み		sudatiz	育てる
misuka	晦日		suyugᶻï	戦ぐ（そよぐ）
msu	味噌		taduz	辿る

mudusï	戻す	tu:	遠
muduz	戻る	tu:	沖（渡と書く）
muku	婿	tunam	統一する
mum	桃	turasï	取らす
mutasï	持たす	tuz	取る（「と」には甲乙あり）
muz	盛る	tu:z	通る
muz	漏る	uturusï	恐ろし
nubasï	延ばす、伸ばす	cïbu	壺

資料 17 「ざ行」の万葉仮名の上古音と中古音

ザ	ジ	ズ
射：[diăg—dʒɪă] 372	自：[dzied—dzii] 1074	受：[dhiog—ʒɪəu] 197
邪：[ŋiăg—ziă] 1343	士：[dzĭəg—dzĭei] 291	孺：[niug—niu] 346
奘：[dzaŋ—dzaŋ] 317	慈：[dzĭəg—dziei] 483	儒：[niug—niu] 99
社：[dhiăg—ʒɪă] 919	餌：[niəg—niei] 1490	授：[dhiog—ʒɪəu] 535
蔵：[dzaŋ—dzaŋ] 1130	珥：餌と同音 ［？—niei］	殊：[dhiug—ʒɪu] 692
謝：[diăg—ziă] 1235	盡：[dzien—dzĭěn] 381	聚：[dziug—dziu] 1047
祥：[giaŋ—ziaŋ] 924	仕：[dzĭəg—dzĭei] 49	須：[niug—siu] 1469
座：[dzuar—dzua] 420	寺：[diəg—ziei] 370	
佐：[tsar—tsa] 61	耳：[niəg—niei] 1043	
左：[tsar—tsa] 400	字：[dzĭəg—dziei] 340	
娑：[sar—sa] 330	司：[siəg—siei] 204	
	貳：[nier—ni] 430	
	兒：[ŋieg—niě] 107	
	茸：[niuŋ—nioŋ] 1104	
	爾：[nier—niě] 809	
	絁：[tsĭəg—tsĭei] 1010	
	之：[tiəg—tʃɪei] 24	
	志：[tiəg—tʃɪei] 457	
	旨：[tier—tʃɪi] 590	

ゼ	ゾ甲	ゾ乙
是：[dhieg—ʒɪě] 597	俗：[giuk—ziok] 76	曾：[dzəŋ—dzəŋ] 614
筮：[dhiad—ʒɪɛi] 963	蘇：[sag—so] 1141	叙：[diag—zio] 198
噬：[dhiad—ʒɪɛi] 253		序：[diag—zio] 417
世：[thiad—ʃɪei] 19		茹：如またはその上声 ［？—nio］
		鋤：[dzĭəg—dzĭo] 1379
		賊：[dzək—dzək] 1259
		存：[dzuən—dzuən] 340
		鐏：[dzuən—dzuən] 1391
		所：[sĭəg—sĭo] 507
		層：[dzəŋ—dzəŋ] 386

資料18　「だ行」の万葉仮名の上古音と中古音

ダ	ヂ	ヅ
陀：[dar—da] 1416	遲：[dɪer—dɪi] 1327	豆：[dug—dəu] 1244
太：[tʻad—tʻai] 306	治：[dɪəg—dɪei] 721	頭：[dug—dəu] 1474
娜：那の上声 331 ［？—na］	地：[dieg—dii] 268	逗：[dug—dəu] 1319
儺：なし	膩：[nɪed—nɪi] 1070	圖：[dag—do] 261
隄：[der—dei] 1430	旎：[nɪer—nɪě] 585	弩：[nag—no] 433
他：[tʻar—tʻa] 50	尼：[nɪer—nɪi] 381	笯：努・奴と同じ ［？—no］
大：[dad—dai] 301	埿：[dɪer—dɪi] 288	莵：兔と同じ ［？—tʻo］
馳：馳と同音 1510 ［？—da］	持：[dɪəg—dɪei] 527	都：[tag—to] 1347
馳：[dar—da] 1503	知：[tɪeg—tɪě] 903	筑：竹と同音 ［？—tɪuk］
嚢：[naŋ—naŋ] 256	智：[tɪeg—tɪě] 603	曇：[dəm—dəm] 609
多：[tar—ta] 298		
駄：[dar—da] 1501		
拖：[dar—da] 63		
弾：[dan—dan] 436		
達：[dat—dat] 1327		
談：[dam—dam] 1227		

デ	ド甲	ド乙
提：[deg—dei] 543	度：[dag—do] 419	杼：[dɪag—dɪo] 634
泥：[ner—nei] 722	渡：[dag—do] 758	騰：[dəŋ—dəŋ] 1507
代：[dəg—dəi] 51	奴：[nag—no] 320	耐：[nəg—nəi] 1042
埿：泥の異体字 279	怒：[nag—no] 465	迺：なし
低：[ter—tei] 64	土：[tʻag—tʻo] 266	謄：騰と同音 765 ［？—dəŋ］
田：[den—den] 854		藤：[dəŋ—dəŋ] 1139
伝：[dɪuan—dɪuɛn] 57		特：[dək—dək] 815
耐：[nəg—nəi] 1042		止：[tɪəg—tʃɪei] 684
梯：[tʻer—tʻei] 651		等：[təŋ—təŋ] 961
涅：[net—net] 737		登：[təŋ—təŋ] 875
弟：[der—dei] 432		苔：臺と同音 1098 ［？—dəi］
殿：[duen—den] 696		曇：[dəm—dəm] 609
堤：[teg—tei] 281		
弖：国字 431		
底：[ter—tei] 418		

おわりに

　古代倭人は、日本語を表記するために漢字を使用しました。いわゆる万葉仮名といわれるものです。それにより、かつての日本語には上代音韻が存在したことがあきらかにされました。しかし、なんとも皮肉なことに上代音韻は、漢字を使用して表記されたために、その漢字音の変化（上古音から中古音への切り替え）に影響されて消滅したのです。

　一方、琉球方言の一つ、宮古島方言は漢字を使用して表記されることはありませんでした。また宮古島諸島は、周辺大国から隔絶した大海に浮かぶ小さな島々です。そのために異国に支配されることもなく、したがって異民族の言語に支配されることもありませんでした。そのために宮古島方言はゆっくりとした内的変化によるだけとなり、古代の音韻を現在まで伝えることになったのです。

　つい最近の沖縄（ここでは琉球の意味で沖縄を使用します）の新聞に、国会において「沖縄はいつから日本なのか」ということが質問として提出されたことがあるとの記事がありました。沖縄の知識人のほとんどは、常にそのような意識をもっていると思います。しかし、この問題は政治的な観点のほかに形質人類学や血液遺伝学、および言語学的な面からもとらえる必要があると思います。言語学的な面から「沖縄はいつから日本なのか」といえば、それは「沖縄人が日本語を話すようになったときから」ということではないでしょうか。そして、それはどうも紀元前のことのようです。本書において宮古島方言は上代音韻の原形ということが証明されました。上代音韻が存在した最下限は奈良時代末期ですから、少なくとも西暦8世紀には沖縄において日本語が使用されていたのです。もっとも、橋本四郎氏は言語年代学的な分析により、京都方言と首里方言の分岐年代を西暦2〜3世紀頃とされていますから、それに基づけば沖縄人は西暦2〜3世紀頃から日本人ということに

なります。

　しかし「沖縄人が日本語を話すようになったとき」は、もう少し古い年代になるようです。上代音韻では fire（火）は「ヒ乙」とされています。それは「火」が万葉仮名の「肥」で表記されているからです。そして「肥」という漢字の上古音（秦・漢時代およびそれ以前の中国漢字音）は確かに「ヒ乙」の表記用の音なのです。ところが宮古島方言はこれを「ヒ甲」の音である /pĭ/ と発音しています（八重山方言も同じ）。上代音韻の原形である宮古島方言が「火」を「ヒ甲」で発音しているならば「火」は「ヒ甲」でなければならず、「肥」もまた「ヒ甲」の表記用漢字でなければならないのです。そこで後漢時代の西暦100年に編纂された『説文解字』で「肥」をみてみますと、「胒は艸に従い、肥の声」とされており、「肥」と「胒」は同韻の関係にあることがわかります。そしてその本文に引き続いて、「胒、或いは麻に従う」という補足記述があります。この補足記述によると、「胒」「肥」「麻」は同韻ということになります。そして「麻」の上古音は [măg] ですから、これは母音は一つのみの音であり、甲類表記用の漢字です。したがって「肥」もまた「ヒ甲」の表記用漢字であり、fire（火）も「ヒ甲」ということになるのです。

　さてここで、『説文解字』の「胒、或いは麻に従う」の「或いは…」の意味することは、「以前は」とか「前代には」ということだと思われます。それでは『説文解字』が編纂された時代の「前代」とはいつ頃のことになるのでしょうか。少なくとも秦・前漢時代ということになるでしょう。紀元前1〜3世紀頃のことになります。その頃の漢字音では、「肥」には「麻」[măg] の韻が存在したのです。そして宮古島方言は、紀元前1〜3世紀頃の上代音韻甲類乙類の区別を伝えているのです。これに類するようなことを積み重ねていきますと、倭人語が沖縄に流入したのは、紀元前5〜6世紀以前ではないかと思われるのです。沖縄人は言語学的には紀元前5〜6世紀頃には、すでに日本人であると思います。

　東北方言と出雲方言は宮古島方言と同じように上代音韻の甲類母音である /ĭ/ の母音をもっています。あるいはこの両方言を注意深く調べれば、イ列音甲類乙類の区別が存在するのではないでしょうか。『方言　第8巻』（春

陽堂、1974年）は、1933年創刊の月刊誌『方言』（春陽堂）の第5巻（1935年の前半期）の第1～6号をまとめたものです。そのなかに『宮城県方言考』（猪狩幸之助編・小倉進平補）があります。その序文（小引）によりますと、最初、猪狩幸之助氏が仙台方言を音声記号で採録し、それを1901年（明治34）の2～3月頃「河北新聞」紙上に連載されたとのことです。これは橋本進吉氏による上代音韻再発見の約10年前のことになります。その切り抜きを保管されていた小倉進平氏が序文（小引）を付けて『宮城県方言考』として1935年に月刊誌『方言』に投稿されたものです。それをみますと「き」のほとんどは /kĭ/ と発音されているのですが、一つだけ /ki/ と発音されている言葉がありました。

　　/ki/ の言葉
　　　きのまた（木の股。62歳のこと）　　kino-mada
　　/kĭ/ の言葉
　　　きかや（木萱）　　　　kĭ-kaya
　　きなこ（黄な粉）　　　kĭnago
　　きむら（気むらがるの義、発狂人）　　kĭmuɯra
　　きりび（切り火）　　　　kĭrĭbĭ
　　　……

「木」は上代音韻乙類の「き」ですから /ki/ でなければなりません。実際に宮古島方言では /ki:/ と発音されています。そして仙台方言の「きのまた」は「kino-mada」と記載されていて、「き（木）」が /ki/ と発音されているのです。そのほかの「き」はすべて /kĭ/ と記載されていますから、これが誤植でなければ1901年（明治34）頃の仙台方言には「き」の音として /kĭ/ と /ki/ の2音があったことになります。ただし、そのほかの「木」の複合語は「きかや（木萱）」の「木」と同じように、すべて /kĭ/ と記載されています。これは《仙台方言は乙類の「き」/ki/ のほとんどすべてを甲類の「き」/kĭ/ の音と同音化させた。しかし、1901年（明治34）頃の仙台方言には「きのまた（木の股）」の「き」のみに、まだ /ki/ の音が残されていた》ということではないでしょうか。

『宮城県方言考』をみていますと、/kĭ/ のみならず /sĭ/・/tsĭ/（/dzĭ/）・

おわりに　289

/nī/・/mī/・/hī/・/rī/ のようにイ列音の母音は、ほとんどが /ĭ/ となっています。もしも、現在の東北方言や出雲方言のイ列音に甲類乙類の区別が残存しているとすれば、イ列音乙類母音は/i/なので、「き」「し」「ち」「に」「ひ」の音は /ki/・/si/・/ti/・/ni/・/hi/ となるはずです。ここで注意を要することは、上代音韻においてはイ列音乙類の言葉は少数であり、宮古島方言でもイ列音乙類の言葉はごくわずかしか存在しないということです。それと同じように、東北方言と出雲方言においてもイ列音乙類の言葉が非常に少ないために、その存在が見逃されているのではないでしょうか。あるいは、現在の標準語によるコンタミネーション（汚染）と誤られているのではないでしょうか。

「宮古島方言は、現存する方言のなかでは最古の方言である」、それを証明するために始めた作業は、それを通り越して古代日本語の復元にまで及びました。しかし、それはまだごく一部でしかありません。宮古島方言の研究が多くの方によりおこなわれ、古代日本語の姿が明らかになることを期待したいと思います。

私が本書をなしえたのはなんといっても私が沖縄、そして宮古島の生まれだからということにつきます。私自身の宮古島方言は非常に貧弱なものでしかなく、保有語彙も少なく、片言しか話せませんし聞き取れません。それでも無意識のうちに、宮古島方言の基本骨格を体得していたことが幸いしました。そして日本古代史を逍遥するなかで、上代音韻というものに遭遇しました。その時、「おらが国さ」の発想から「は行子音」を /p/ で発音しており、さらに「き」「ぴ」を二類に発音している宮古島方言は、上代音韻の一部を伝えているのではないかと考えたのです。私は宮古島に生をうけたことを幸いに思います。そして宮古島方言を誇りに思います。

最後に大正末期から昭和初期にかけて三度にわたって宮古島を訪れ、宮古島方言そして日本語の宝物である『宮古方言ノート』を遺されたロシア人ネフスキー氏の遺影に心からの感謝の念を捧げたいと思います。また宮古島方言を含む琉球各地の方言を採録し刊行された平山輝男氏に敬意を表したいと思います。

著者略歴

砂川恵伸（すながわ　けいしん）
1947年　沖縄宮古島に生まれる。
1965年　琉球政府立宮古高等学校卒業。
1972年　広島大学医学部卒業。
1973年　厚生連尾道総合病院勤務を経て、1981年より沖縄県立宮古
　　　　病院勤務（外科）。
2001年2月同院を副院長で退職。
2001年2月より社会福祉法人・介護老人保健施設栄寿園勤務。
日本人の起源、日本古代史を趣味とす。

著書：『古代天皇実年の解明』、『天武天皇と九州王朝』（新泉社）

上代音韻のミステリー──宮古島方言は上代音韻の原形である

2010年4月20日　第1版第1刷発行

著　者＝砂川恵伸
発行所＝株式会社　新　泉　社
　　　　東京都文京区本郷2-5-12
　　　　電話 03-3815-1662　FAX 03-3815-1422
　　　　振替・00170-4-160936番
　　　　印刷・製本／創栄図書印刷
　　　　ISBN978-4-7877-1005-5　C1080